All about Japanese *Porno* magazine

日本エロ本全史

安田理央

太田出版

はじめに

もともと古本屋が好きだった。そしてエロ本も好きだった。

まだ中学生くらいの時は、書店でエロ本を買うのは勇気がいる行為だった。店員が何人もいる明るくて大きな書店よりも、おじいさんがひとりでやっている古ぼけた古本屋の方が黙って売ってくれそうな気がしていた。

それに安い。中学生は少ないおこづかいの中から、なんとかひねりだして古本屋でエロ本を買い漁っていたのだ。

そして、この時に買ったいくつかのエロ本に衝撃を受けて、「自分もいつかはエロ本の編集者になりたい」と思うようになった。

古本と言っても、筆者が買うのはたいてい雑誌だ。単行本も買うことは買うが、一番好きなのは雑誌だった。雑誌にはその時代の空気感が詰め込まれている。読んでいると、その時代の住人になったような気がする。古雑誌はちょっとしたタイムマシーンなのだ。

気がつくと古いエロ雑誌ばかりを買うようになっていた。

それからしばらくして、念願のエロ本を作る側の人間になることができた。それまでにコツコツと買い集めていた古いエロ雑誌が資料として役に立つことも増えてきた。古本を買うのは好きだったもののコレクター気質ではないので、ある程度読むと捨ててしまっていたのだが、だんだん資料として保存しておきたいという気持ちが増してきた。

しかし、雑誌というものは、あまりに量が多い。全部を買い集めるわけにはいかない。全て保存しておくわけにもいかない。そのうちに、とりあえず創刊号を集める、というテーマが見えてきた。

そうなると、あの創刊号も欲しい、この創刊号も欲しい、というように意識して集めるようになる。気がつけばエロ雑誌の創刊号だけで数百冊を超えるコレクションになっていた（もちろんエロ雑誌以外も含めれば、もっと数は増える）。

創刊号の面白さは、創刊ならではの意気込みが感じられることと、その後の変化の大きさがわかることだ。特にエロ雑誌の場合、売れないとあっさりと路線変更をすることが多い。一般誌のようなプライドはそこにはない。だから、正反対といってもいいくらいの過激な路線変更が行われる。

例えば、創刊40年を超える巨乳専門誌として有名な『バチェラー』も創刊時は芸能誌であったし、変態雑誌として名を轟かせる『ビリー』も創刊当時はインタビューを中心とした真面目なサブカルチャー誌だった。ロリコン雑誌の代表的存在だった『ヘイ！バディー』は創刊当時は、グラマーな金髪美女が表紙を飾るオヤジ向け正統派エロ雑誌だった。

　いずれも創刊号からその後の誌面を想像することは不可能だ。なにしろ誌名以外は全く関係のない別の雑誌になっているからだ。その身も蓋もない変貌も含めて、愛おしいのだ。

　また、エロ雑誌の場合は特に、まず既刊の雑誌の増刊号という形で創刊号を出して反応を見てから改めて創刊というケースが多い。前身の雑誌が内容が変わってきたために誌名を変更するということもある。そのため、どの号を創刊号とするべきかという問題もある。そのあたりの不安定さも創刊号ハンティングの面白さでもある。創刊号かと思って買ってみたら、単に独立創刊号（増刊ではなく、改めて雑誌コードを取得した号）で、がっかりするということも少なくないのだ。そうなるとやっぱり「本当の」創刊号が欲しくなり、探すわけだ。

　こうして集めてきたエロ雑誌創刊号コレクションから、エポックメイキングな存在となった雑誌１００冊をまとめて紹介させてもらうことになった。

　それは当然、70年以上にわたる戦後エロ雑誌の歴史を追いかける旅となる。２０１０年代に入って、エロ雑誌は壊滅的な状況を迎えた。今はもうその命は風前の灯火、というよりも、もう寿命を迎えてしまったという気がする。

つまり本書はエロ雑誌というものが、生まれて成長して、そして歳をとって死んでいく様を観察する記録なのだ。

これまでにもエロ本についての書籍はいくつか書かれているが、それはカストリ雑誌についてであったり、SM雑誌についてであったり、80年代のエロ本黄金期についてであったりと、時期やジャンルが限定されたものがほとんどだった。

特に90年代以降のエロ本に関してまとめられた本は皆無である。

戦後から21世紀にかけてのエロ本の通史をまとめるという試みは、おそらくこれが初めてということになるだろう。

本書は、自分という存在を育んでくれたエロ本文化へのラブレターでもあり、追悼の辞でもあるのだ。

安田理央

※記載の出版社、編集人、発行年などのデータは基本的に創刊号の奥付の表示に準じています。

目次

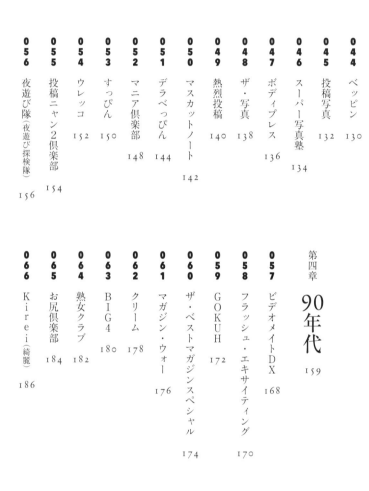

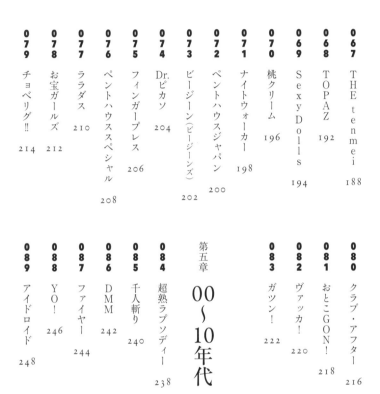

第一章

40～60年代

こうしてエロ本は誕生し、そして発展していった。

エロ雑誌の源流として語られることが多いのが「カストリ雑誌」である。終戦後の混乱期に氾濫した粗悪な酒であるカストリ焼酎になぞらえて、3合飲むと潰れる＝3号で潰れると言う意味でカストリ雑誌と呼ばれるようになった。仙花紙《せんかし》などの粗悪な用紙に印刷され、内容も性風俗や性文化、ゴシップといった俗っぽい記事が大半を占めていたが、これが娯楽に飢えていた人々に熱狂的に受け入れられ、数多くの雑誌が創刊された。

カストリ雑誌の元祖と言われる『りべらる』は終戦から、わずか5ヶ月後の1946年1月に創刊されている。そしてその10ヶ月後に創刊された『猟奇』は、創刊号2万部がわずか2時間で完売した。さらに2号が戦後初の猥褻出版物摘発となったことで、知名度が上昇。カストリ雑誌ブームが到来するのである。

　その名称の由来通りにできては潰れ、またできては潰れ、と創刊と休刊をくり返しつつ、カストリ雑誌は拡大を続けた。

『地獄』創刊号1948年4月号（異人館）猟奇的な犯罪記事を中心とした典型的なカストリ雑誌。

『夫婦生活』1950年5月号（夫婦生活社）夫婦雑誌ブームの先駆けとなった雑誌。

その数は千誌とも2千誌とも言われるが、最終的に何誌が創刊されたのか、その全容はわからない。1946年から1949年頃までがカストリ雑誌の全盛期とされている。

50年代に入ると、それまでのB5判からA5判やB6判へと判型が小さくなり、そしてやがて『週刊新潮』（新潮社　1956年創刊）や『週刊現代』（講談社　1959年創刊）『週刊文春』（文藝春秋　1959年創刊）といった大手出版社の週刊誌にとって代わられていき、カストリ雑誌は姿を消していく。

このことからもわかるように、カストリ雑誌はエロ雑誌というよりも、むしろ週刊誌の前身的存在、あるいは戦前から現代に続く実話誌の流れの中にある雑誌だと位置づけた方がいいかもしれない。

50年代には「夫婦雑誌」と呼ばれる雑誌も人気を集めた。1949年に創刊された『夫婦生活』（夫婦生活社）がその走りとなった。夫婦のためのセックス情報を満載したこの『夫婦生活』は大きな支持を受け、ピーク時には35万部もの発行部数を記録する。夫婦の性生活に真面目に向き合うという名目で、かなり具体的なセックステクニックの記事も多かった。『夫婦生活』のヒットに続いて、数多くの夫婦雑誌が創刊されたが、その中には明らかに男性向けの内容のあからさまなエロ雑誌も少なくなかった。

現在イメージされるエロ雑誌、すなわちヌード写真をメインとした誌面づくり

『奇譚クラブ』1956年7月号（天星社）カストリ雑誌からSM雑誌へと変貌を遂げ、黄金期と呼ばれる時期の号。

の元祖としては1956年創刊の『100万人のよる』があげられる。創刊号こそ、性科学の記事中心で写真や図版も少なく、文字ばかりの誌面だが、印刷の環境や技術の向上によって、ヌードグラビアを多用した誌面へと変化していった。そのユニークでポップなセンスは、現在の目で見ても斬新なものが多く、楽しめる。どこか陰湿な印象のあったカストリ雑誌とは、全く違った明るさが新しい時代の到来を印象づける。

ちなみに同誌は創刊年の10月号で、早くも口絵の写真などが「ワイセツである」ということで警察に押収されている。

『100万人のよる』は、1959年に姉妹誌として『世界裸か画報』（3号より『世界裸か美画報』へと改題）をスピンアウトさせる。こちらは写真も豊富でビジュアル面がかなり充実。ここからヌード写真などのビジュアル中心の雑誌である「画報」「グラフ」ブームが巻き起こった。これは50年代後半のグラマーブームにも呼応している。肉感的な女性が魅力的とされ、グラマーフォトが人気を集めたのだ。時代はビジュアルを重視する方向へと向かっていった。

1964年に創刊された『平凡パンチ』は日本で初めての若者向け週刊誌であった。初期の同誌は当時の若い男性の興味の中心、すなわち「車」「ファッション」「女」の3つのテーマを大きな柱としていた。創刊号のセンターページには、大竹省二撮影による外国人モデルのヌード写真が折込グラビアとなっていた。あくまでも若い男性向けの総合週刊誌である『平凡パンチ』をエロ雑誌の範疇に入れることには問題があるかもしれないが、若い男性向けのヌードグラビアやセックス記事が、この雑誌から生まれ、そして広まっていったことは事実だ。『平凡パンチ』の創刊号は62万部を売りつくし、そして100万部を突破した1966年には、ライバル雑誌となる『週刊プレイボーイ』が創刊される。

『裏窓』1959年3月号（久保書店）『奇譚クラブ』の編集者だった須磨利之によるSM雑誌。後に『サスペンス・マガジン』に改題される。（→P36）

実際には創刊当初の『平凡パンチ』は、ヌードグラビアの比率は低かったのだが、対抗誌が登場したことで、ビジュアル面を強化。ヌードグラビアや水着グラビアに力を入れるようになっていく。以降、この2誌は競い合うようにお色気要素を高めていくことになる。

　そして『平凡パンチ』は1968年に新書判サイズ（ポケット判）のスピンアウト誌『ポケットパンチOh!』を創刊させる。こちらは本誌よりもお色気色を強めたことで、また新たな購買層を開拓した。若者向けエロ雑誌というジャンルが確立されていったのである。

　また1966年には、『コミックマガジン』（芳文社）が創刊され、青年向け漫画誌も誕生。以降、『漫画アクション』（双葉社）、『ヤングコミック』（少年画報社）、『プレイコミック』（秋田書店）、『ビッグコミック』（小学館）といった雑誌が後に続いた。こうした雑誌では、少年漫画誌とは違ってセックスを扱った漫画やヌードグラビアなども掲載されていた。

その一方で、ＳＭを中心とするマニア雑誌も密かに生き続けていた。元祖とも言える『奇譚クラブ』（曙書房、天星社、暁出版）は、１９４７年の創刊当初はいわゆるカストリ雑誌のひとつに過ぎなかったが、次第にアブノーマルなマニア向けの雑誌に変貌していく。そのきっかけとなったのが絵師でありライターであり、緊縛師でもあった編集者の須磨利之だが、彼は１９５３年に『奇譚クラブ』を離れ、１９５６年に『裏窓』（久保書店）を創刊する。『奇譚クラブ』と『裏窓』は戦後のＳＭ文化の形成において重要な役割を果たした。いや、いわゆるＳＭだけではなく、ゴムフェチやおむつフェチ、女《め》斗美《とみ》（女性同士が闘うことに興奮する）といったフェティシズム全般のマニアを受け止めていた。フェチが理解されることのない時代において、こうした雑誌の存在はマニアにとって、かけがえのないものだったであろう。

そしてこの２誌が蒔いた種子は、やがて空前のＳＭ雑誌ブームとして花咲くのだが、それは70年代に入ってからの話である。

60年代には、性的要素の高い「お色気

映画」も多く作られるようになり、それはピンク映画ブームへとつながっていく。

終戦後の40年代後半から60年代にかけて、日本のエロ表現は、大きく進化していったのだ。ハダカが街にあふれていった。

りべらる

1946年創刊　太虚堂書房

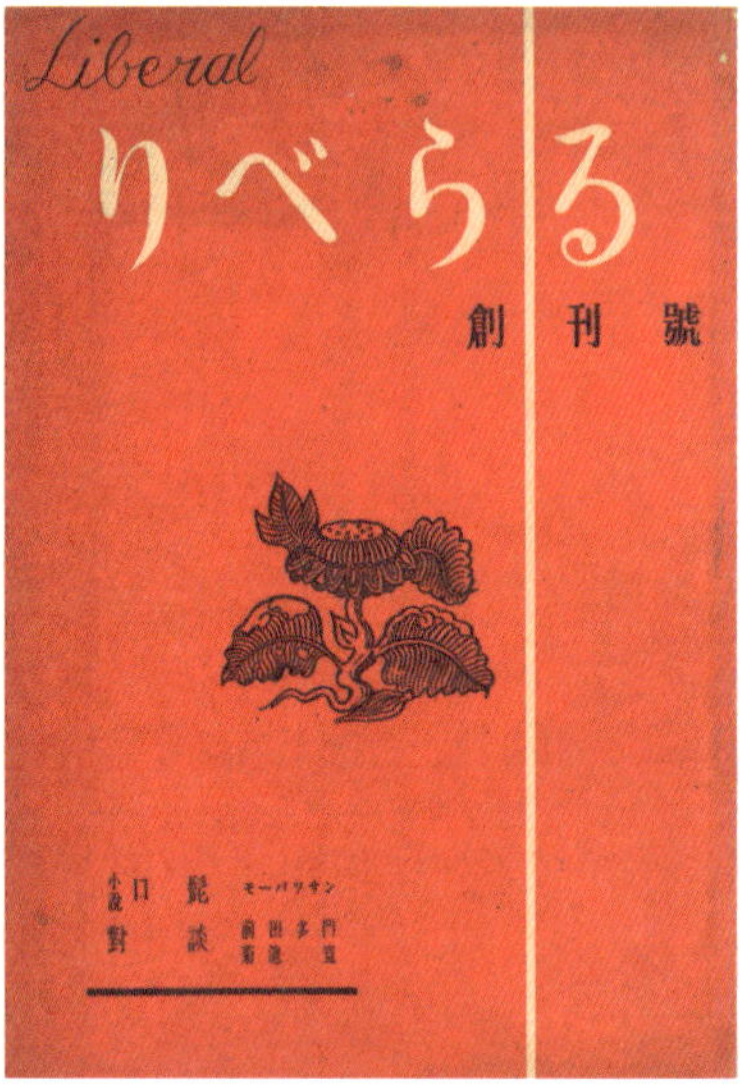

「りべらる」創刊号　1946年1月号
編集人：町田進　1円50銭

人間愛の解放をめざした
カストリの元祖

カストリ雑誌の元祖と言われることの多い雑誌だが、創刊号においてはエロ要素はほとんどない。編集長の松尾秀夫は創刊当時の『りべらる』の編集方針について、「フランスのクラルテ運動（第一次大戦後の反戦平和運動）を頭において、性の解放というより、抑圧されていた人間愛の解放をめざした」と語っており、武者小路実篤は巻頭言で「一番自然に正直にものを見、ものを考え、そして正直に行動すればいいのだ。つまり他人の意志によらず、自分の意志で行動すればいいのである」と宣言する。こうした言葉からは、自由を手にした時代の高揚感が伝わってくる。

　掲載されている原稿も「慈愛の復活」「好戦派の抱擁」「アメリカの男女共学制」

映画のキスシーンについて女性が書いた文章。日本において接吻は、まだタブーだったのだ。

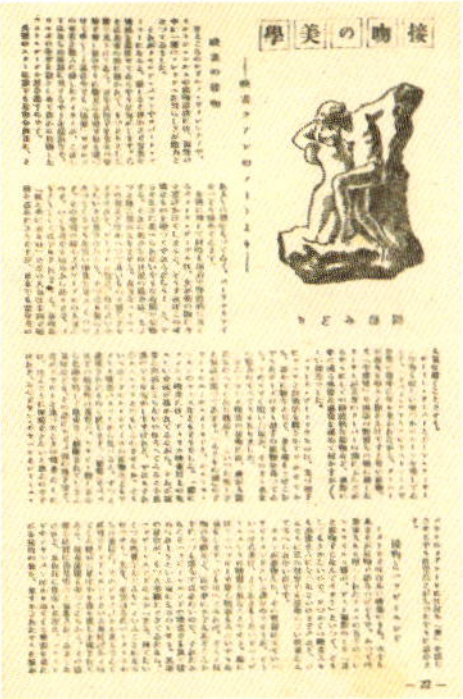
接吻の美学

エロ本色の強くなった1954年8月号。ヌード写真やお色気記事が誌面を埋めつくす。

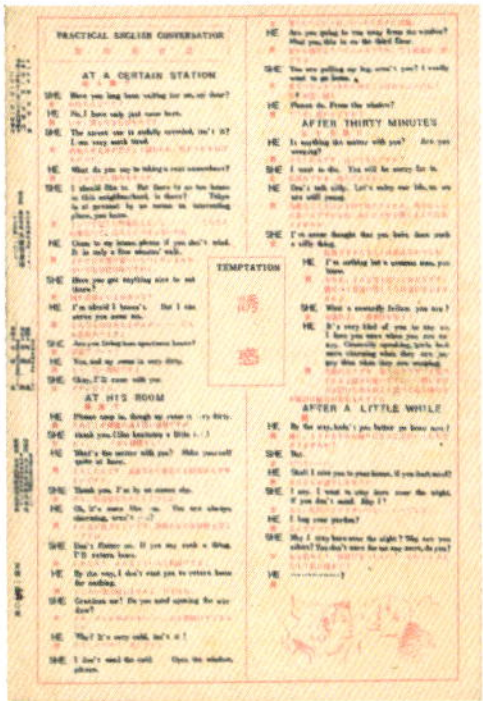
PRACTICAL ENGLISH CONVERSATION

AT A CERTAIN STATION

AFTER THIRTY MINUTES

TEMPTATION

誘惑

AT HIS ROOM

AFTER A LITTLE WHILE

裏表紙の実用英会話集。創刊号でのテーマは「誘惑」。女性の口説き方を小話風に紹介。

シャーリー・テンプルの新作映画『接吻売ります』にからめて彼女のキスについての考察。

といった硬いものが多いのだが、その一方で、映画におけるキスシーンについての記事「接吻の美学」やレイプ殺人事件を描いた小説「買い出し殺人事件」、そして裏表紙に書かれた実用英会話が女性の口説き方だったりするあたりに漂うそこはかとないお色気ムードは当時には新鮮だったに違いない。

創刊号は全32ページ。カストリ雑誌といえば、粗悪な仙花紙の印象が強いが、『りべらる』は、しっかりしたザラ紙だ。

号が進むにつれ、少しずつお色気度は高まり、部数も倍増していくと新聞で「文学のベールをかぶったエロ」などと叩かれたり、警察に目をつけられたりすることとなるが、1955年まで続く息の長い雑誌となった。

猟奇

1946年創刊　茜書房

戦後初の摘発を受けた カストリ雑誌

「猟奇」創刊号　1946年10月号
編集人：加藤幸雄　表紙イラスト：田口泰三　10円

カストリ雑誌がエログロ路線であるという印象を最初にうえつけたのが『猟奇』だ。この創刊号はわずか2時間で2万部が完売したという伝説もあり、続く2号が警察に押収されたことから逆に知名度を上げた。摘発された2号は巷でヤミ価格で取引されたという。

創刊号では、凸凹寺法主なる人物が、首や手足の無い陰部本位の胴体だけの見世物生人形について書いた「胴人形の話」、瀬戸内海のT港でレズビアンの女たちと一夜を共にする「T港」など誌名どおりに猟奇的・変態的でエロティックな記事が満載。写真こそほとんどないが、掲載されているイラストは女性のヌードばかり。表紙に書かれた「夜る読むな」のキャッチコピーが印象的だ。

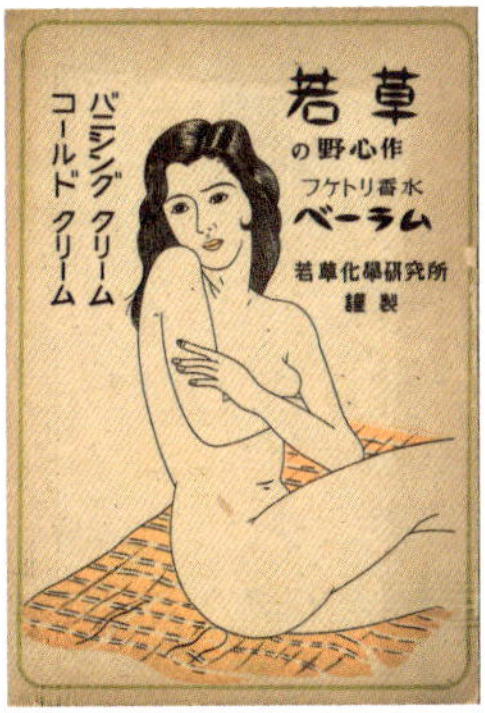

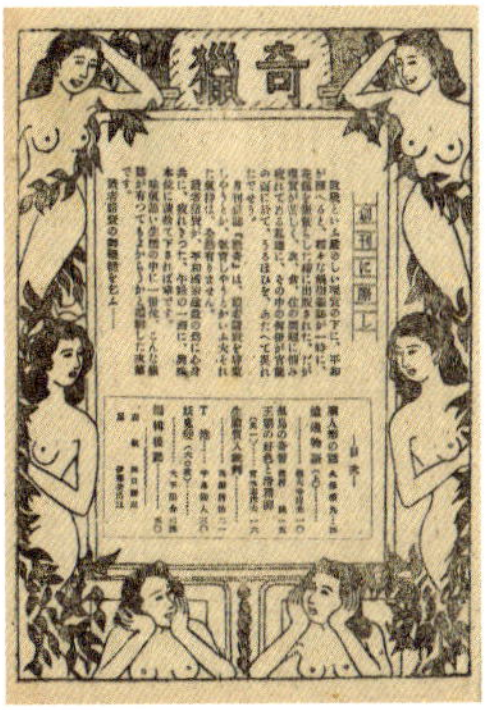

妙に軽いノリの「創刊に際し」。とにかくやたらとヌードのイラストがちりばめられている。

イラストとはいえ、裏表紙の化粧品の広告までオールヌードと過剰にセクシーだ。

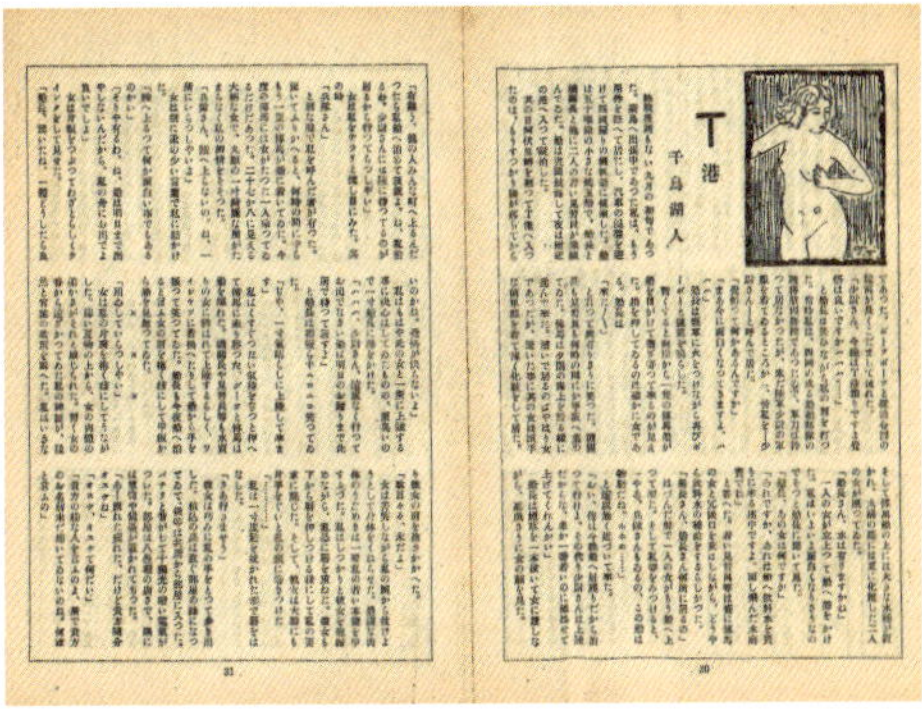

レズビアンの年増女たちとの一夜の体験談、「T港」。瀬戸内海の僻港らしい。

こうしたエログロ路線の雑誌は、戦前にも『グロテスク』『犯罪科学』といったものがあり、その流れを汲んだものだと言える。

「月刊雑誌『猟奇』は、読者諸君を啓蒙しようとか、教育しようとかいう大それた気持ちは、全然有りません。（中略）。味気ない生活の中に一冊位、こんな雑誌があってもよかろうと編集した次第です」と「創刊に際し」の言葉は『りべらる』の巻頭言に比べて、ずいぶん肩の力が抜けたものなのが興味深い。

しかしGHQ配下である検閲機関CCDに目をつけられてしまい売上好調にもかかわらず、わずか5号で廃刊となり、大阪の文芸市場社が誌名を引き継ぐも、復刊して3号連続で摘発されてしまった。

あまとりあ

1951年創刊　あまとりあ社

性を真面目に研究した啓蒙誌

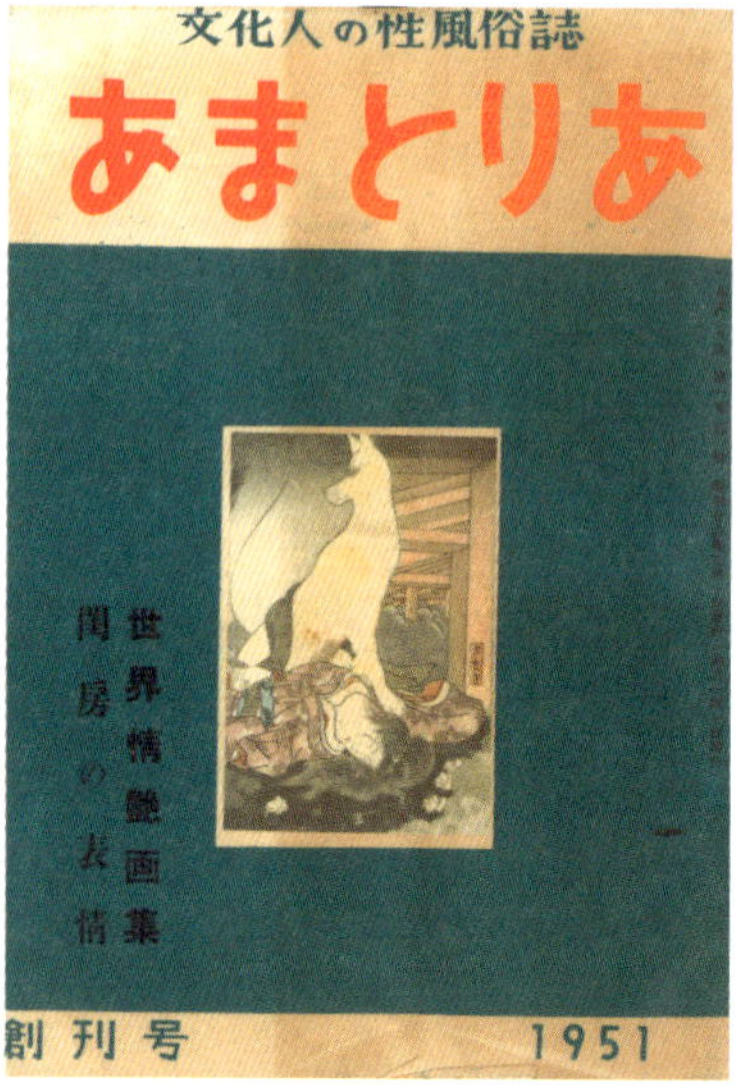

「あまとりあ」創刊号　1951年3月号
編集人：久保藤吉　表紙画：歌川国麿　85円

「文化人の性風俗誌」というキャッチフレーズで1951年3月創刊。性科学、性文化を真面目に研究するという雑誌としては、前年の1950年5月に『人間探究』（第一出版社）が先行誌として既に創刊されていたが、娯楽色の強い『あまとりあ』の方が人気は高かったようだ。この2誌のどちらでもメインで執筆していたのが性科学者の高橋鐵。

そもそも性交体位を解説した彼の著書『あるす・あまとりあ』が大ベストセラーとなったことから生まれた雑誌が『あまとりあ』であった。そのため『あるす・あまとりあ』の読者からの質問に高橋鐵が答えるというコーナーまで存在している。

創刊号では、西洋画や浮世絵の性にま

ウィーン性科学研究所所蔵の「ステンドグラスに試みられた異常性愛」。カラー印刷だ。

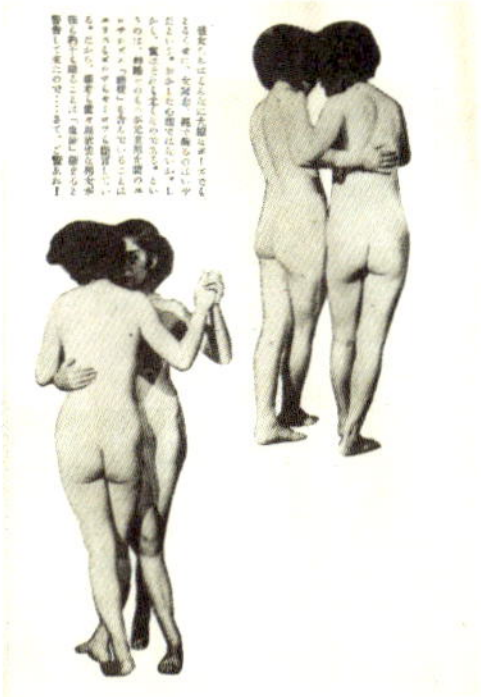

「裸にした社交舞踏」。モデルは「女同士、裸で踊るのはいや」と抵抗したという。

『あまとりあ』終刊号1955年8月号。

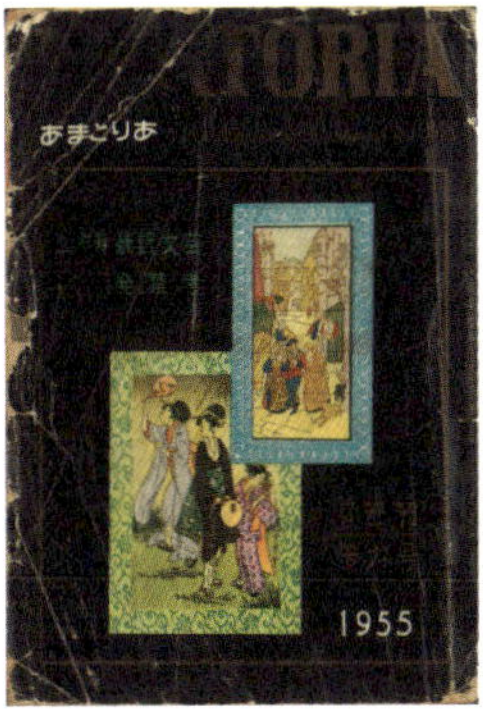

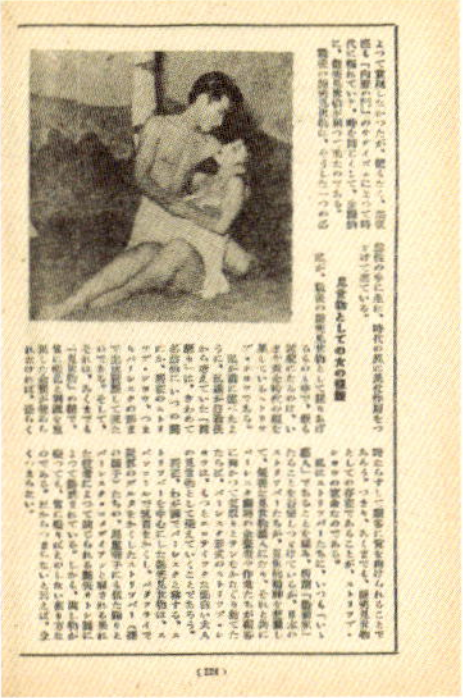

ストリップの元祖「額縁ショー」を考案した北里俊夫による「戦後の艶笑見世物」。

つわる絵画を集めた「世界情艶画集」が巻頭口絵。海外の春本を解説した「どくまんたえろちいか」、警視庁保安課衛生係技官による「春のめざめと性病」、国内外の陰毛考「性毛の美学」、そして責め絵で知られる画家・伊藤晴雨をかこむ座談会など興味深い原稿が満載だ。全裸の女性2人がダンスを踊る「裸にした社交舞踏」のグラビアはかなりセクシー。この創刊号と、続く2号が春画の一部を掲載したという理由で摘発されてしまう。『あまとりあ』は1955年に休刊するが、休刊号では編集者、執筆者を交えた座談会も掲載。売上不振ではなく「間接的な大きな弾圧」によって休刊するのだという社長の無念が伝わってくる発言が切ない。

100万人のよる

1956年創刊　季節風書店

バカでエッチでポップなエロ雑誌

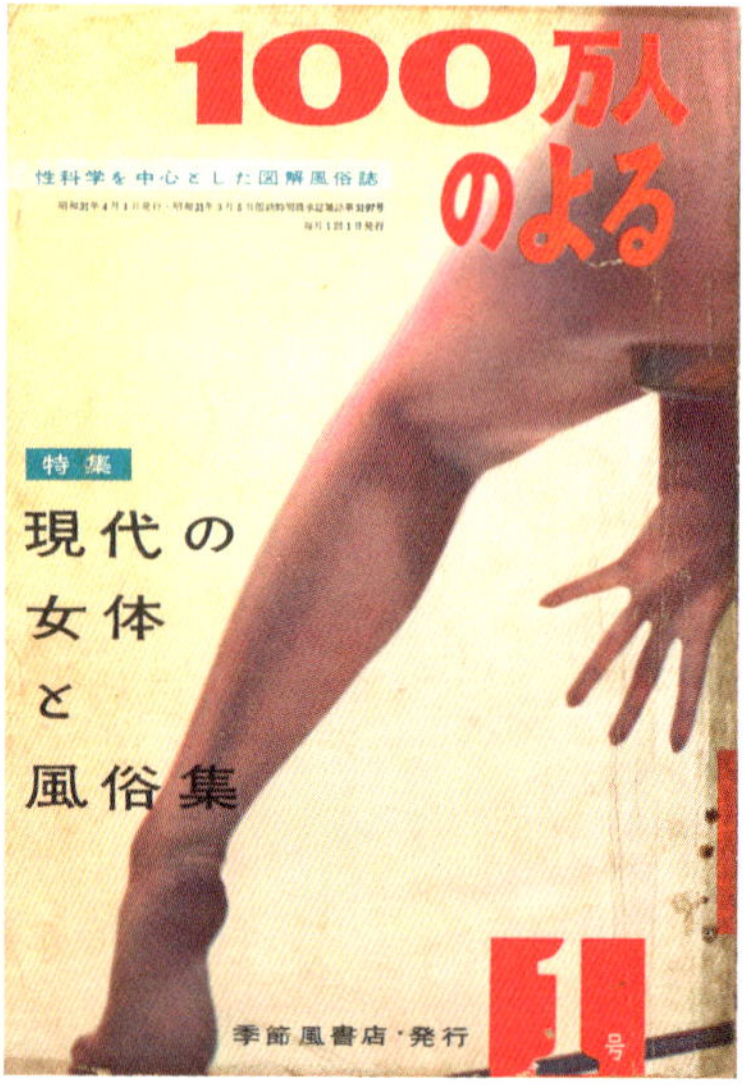

「100万人のよる」創刊号　1956年4月号
編集人：山田貞子　130円

「創刊のことば」によれば、誌名は「おおっぴらに百万人が愛読できる雑誌にしたい」という思いをこめてつけられたのだという。

後にポップでユーモアにあふれたセンスが素晴らしいヌードグラビアで知られることになる同誌だが、創刊号はほとんど写真もなく、文字とイラスト中心の誌面だ。記事の内容も「性科学を中心とした図解風俗誌」という創刊時のキャッチフレーズそのままに「女性器と処女膜の歴史について」「なぜお尻は冷たくて大きいか」「やくざやキザな紳士にやられる女ごころ」といった文章を医学博士たちが書いている。

同年10月号からは「大人の楽しい『よる』の生活誌」へとキャッチフレーズも

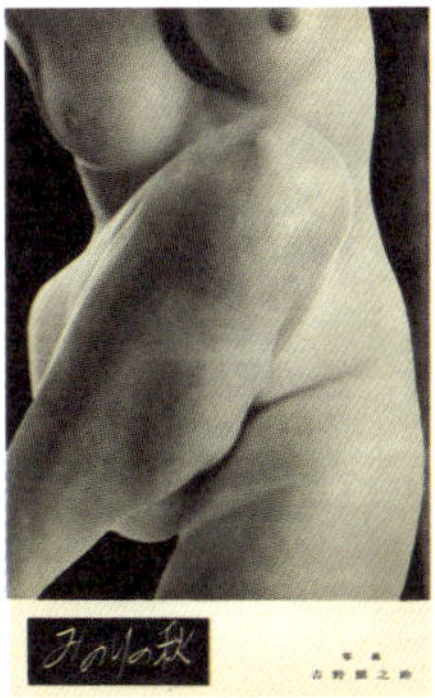

問題になった口絵のひとつと思われるページ。際どいと言えば際どいが……。(1956年10月号)

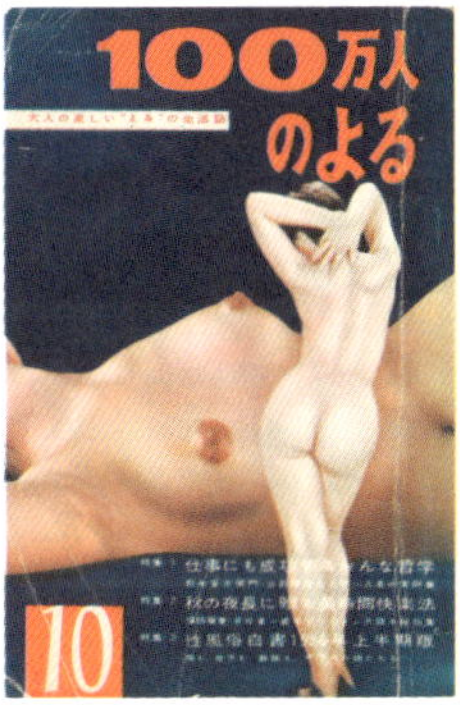

摘発・押収された1956年10月号。5万部が印刷され、ほとんどが既に販売済みだったという。

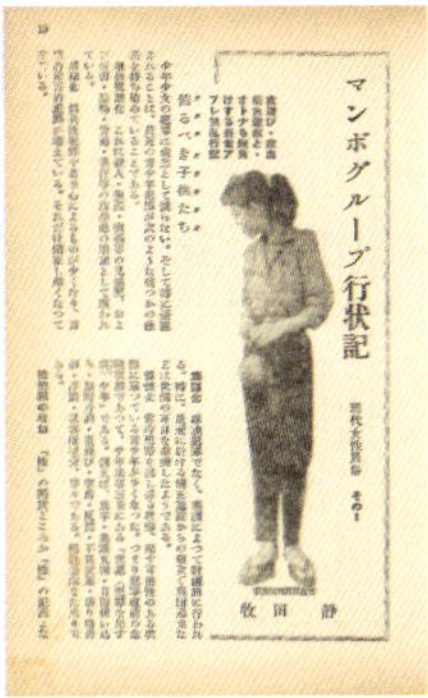
マンボグループ行状記

牧田 静

墨田区を縄張りとしていた桃色遊戯と粗暴犯罪を繰り返していた少年少女グループについての記事。(1956年4月号)

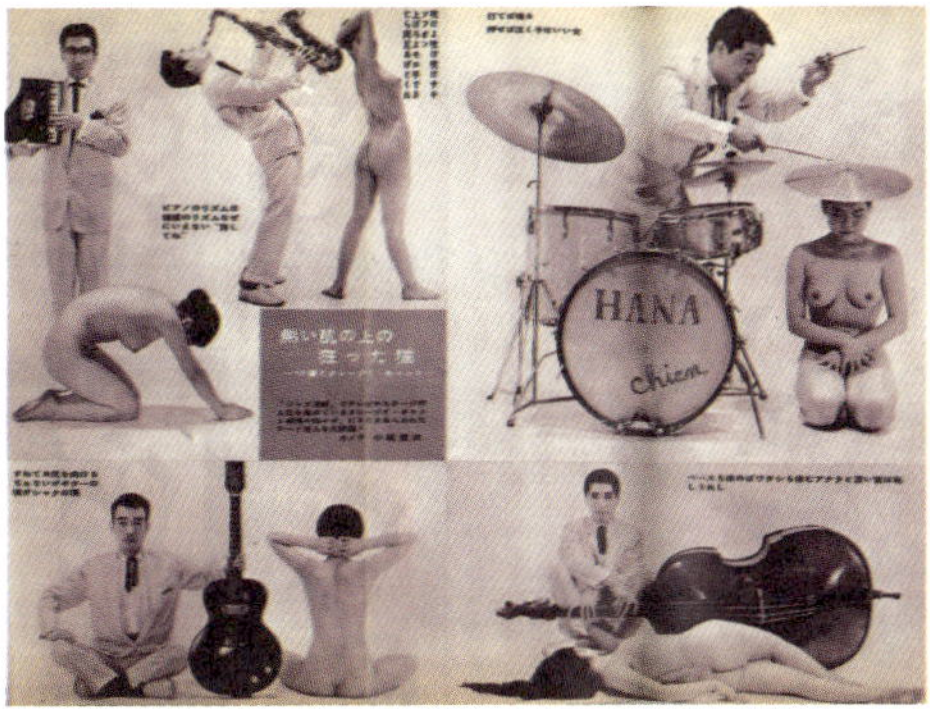

クレイジーキャッツとヌードの共演。このポップなセンスは今見ても魅力的だ。(1960年1月号)

映画「白銀は招くよ」にちなんだ全裸スキーグラビア。ちゃんと雪山で撮影している。(1960年1月号)

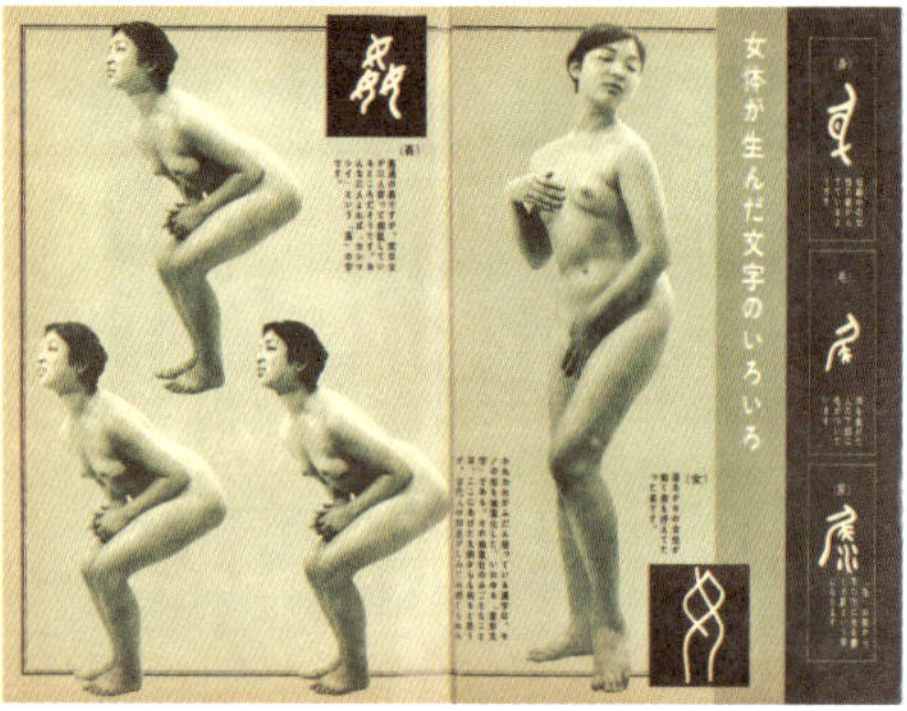

女、姦、母など「女体が生んだ文字のいろいろ」をヌードで解説。(1960年1月号)

1960年8月号の目次。この頃になるとあらゆるページにヌードがちりばめられている。

秋山庄太郎撮影のとじ込みヌードグラビア。カラーページもかなり増えている。(1960年8月号)

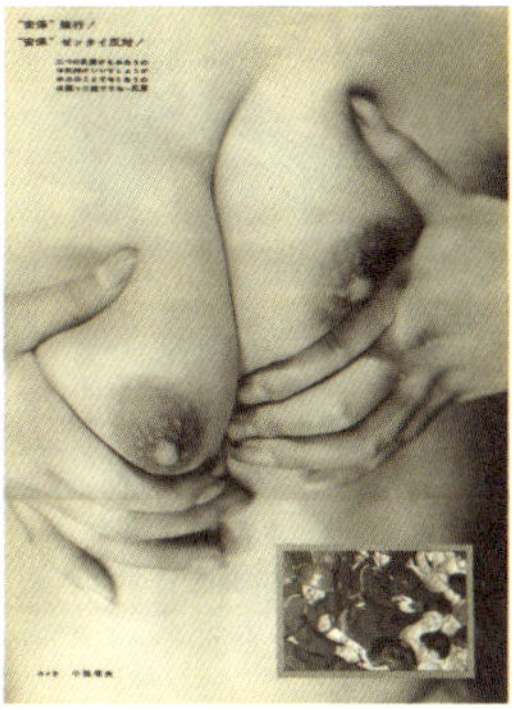

「揉み合うのはオッパイだけでいい」と安保騒動を皮肉った綴じ込みグラビア。（1960年8月号）

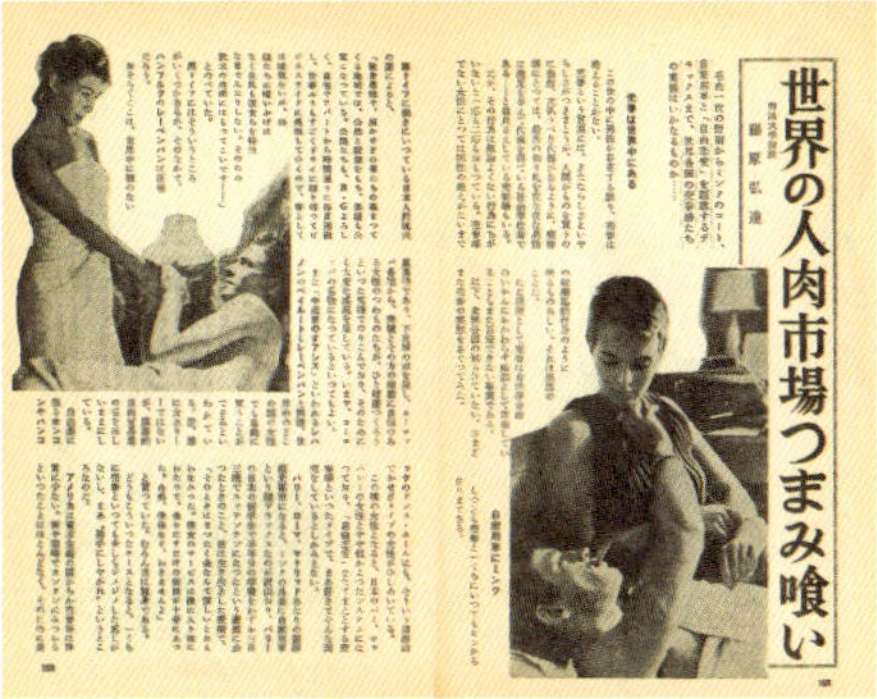

各国の女性の「体験記」は人気記事。それにしてもタイトルがすごい。（1960年8月号）

変わり、ヌードグラビアも増えていくが、この号の口絵の写真2ヶ所と「長時間快楽法」など10ヶ所が猥褻であると摘発された。もちろん現在その号を読み返してみても、どこが問題になったのかは、よくわからない。

楽器を持ったクレイジーキャッツと全裸モデルを共演させたり、全裸でスキーをさせたりという企画ヌードグラビアの明るい「バカでエッチ」なセンスは、後のエロ雑誌に大きな影響を与えたのではないだろうか。またカラフルな色使いや、切り抜きを多様したグラビア構成は極めてポップ。現在の目で見ても、十分にモダンで新鮮に感じられる。

その後、版元が新風出版社に変わりながらも、１９６６年まで続いた。

漫画画報

005

1958年創刊　富士出版社

グラマーといえば舶来物の時代

「漫画画報」創刊号　1958年12月
編集人：村上勇　100円

１９５４年に『文藝春秋』の別冊として発行された『漫画読本』は、お色気要素の多い大人向けコミックや読み物、グラビアを満載し、大ヒットした。それに続けとばかりに類似誌が数多く発行されたが、この『漫画画報』もそのひとつだ。

１９５７年からのグラマーブームに便乗するように「グラマー読本」の副題がつけられている。掲載されているヌードグラビアの大半が外国人モデルのもの（おそらく海外の雑誌から勝手に流用していると思われる）だが、「スター・グラマー」として万里昌代、三原葉子、吉田昌代ら新東宝のグラマー女優のセミヌードグラビアもある。

本家の『漫画読本』がそうであるように、誌名に「漫画」とついているものの、

「海外ヌードフォト」。乳首まで見せている写真はまだ少なく創刊号では数枚だけだ。

「スター・グラマー」。新東宝のグラマー女優、万里昌代。他に三原葉子、吉田昌代など。

青線の三人組

ネオンも消えた深夜の街に、スタスタとひゞく三人の足音。女ばかりの白波三人組は今宵も獲物をねらって猫のように闇をはってゆく！

つけて来る足音

「海外漫画傑作選」。日本の作家による漫画も海外風のタッチが多かった。

ゴシップ記事や風俗ルポのような記事も多く、実話誌的な要素も強い雑誌であった。

その要素はそれほど多くない。「草笛光子の三角関係」のような芸能ゴシップや「青線の三人組」のようなお色気実話、そして海外お色気小話などの読み物とヌードグラビアがメインである。グラビアが外国人モデル中心で、読み物や漫画でも海外のものが多いなど、当時はまだ強かった舶来志向が垣間見える。

ちなみに本誌のキャッチフレーズは「インテリのグラフと風流読物」である。編集後記には「いまや週刊誌とテレビ全盛の時代に、月雑誌誌（原文ママ）を創刊しようとするのは、この二つに追いまくられた人々も、月一回ぽっきりの本誌をごらんになると、ほっと一息つけると云う利点があろうと云うもの」と書かれている。

世界裸か画報

006

1959年創刊　季節風書店

日本最初の本格的ヌードグラフ誌

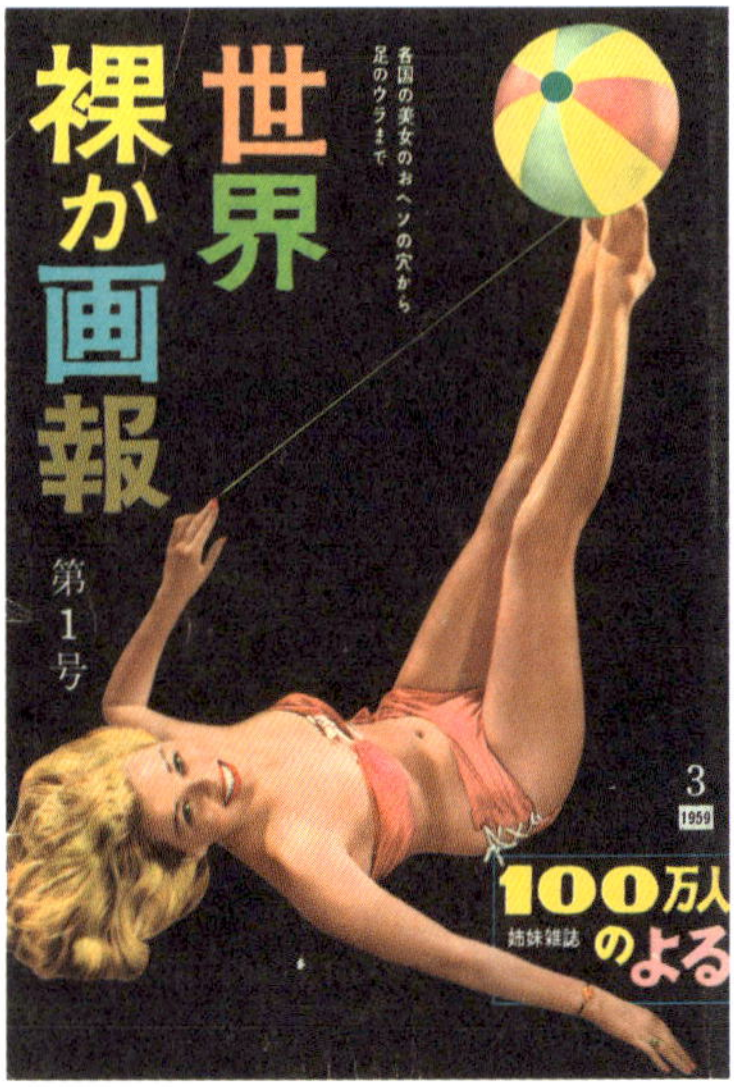

「世界裸か画報」創刊号　1959年3月号
編集人：榎本一男　130円

『100万人のよる』の春の増刊号として発行された『世界裸か画報』が好評だったため、隔月誌として独立創刊された。創刊の言葉に「(前略) 本誌は日本で初めて誕生した裸体雑誌第一号です。この一冊さえあれば、日本といわず世界の隅々のハダカ美が、諸君の眼前にあります」とあり、日本初の本格的ヌードマガジンであると宣言している。確かにほとんどのページにオールヌードもしくはセミヌードの写真がちりばめられており、わずか3年前の『100万人のよる』創刊号がヌード皆無であったことから考えると、その変化の凄まじさに驚かされる。編集後記にも「とくに今年はストリップ劇場をはじめ、ヌードクラブも一大ブームをよぶものと期待されます」などと書初心者のためのヌード撮影ガイド記事。また大竹省二らカメラマンによる裏話座談会も。

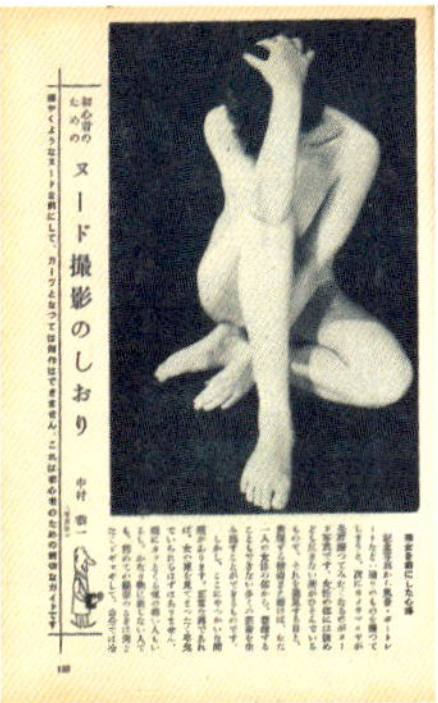

第3号より『世界裸か美画報』に誌名が変更。パリ大学都市理事の薩摩治郎八が監修者に。

「世界・はだか美・コンクール」より。正に世界中の女性のはだか美が集結！

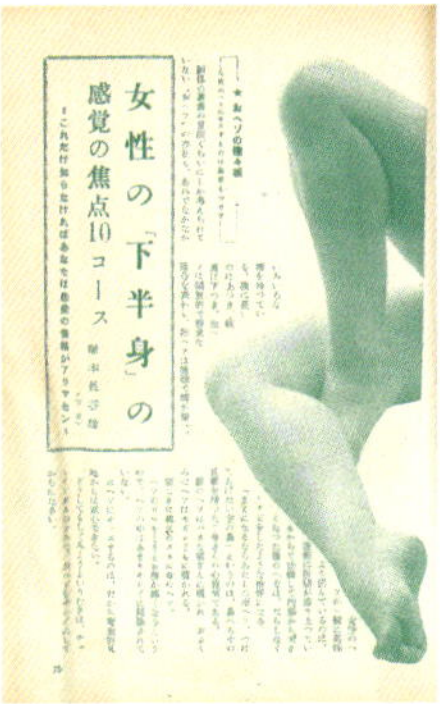

セックスハウトゥ記事も充実している。上半身12点、下半身10点の性感帯を詳しく解説。

かれ、「ハダカ解禁」が一気に進んだ時代であることが読み取れる。

　巻頭グラビアの「世界・はだか美・コンクール」はアメリカやヨーロッパなど11カ国の各国女性のヌードに「北欧の女は裸が大好きです。閨房《けいぼう》での愛情は誰一人知らぬもののない勇敢さです（スエーデン）」「自己陶酔？　豊満な自分の乳房に悩ましくなってしまうウヌボレ型です（アルゼンチン）」といった解説をつけたもの。さらに「フランス娘のはだか柔道記」「いちどは見たいポンペイの性の壁」など誌名に偽りなしに世界中の性の話題が詰め込まれている。

　同年の第3号から『世界裸か美画報』、1961年より『裸か美グラフ』に誌名変更された。

平凡パンチ

1964年創刊　平凡出版

エロ本化していった伝説の雑誌

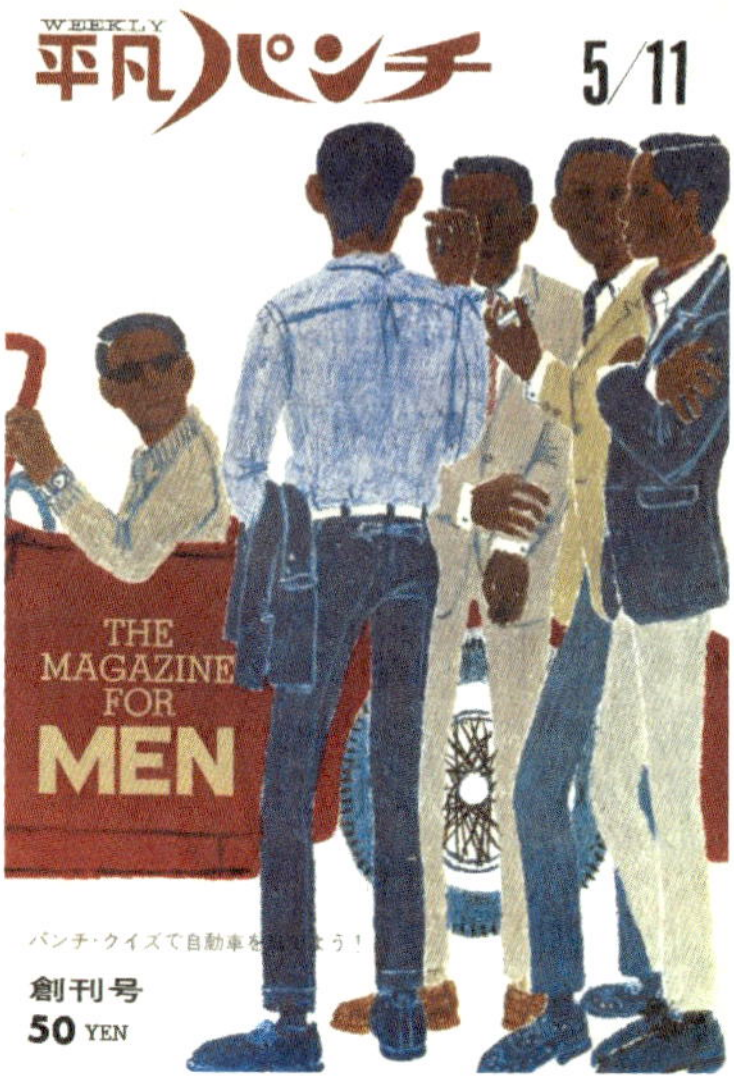

「平凡パンチ」創刊号　1964年5月11日号
編集人：清水達夫　表紙画：大橋歩　50円

日本初の若者向け週刊誌。社内では「若い男性は雑誌なんて読まないだろう」という声もあったそうだが、創刊2年後には100万部を突破し、若者文化をリードする存在となった。初期の編集の3つの柱は「車」「ファッション」「女」であり、創刊号には大竹省二撮影の金髪女性のヌードグラビアが掲載されている。これが日本の週刊誌が初めて掲載したヌード写真だった。

ヌードグラビアの印象が強い『平凡パンチ』だが、創刊してしばらくは外国人モデルによるアート色の強いグラビアがあるくらいで、ヌードは少なかった。『平凡パンチ』がヌードに力を入れるのは競合誌である『週刊プレイボーイ』が創刊された後の60年代後半からの話である。

創刊号のセンターに綴じ込まれたグラビア。初期のヌードはアート色が強かった。

臨時増刊号は毎号ヌードグラビアが満載。演歌や軍歌の特集もユニーク。（1970年1月10日号）

1967年11月6日号の綴じ込み小冊子形式のグラビア。まだヌードは外国人モデルがほとんどだった。

70年代に入ると日本人モデルやタレントのヌードがメインに。東映女優・小林千枝のグラビア。（1972年6月12日号）

ジョージ秋山の異色作「日本列島蝦蟇蛙」など異色のコミックの連載も数多かった。（1972年12月11日号）

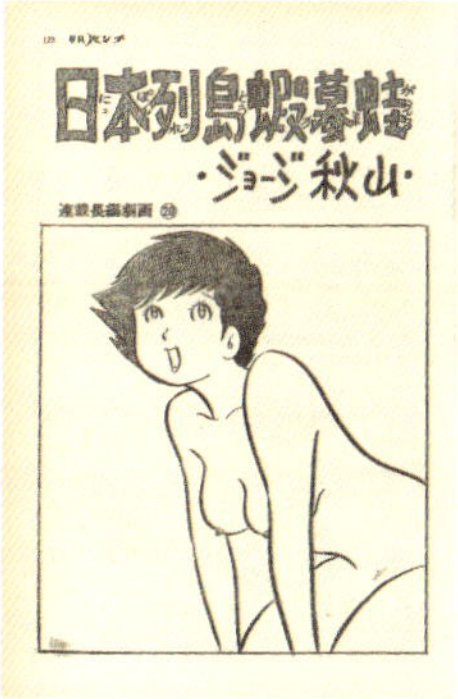

ヌードと組み合わせた企画グラビアも多い。フェチを匂わせたヌードと靴の特集。（1972年12月11日号）

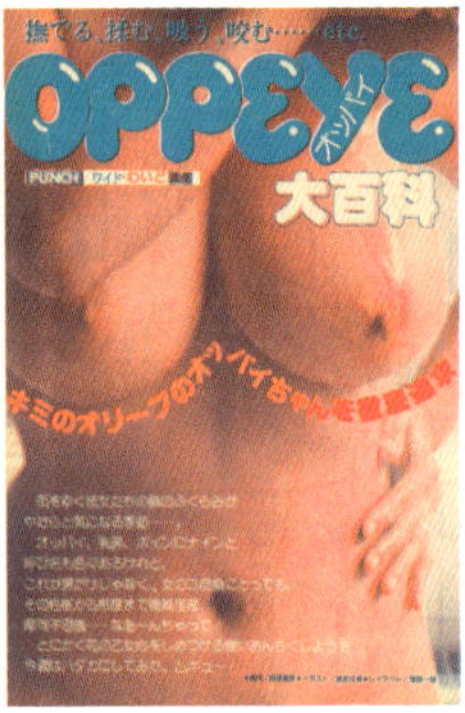

『POPEYE』のパロディになっているオッパイ特集。タレントの乳房を勝手に鑑定。(1978年5月22日号)

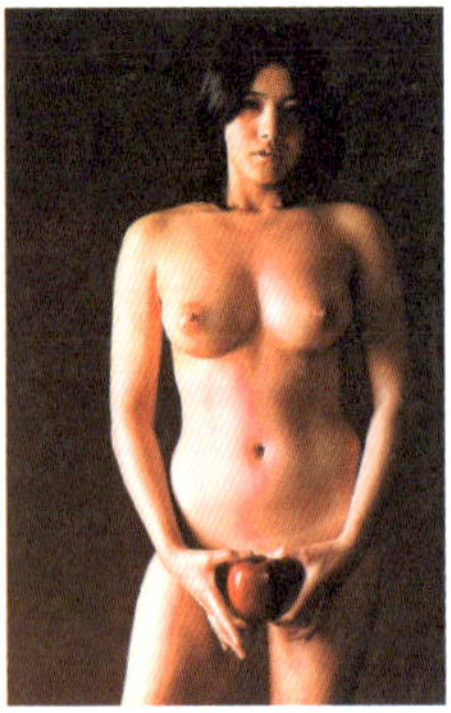

麻田奈美の林檎ヌードは伝説となった。撮影は青柳陽一。(1973年3月12日号)

創刊20周年記念号。巻頭グラビアは川島なお美と岡本かおり。(1983年5月9・16日号)

80年代に入るとヌードの比率はさらに高まる。デビューしたばかりの美保純も登場。(1981年10月5日号)

ライターとして読者コーナーも担当していた中村京子が表紙と巻頭グラビアに登場。(1984年9月17日号)

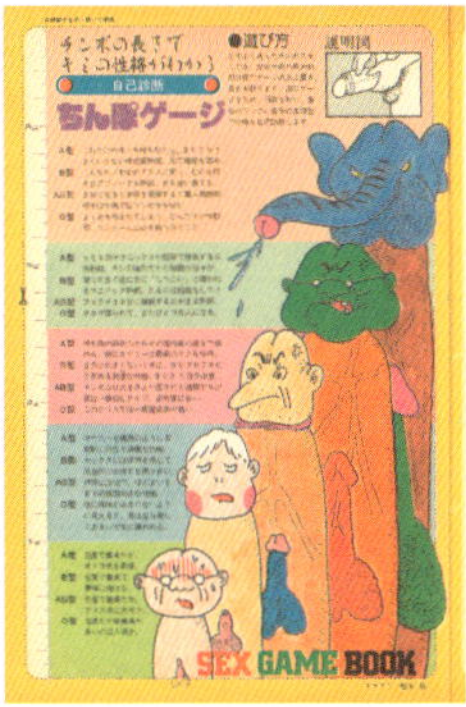

ガロ系漫画家総動員の「SEX GAME BOOK」はメジャーな週刊誌とは思えない企画であった。(1986年10月6日号)

「バカとエッチ」を追求した末期の『平凡パンチ』は、いい意味でエロ本そのものだった。(1986年10月6日号)

ニューウェーブ系漫画雑誌として復活した『NEWパンチザウルス』だが、マイナー感はさらに強まり、4ヶ月であえなく休刊。(1989年2月23日号)

休刊号となった1988年11月10日号。表紙にも翌年2月のリニューアルがうたわれている。

70年代にはヌードや水着グラビアなどを豊富に掲載し、人気の高かった『平凡パンチ』だが、80年代に入ると失速。表紙をサトウサンペイのイラストにし、ヌードを排除して大人っぽい路線を模索するなど迷走する。

しかし1985年に武智京太郎が編集長となると、「バカとエッチ」を編集方針とし、急激にエロ本化を進める。ナンセンスな企画や、ガロ系の漫画家を多用するといった誌面はユニークではあったが支持は得られず1988年に休刊。

その後、漫画を中心とした『NEWパンチザウルス』としてリニューアルするも、こちらもわずか4ヶ月で休刊となってしまった。

サスペンス・マガジン　008

1965年創刊　久保書店

頭文字からこの雑誌の正体が透けて見える

「サスペンス・マガジン」創刊号　1965年2月号
編集人：飯田豊一　表紙画：山椒保明　180円

１９５６年に創刊し、『奇譚クラブ』と共に日本のＳＭ雑誌の黎明期を牽引してきた『裏窓』の後継誌的な雑誌。そのため南郷京助の小説「死の島物語」などは『裏窓』から継続している（ただしその説明はなく、物語の途中からいきなり始まっている）。

　創刊号では大藪春彦や筒井康隆の作品も掲載され、ヌードグラビアなどもないので、誌名も含め、一見すると普通のサスペンス小説誌のようにも見えるが誌名の頭文字が「ＳＭ」になっている。これは当局の規制に対抗する手段だったと思われる。編集人の飯田豊一は、『裏窓』の編集長であり、緊縛師として知られる濡《ぬ》木《れ》痴《き》夢《ちむ》男《お》の本名だ。

　直接的にＳＭ的な描写のある作品は

前身である『裏窓』（1964年2月号）。『奇譚クラブ』に比べるとモダンな作りだった。

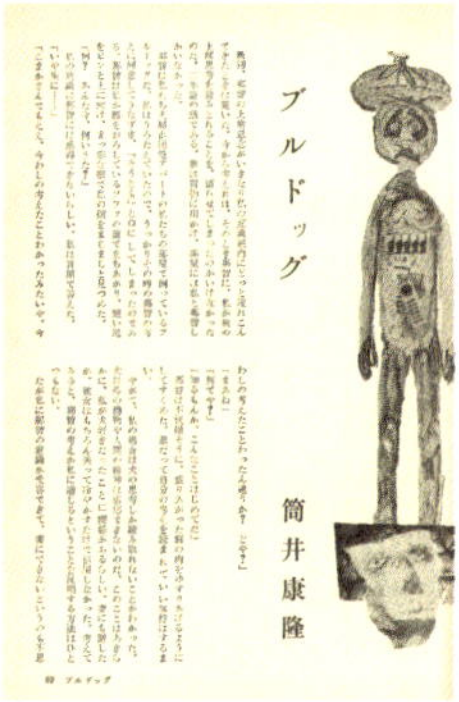
ブルドッグ
筒井康隆

筒井康隆「ブルドッグ」。1963年に『SFマガジン』増刊号に発表したものの再録。

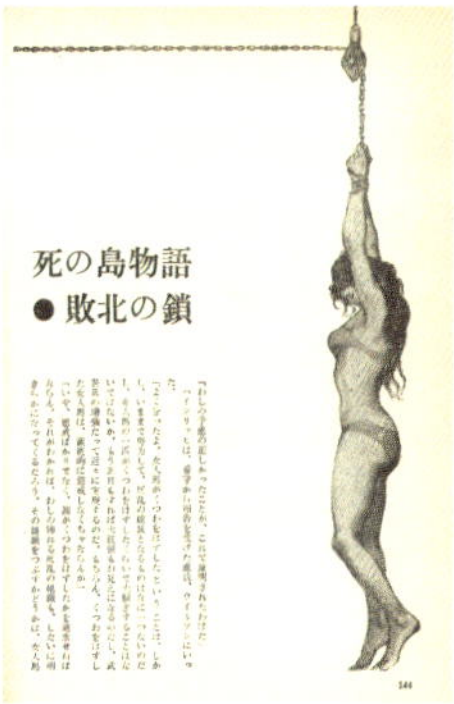
死の島物語
● 敗北の鎖

2話までが『裏窓』に掲載された「死の島物語」の完結編。救いのないハードな奴隷物小説。

完全にSM雑誌となった『サスペンス・マガジン』。（1976年1月号）

「死の島物語」や「魔女検察官」（三鬼俊）のみで、あとは「契約」（水尾究）、「切支丹妖女」（島本春雄）にその匂いを感じさせるくらいであり、創刊時にはサスペンス小説誌として刊行していくつもりだったのかもしれないが、その後は次第に露骨な緊縛グラビアも増え、普通のSM雑誌になっていった。

1969年に一度休刊するものの、1972年に復刊。そして1980年に再び休刊。

ちなみに『あまとりあ』を発行していたあまとりあ社と久保書店は同一会社であり、『あまとりあ』の後継誌として『かっぱ』（1956年）が生まれ、それが『裏窓』（1956年）となって『サスペンス・マガジン』へつながるという流れがある。

週刊プレイボーイ

1966年創刊　集英社

垢抜けなさが本家を凌いだ

「週刊プレイボーイ」創刊号　1966年11月15日号
編集人：五十嵐洋　表紙デザイン：新正卓　表紙撮影：早田雄二　60円

60年代の若者雑誌の代表的な存在が1964年に創刊した『平凡パンチ』（平凡出版）、そして2年遅れで創刊した『週刊プレイボーイ』であった。水着やヌードグラビア、そしてセックス記事の印象が強い2誌だが、創刊当時はどちらもかなり生真面目な誌面作りをしていた。1966年11月に発売された『週プレ』創刊号の目玉記事は「モンロー自殺直前の電話はRケネディ？」と「67年新型車の極秘設計図は盗まれていた!!」。女性グラビアはセンターに折り込みの外国人モデル（PLAYMATE OF WEEKの文字があるが、米『PLAYBOY』誌とは提携していない）のヌードと後半にやはり外国人モデルのモノクロ水着があるのみ。女性のヒップをライオンの顔に見立モンロー死後4年後のスキャンダル。ケネディ大統領の弟、ロバートとの関係を匂わせる記事。

プレイボーイ

モンロー自殺直前の電話はRケネディ？

再燃した肉体女優ナゾの死の政治的背景

全裸で、受話器を持って

よみがえった失恋自殺説

カリフォルニアの大学生であるベッチーナ・ブレンナのグラマラスなヌードは、センター綴じ込みの大判グラビア。

てた表紙のインパクトほどのお色気度は誌面からは感じられない。目を引くのは石原慎太郎の連載エッセイ「プレイボーイ哲学」くらいか。

その後、両誌は競い合うようにヌードや水着のグラビアを充実させ、1968年からは日本人モデルが中心となる。

当時は「銀座のパンチ、北関東の週プレ」と言われたほど、洗練された『平凡パンチ』に比べ、どこか垢抜けない印象の『週プレ』だったが、むしろそれが読者の共感を呼んだのか、80年代になると立場が逆転。『週プレ』が「ぐわんばれ！平凡パンチ」（1984年）なる応援記事を組むほどになるが、1988年に休刊してしまう。後発であった『週プレ』は創刊53周年を迎え今なお健在だ。

Pocketパンチ Oh!

1968年創刊　平凡出版

親に見つかりにくいポケット判

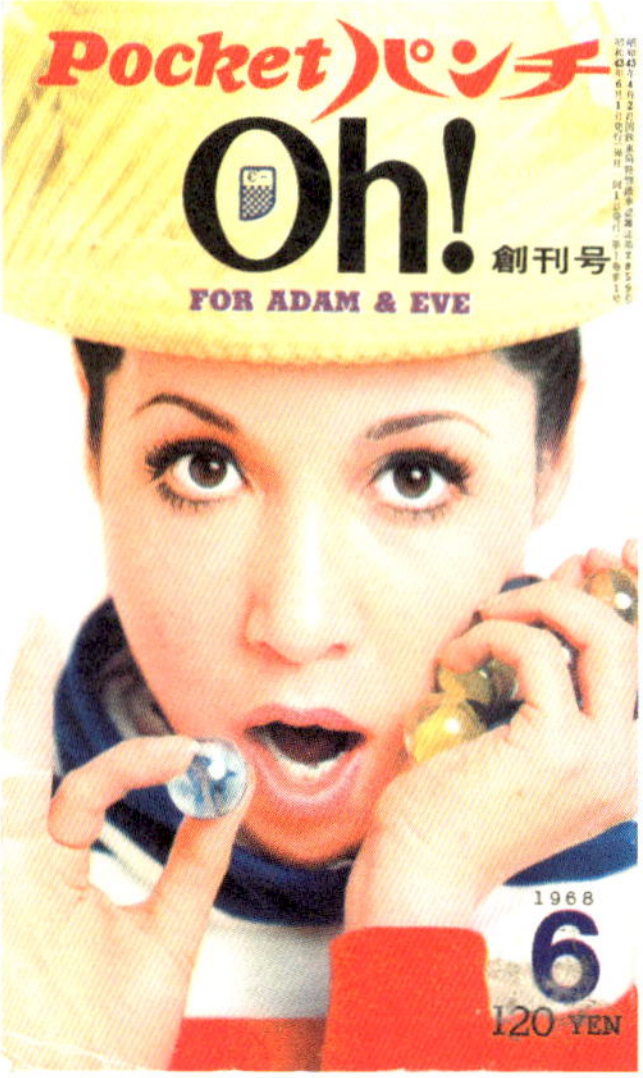

「Pocketパンチ Oh!」創刊号　1968年6月号
編集人：石橋謙三　表紙撮影：中村正也　120円

1964年に創刊され、若者のバイブル的存在となった『平凡パンチ』の姉妹誌として創刊。本誌よりもヌードグラビアやセックス記事が多かったという印象で語られることが多いが、意外にも創刊号の時点ではヌードもセックス記事もほとんどない。何しろ、唯一のフルヌードグラビアは、男性モデルの本田恒雄のものなのだから。

創刊号で面白かったのが「大阪のPLAY SPOT アナ場ガイド」という記事。こちらも露骨な風俗店は紹介されていないが、タレント喫茶、カーマニア喫茶、アットホームスナックなどの耳慣れない店に加えて、ピンクのミニドレスに白いブーツというスタイルの女性が給油してくれるガソリンスタンドまで登場。

「NOWな女のコとBODY WEAR」より池島ルリ子のヌードグラビア。（1972年7月号）

人気男性モデル本田恒雄のヌードに読者の需要はあったのだろうか？（1968年6月号）

せんだみつおが川崎堀之内のトルコ風呂（ソープランド）で遊んだ体験記。（1973年10月号）

そんな『Ｏｈ！』も、次第にヌードグラビアとセックス記事の比率が高くなっていく。70年代に入ると「全国縦断トルコガイド」（１９７２年7月号）、「おとなのオモチャ屋は天国に近かった‼」（１９７４年12月号）といったストレートなエロ記事ばかりになり、エロ雑誌化が進行していった。

新書判サイズ（ポケット判）という隠しやすいコンパクトさは、親や恋人に見つかりたくない若者にとっては好都合だったのかもしれない。同誌がヒットしたことで、この後、同じような判型のエロ雑誌が急増したが、本家は１９７６年には『ＰＯＣＫＥＴパンチ』と微妙に改題し、判型もやや横幅が広くなる。そして、その翌年には休刊してしまった。

第二章

70年代

エロ本の現場で
実験は繰り返されていった。

70年代のアダルトメディアにおいて最も大きな出来事といえば、１９７１年の日活ロマンポルノのスタートだろう。

経営不振に喘いだ末に、制作費が少ない割に動員がみこめる成人映画に活路を見出したのだとはいえ、大手映画会社である日活が作る以上、弱小会社が作っているピンク映画とは違うのだと「ロマンポルノ」の名称を掲げて、大々的に制作に乗り出したのだ。

ロマンポルノは大きな支持を得て、たちまちアダルトメディアの王者の座についた。ロマンポルノの女優は人気を集め、彼女たちのヌードが雑誌のグラビアを飾るようになっていった。

それまでヌードの中心は海外から輸入された欧米の白人モデルであったが、この時期から日本人女性のヌードが台頭していったのだ。

『映画の友』のようなロマンポルノを中心とした雑誌も次々と登場。その他のエロ雑誌もロマンポルノやピンク映画のス

「団地妻 昼下りの情事」1971年（日活）1971年にスタートした日活ロマンポルノの第一作。監督：西村昭五郎　主演：白川和子

チール写真を掲載するようになっていった。

とはいえ、まだまだ舶来志向も強かった。1975年に創刊した『日本版PLAYBOY』が出版業界に与えた影響は大きかった。A4判という大型サイズでオールカラー。そして隅々まで気を配られたゴージャスで洗練された誌面。それはこれまでの日本の雑誌では感じることのできなかった大人の娯楽の世界だった。『日本版PLAYBOY』は大ヒットし、前年に創刊されていた『GORO』共々、雑誌の大型化とビジュアル化が進んでいった。

その一方で、エロ雑誌のマニア化・細分化も進んでいた。それまで『奇譚クラブ』(曙書房、天星社、暁出版)や『風俗草紙』(日本特集出版社)、『裏窓』(久保書店)といった雑誌がSMや変態性欲をテーマとした誌面を作っていたが、当局の取り締まりが厳しかったこともあり、あくまでも熱心なマニア相手の細々とした発行に甘んじていた。

しかし1970年に創刊した『SMセレクト』は、大胆な緊縛カラーグラビアを掲載するなどエロ本的な編集方針を持ち込み、最盛期は15万部を超える大ヒット雑誌となる。そして『SMセレクト』に続けとばかりに、『SMファン』(司書房)、『S&Mコレクター』(サン出版)、『SMキング』、『S&Mスナイパー』(ミリオン出版)と各社も同様のSM雑誌を次々と創刊。10誌以上が鎬《しのぎ》を削るSM雑誌戦国時代が80年代まで続いた。

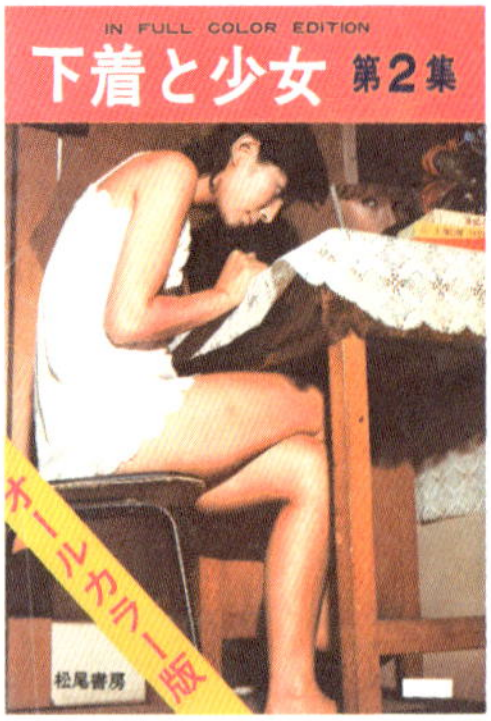

『下着と少女 第2集』
1971年（松尾書房）
ビニール本の元祖といわれる写真集シリーズ。下着越しにやや陰毛が透けて見えることで話題に。

　またロマンポルノやピンク映画でもSMをテーマにした作品が多く、実際にプレイができるSMクラブなども登場し、SMブームとも言うべき状況であった。

　さらに1971年には日本初のゲイ向け商業雑誌『薔薇族』も創刊されるなど、SM以外のジャンルの専門誌も生まれた。

　また書店以外で販売されるエロ本もこの頃から盛り上がりを見せる。60年代後半から、海外のポルノ雑誌を輸入して通信販売や大人のオモチャ屋（アダルトショップ）で販売する業者がいたが、やがてそうした写真を複写して編集し、独自のエロ本を作るようになっていった。さらに日本人モデルを撮影するようになり、ここから通販グラフ誌というジャンルが生まれ、それが発展したものが、70年代末から80年代にかけて一大ブームを巻き起こすビニール本である。

　その元祖と言われているのが、『下着と少女』（松尾書房）だ。1971年に第1集が発売され、好評だったためにシリーズ化された。当初は書店でも販売されていたのだが、むしろ通販やアダルトショップでの方が人気が高く、第1集は総計25万部というベストセラーになったという。

　『下着と少女』の人気は、モデルの質が高かったことにあったが、号が進むにつれ、次第に下着から陰毛が透けて見えるなど、露出度が高まり、話題を呼んだ。まだ「猥褻」の基準がヘアの露出にあった時代である。

また70年代半ばから、自動販売機で販売されるエロ本＝自販機本も現れる。もともとは酒のおつまみを売るための自動販売機を流用したとも言われ、最初は書店で流通している雑誌を売っていたが、やがて自販機を扱う業者が自ら専用のエロ本を作るようになったのだ。アリス出版、エルシー企画、Ｄｏ企画といった会社が、その制作を請け負った。

最盛期の１９８０年には日本全国に２万台以上の自販機が設置されていた。これは当時の書店の数とほぼ同じである。自販機本は月に４５０万冊を売上げ、５００億円規模の市場となった。

自動販売機では、表紙しか見えないため、表紙が勝負となる。逆に言えば、表紙さえ良ければ売れるということになる。とにかくたくさんの本を作らなければならない自販機出版社は、そこで多くの若者を編集者として迎え入れた。表紙さえちゃんと作れば、上の者は何も言わないという状況下で、彼らは好き放題の編集をはじめた。

そんな中から生まれたのが『Ｊａｍ』である。巻頭と巻末のヌードグラビア以外は、アンダーグラウンドなロックやカルチャー、ド

『ティーンズ Vol.3』1975年（松尾書房）自販機本。女性2人のカラミが中心。野外撮影のカットも多い。

ラッグなどの記事ばかり。他にも、根本敬が死体をコラージュした漫画を掲載した『ＥＶＥ』（アリス出版）、ロリコンブームの火付け役となった『少女アリス』（アリス出版）、竹熊健太郎、大塚英志、岡崎京子や桜沢エリカらが執筆した『コレクター』（海鳴書房／群雄社）などが話題となった。

もうひとつ70年代の大きな動きとしては三流劇画（エロ劇画）のブームがあった。60年代後半から実話誌などを中心に成年向けのエロティックな劇画が少しずつ台頭していったが、１９７４年に『漫画エロトピア』（ベストセラーズＫＫ）が創刊したことから、一気に盛り上がりを見せる。エロ劇画御三家と言われた『漫画大快楽』（檸檬社）、『漫画エロジェニカ』（海潮社）、『劇画アリス』（アリス出版）を中心にブームは過熱。月刊誌だけで50誌以上、さらに増刊、別冊なども含めると毎月１００誌ほどのエロ劇画誌が発行された。文学誌である『別冊新評』（新評社）で三流劇画の特集号が発売され、テレビ番組『11ＰＭ』でも特集が組まれるなど、社会的にも大きな注目を集めたのである。

高度経済成長が一段落し、高揚した時代から暗いムードが漂い始めた70年代。文化的にも重く、先鋭的なものがもてはやされた。それはエロにも反映される。若き映画監督たちは、ロマンポルノのフォーマットを借りて独自の表現を模索し、エロ雑誌でもまた自由で過激な実験が繰り返されていた。エロ劇画でも同じであった。

　それはまだ「エロ」が貴重なものだったから許されることだった。悪い言い方をすれば、彼らはただ裸が見たいだけのユーザーをカモにしていたのだ。何をやっても、エロなら売れたからこそ、そういった実験も許されたのだ。エロにおいてもユーザー第一主義の現在からすれば、とんでもない考えだが、だからこそこの時代のエロは、多くの才能を生み出すことができた。エロの世界から、巣立っていった表現者は数限りない。

　ある意味で、幸せな時代であった。

『漫画大快楽増刊号 羽中《はちゅう》ルイ選集 聖少女白書』1977年（檸檬社）三流劇画の人気作家・羽中ルイの作品をまとめた増刊。当時は単行本より、こうした増刊号が中心だった。

『別冊新評 三流劇画の世界』1979年（新評社）小説家の研究が中心の『別冊新評』でもとりあげられるほど、当時の三流劇画は勢いがあった。

SMセレクト

1970年創刊　東京三世社

70年代のSM雑誌ブームを牽引

「SMセレクト」創刊号　1970年11月号
表紙画：篠崎春夫　250円

60年代後半に盛り上がっていたピンク映画でもSM色の強い作品が人気を集めるなど、SMブームが起こりつつあったことから、それまでマニア向け雑誌とは無縁だった東京三世社がSM雑誌に乗り込んだ。

創刊号では当時のSM雑誌としては珍しく、大胆な緊縛ヌードのカラーグラビアを展開。巻頭小説は既に「花と蛇」で大人気を博していた団鬼六の「穴倉夫人」。また『裏窓』の編集者だった須磨利之と椋陽児《むくようじ》が変名を使って大部分の小説とイラストを書いている。

大胆なビジュアル路線を打ち出したことで人気を集め、最盛期にはなんと10万部以上の部数を記録したという。このヒットにより、他の出版社も次々と後に続

表紙イラストは創刊号から篠崎春夫。70年代半ばから女性の顔のアップとなる。(1982年5月号)

創刊号の巻頭グラビア。撮影は報道写真も手がけていた吉田潤。

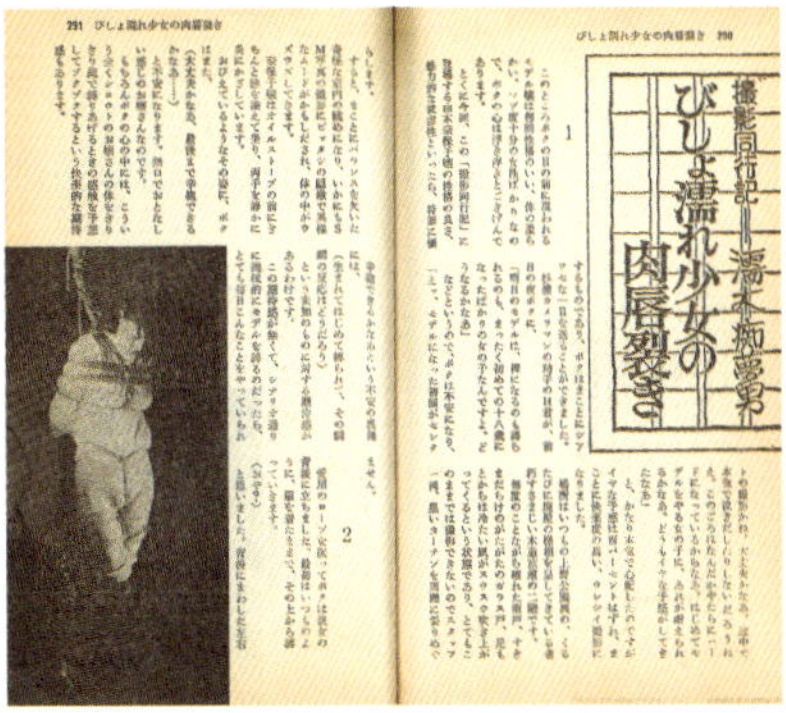

縄師の濡木痴夢男による現場ルポ「撮影同行記」は人気企画だった。(1982年5月号)

き、10誌以上が参入するSM雑誌戦国時代が到来する。

創刊号で、うっかり出版社名を書き忘れてしまったなどの創刊当時の裏話は、編集者だった仙田弘の『総天然色の夢』（本の雑誌社　2000年）に詳しい。

それまでA5判が基本だったSM雑誌の世界にポケット判で切り込んだのは、『Pocketパンチ Oh!』のヒットにあやかって東京三世社でも『MEN』『PINKY』というポケット判の雑誌を出していたためだ。そして、『セレクト』のヒット以降、「SM雑誌はポケット判」という風潮が続くことになった。

1990年に休刊し、『セレクト』の別冊として出されていた告白中心の『S&Mドミナ倶楽部』が引き継ぐ形となる。

薔薇族

1971年創刊　第二書房

日本で最初のゲイ向け商業雑誌

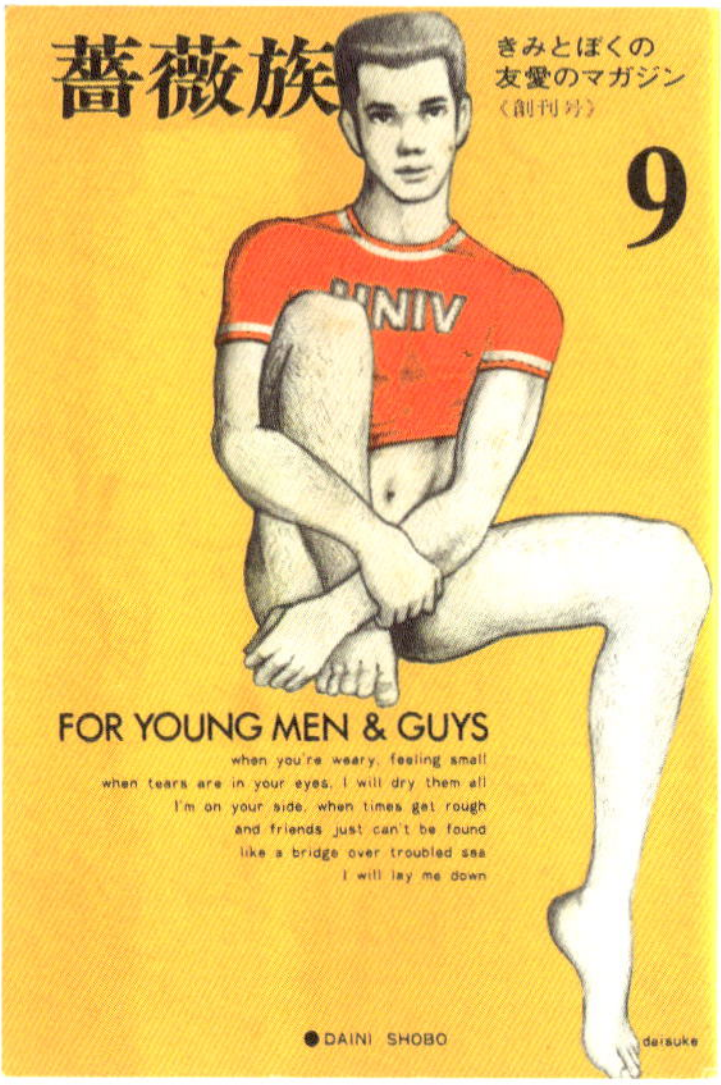

「薔薇族」創刊号　1971年9月号
編集人：伊藤文學　表紙画：兵藤大輔（藤田竜）　230円

50年代から『ADONIS』『薔薇』などの会員制の同人誌は存在していたが、商業誌としてはこの『薔薇族』が日本初のゲイ向け雑誌となる。第二書房で『ホモ　テクニック』『現代世界ホモ文学選集』などのゲイ向け書籍を編集していた伊藤文學が創刊したが、氏は同性愛者ではなかった。

創刊の告知をすると早期の刊行を望む声が全国から寄せられたという。誰もがゲイの情報に飢えていたのである。

ヌードグラビア（もちろん男性モデル。前衛芸術家の秋山祐徳太子も登場している）、交際欄、体験手記、小説、映画における男性愛考察、そしてファッション講座（ブルージーンズをブリーフ無しで穿こうと提案）とバラエティに富んだ内

千葉の海岸で撮影したというヌードグラビア。髭の男性が前衛芸術家の秋山祐徳太子。

創刊号の目次。表紙やこのページのコラージュの作者の兵藤大輔は編集者・藤田竜の別名。

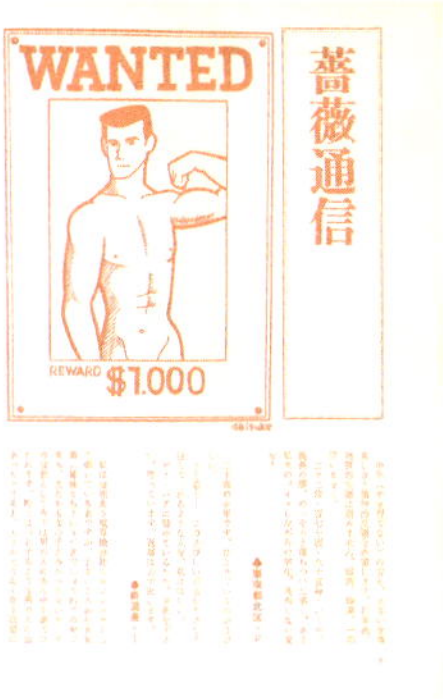

交際欄「薔薇通信」。ネットのない時代、こうした雑誌の交際欄は重要なネットワークだった。

容だ。「仲間が集まる書店」として、第二書房のゲイ向け書籍を扱っている都内4軒の書店を紹介しているのも面白い。「奥の方のレジは男性店員がいるので買いやすい」「始めからカバァがかけてあって、これといえばいいようになっている」などと、やたらと実用的な情報も書かれている。

わずか全72ページとミニコミのような体裁だが、読者に対する情熱が伝わってくる。キャッチフレーズは「きみとぼくの友愛のマガジン」「FOR YOUNG MEN & GUYS」。

創刊号は1万部で、90年代の最盛期は3万部を誇り、ゲイ雑誌の代表的な地位を築くも、2004年に休刊。何度か復刊するも現在はミニコミとして継続中。

SMキング

1972年創刊　鬼プロダクション

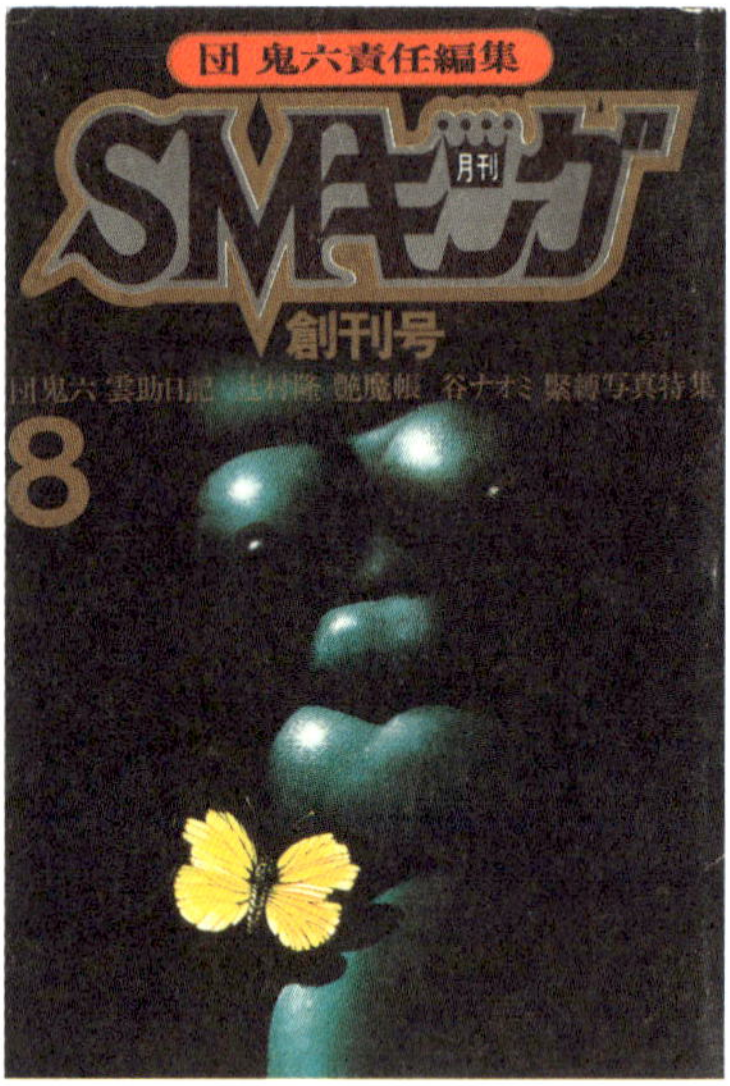

「SMキング」創刊号　1972年8月号
編集人：山中崇容　表紙画：辰巳四郎　380円

SM界の大御所が自ら新雑誌を創刊

『SMセレクト』のヒット以降、SM雑誌戦国時代ともいうべき状況が到来する。司書房より『SMファン』、清風書房から『SMトップ』（創刊号のみ『SMセカイ』）、檸檬社から『SMファンタジア』などが次々と創刊された。そうしたSM雑誌のほとんどでスター作家として執筆していた団鬼六が、満を持して自ら責任編集で立ち上げたのが『SMキング』だ。発行はピンク映画などを制作していた団の会社、鬼プロダクション。

　巻頭グラビアは谷ナオミ、前田寿安による絵物語「花と蛇」、団以外の執筆陣も、千草忠夫、辻村隆、芳野眉美、美濃村晃、沖渉二、とさすがにこの世界でのビッグネーム揃いだ。のちに「まんだらけ」社長として名を馳せる古川益三がイラスト

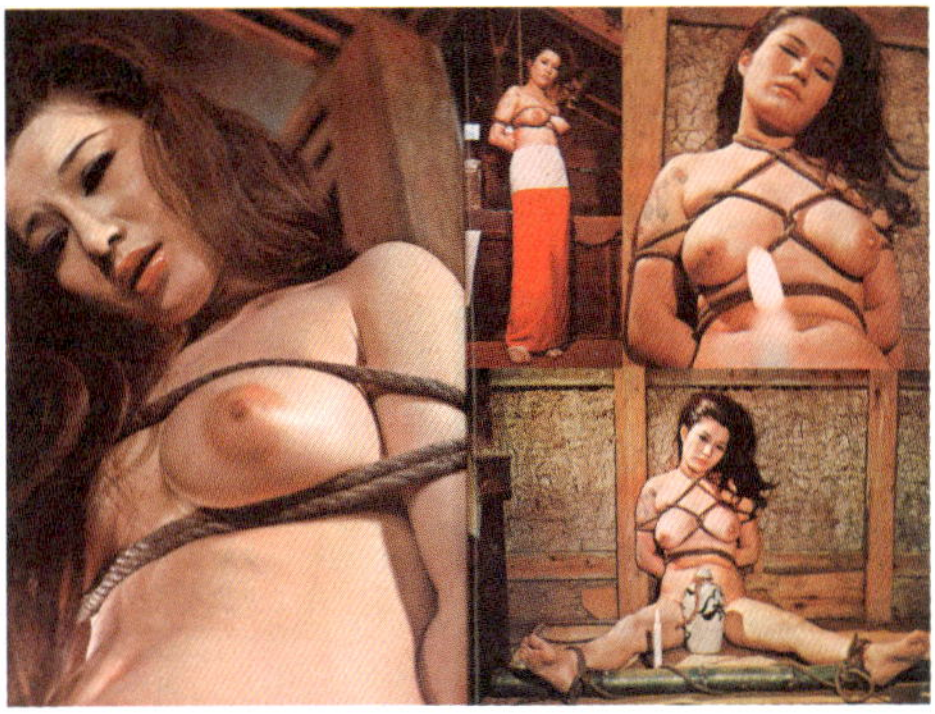

当時人気絶頂の谷ナオミの緊縛グラビア。巻末には谷とM作家・芳野眉美の対談もあり。

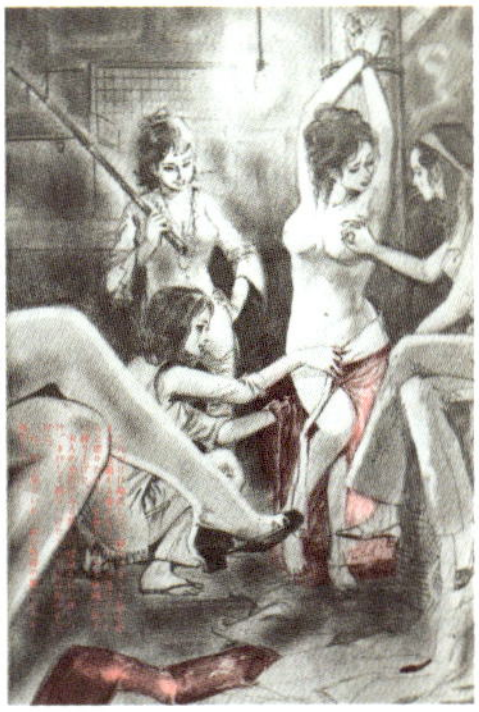

団鬼六の名作を前田寿安が絵物語として改めて描き直した2色劇画「花と蛇」も連載。

サド・マゾ映画講座①
ヤコペッティ帝国の法悦境
佐藤重臣

映画評論家の佐藤重臣が変態性欲の観点でヤコペッティ映画を熱く語る「サド・マゾ映画講座」。

を描いたりもしている。また編集者に若い女性ばかりを揃えたことでも話題となる。

団は「創刊にあたって」で、「出来得る限り、SM雑誌のオールドファンにとっては懐かしい執筆陣を登場させるつもりでいるし、同時に新しいSM雑誌の新風景といったものを描き出してみたい」と意気込みを語っているが、フェティシズムとは何かという評論や佐藤重臣のヤコペッティ映画論も掲載されているというインテリ臭が当時の読者には敬遠されたらしく、売上不振に悩まされた。また団が友人の借金の保証人となったことで2千万円の負債を背負うというトラブルもあり、結局2年半で休刊を迎えることになった。

GORO

014

1974年創刊　小学館

一世を風靡した「激写」のホームグラウンド

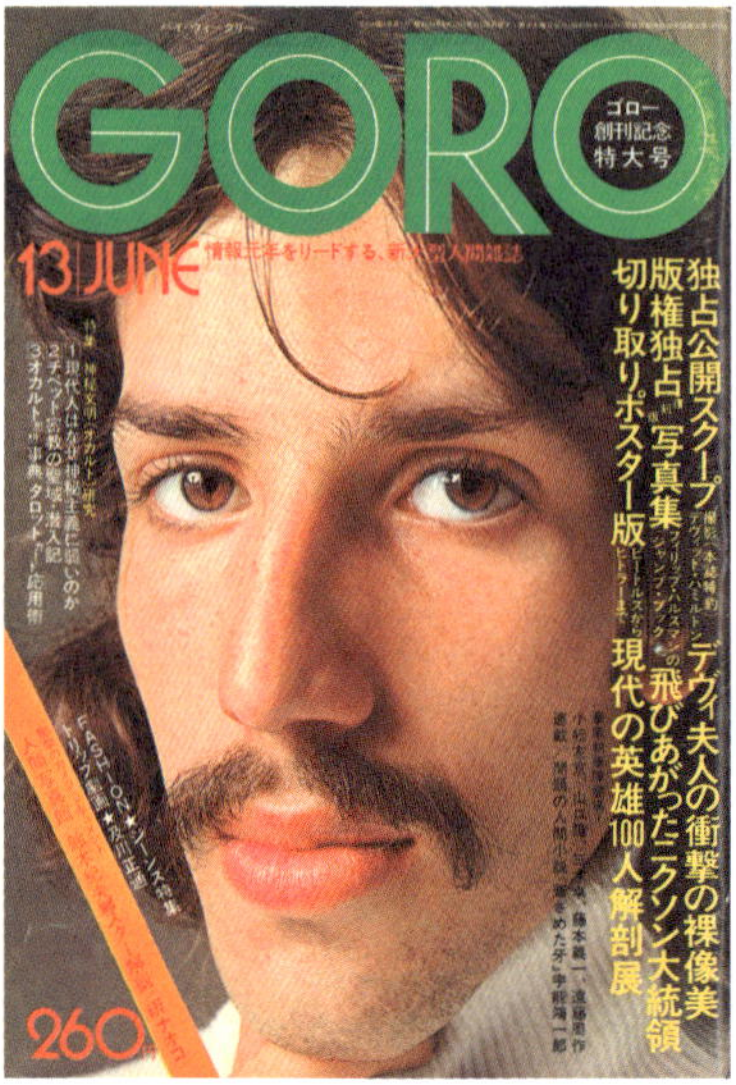

「GORO」創刊号　1974年6月13日号
編集人：関根進　表紙撮影：長濱治　260円

「激写」をはじめとする女性グラビアの印象が強い雑誌だが、創刊号は髭面の外国人男性モデルが表紙を飾っていて意外に男っぽいイメージだということに驚かされる。

　とはいえ、目玉は当時34歳のデヴィ夫人の独占スクープのヌードグラビア（撮影：デビッド・ハミルトン）だった。また研ナオコのセミヌードグラビアも貴重。特集が「神秘文明（オカルト）研究」というのも70年代という時代を象徴しているだろう。創刊当時のキャッチフレーズは「情報元年をリードする、新大型人間雑誌」である。

　学年誌も出している堅いイメージの小学館が、こうした雑誌を創刊したということで当時は大きな話題になった。

デビッド・ハミルトン撮影による34歳のデヴィ・スカルノのグラビア。（1974年6月13日号）

特集・オカルト研究の前編は「オカルト思想辞典」。「カバラ」「降霊術」などの用語解説。（1974年6月13日号）

20歳の研ナオコのセミヌードグラビア。「いびりがいのある女」というキャッチがつけられている。（1974年6月13日号）

「激写」総集編『135人の女ともだち』（1979年　小学館）。表紙は素人モデルの秋山ゆかり。

グラビア中心の誌面が安定してきた1976年12月23日号。表紙と折込グラビアは、片平なぎさ。

女子大生タレントとして注目された川島なお美が表紙の1982年10月28日号。誌面ではデート術をコーチしている。

渡辺達生撮影のアイドル・グラビア総集編『素足のアイドルたち』(1980年　小学館)。こちらも大ヒットした。

有名タレントのヌードも大手出版社のグラビア雑誌ならでは。「激写」では手塚理美も裸身を見せた。(1982年10月28日号)

鈴木保奈美が表紙の1989年8月24日号。特集は「ニッポン怪奇大系」。オカルト好きは創刊号以来の伝統。

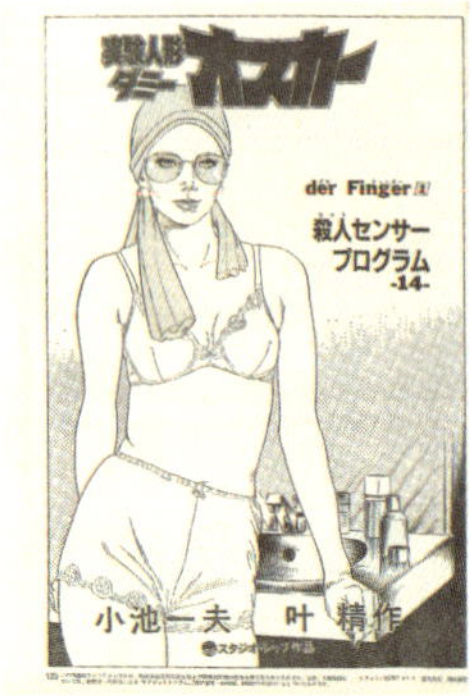

「エレクチオン(勃起)」が流行語にもなった小池一夫・叶精作の連載劇画「実験人形ダミー・オスカー」。(1982年10月28日号)

女子プロレスラーのキューティー鈴木の初ビキニ。この号では渡辺達生は彼女を含め5人も撮影している。（1989年8月24日号）

400号記念の1991年1月24日号。表紙は宮沢りえ。しかしわずか1年後に……。

『GORO』最終号（1992年1月2日号）。400号に引き続き、表紙は宮沢りえ。「激写」「素足のアイドルたち」総集編が圧巻。

1975年になると表紙が日本の女性タレントに替わり、篠山紀信撮影のグラビア連載「激写」がスタート。第1回は山口百恵だった。この連載をまとめた写真集『激写　135人の女ともだち』は70万部以上のベストセラーとなり、「激写」は流行語となった。さらに渡辺達生撮影による「素足のアイドルたち」もスタートし、若者向けビジュアル誌としての位置を確固たるものとする。

ラジオ番組「それゆけスネークマン（スネークマンショー）」（TBSラジオ）のスポンサーをしていたのも印象深い。

しかし80年代後半になると、その人気に陰りが見え始め、1992年に18年間の歴史に幕を下ろす。休刊号の表紙は宮沢りえだった。

日本版PLAYBOY

015

1975年創刊　集英社

「日本版PLAYBOY」創刊号　1975年7月号
編集人：岡田朴　表紙デザイン：田名網敬一　360円

誰もが憧れた大人のゴージャスなクオリティ

鳴り物入りで創刊された『日本版PLAYBOY』。創刊号の部数45万8千部はわずか3時間で売り切れてしまい、急遽2万2千部が増刷されたという。

創刊号の最初の見開きにはこんな言葉が掲載されている。

「ジェントルメン　さっそく　創刊号の幕をあげよう　いい女のヌードをながめ一流の小説・記事を読む　あたらしい『PLAYBOY日本版』のオープニングだ」。

この宣言どおりに、一流の粋を集めたゴージャスな誌面が展開する。しかも全ページオールカラー。それはこれまでの日本には存在しない雑誌だった。単にアメリカ版の『PLAYBOY』を翻訳しただけではなく、独自の編集を加え、日本からも吉行淳之介や柴田錬三郎ら超一

伝説のグルーピーにして、女優のリヴ・タイラーの母親であるベベ・ブエルのヌード。

錚々たるメンバーが並ぶ創刊号。目次までスタイリッシュなデザインだった。

片面記事で片面に広告が続くというページ構成も斬新だった。以降、この形式が流行。

流の作家が原稿を提供。デザインも、そして大量の企業広告までもが洗練されていた。

この雑誌の登場が日本の出版界に与えた影響は大きく、以降『日本版PLAYBOY』に憧れたような「大人向けビジュアル総合誌」が次々と登場し、そして夢破れていく。

創刊号で「勇気があるなら日本版でもヘアを出すべき！」といった論争が3ページにわたって繰り広げられているところには時代を感じる。もちろん誌面では修正がなされていた。

全盛期には90万部以上という人気を誇ったが、2008年に33年の歴史に終止符を打った。休刊直前の発行部数は約5万部だった。

ニューセルフ

1975年創刊　グリーン企画／日正堂

サブカルエロ本はここから始まった

「ニューセルフ」創刊号　1975年12月号
編集人：末井昭　表紙デザイン：ATM　表紙撮影：杉浦正志　400円

『ウイークエンド・スーパー』『写真時代』『パチンコ必勝ガイド』を生み出したカリスマ編集者・末井昭が最初に手がけた雑誌。

女性の尻を亀頭に見立てたような表紙に見られる先鋭的なデザイン感覚が秀逸。記事のタイトルを手描きではなく全て写植文字にしたことも当時では斬新な試みであった。

創刊号は安易な実話誌系エロ本なのだが、女性週刊誌のエロ記事紹介や田中小実昌のセーラー服に関するエッセイなど読ませる記事もあり、後に「全国冷し中華愛好会」（山下洋輔、赤塚不二夫、タモリ、赤瀬川原平などが参加）のホームグラウンドになるなどのサブカル人脈エロ本へと変貌する萌芽は垣間見える。ま

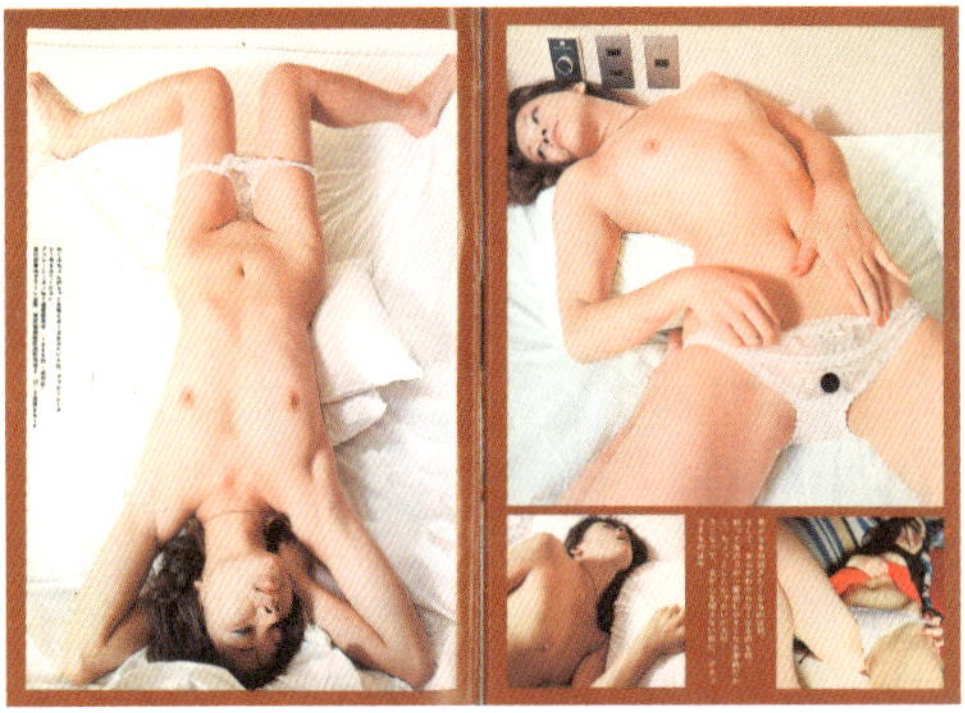

ヌードは既存の撮影の寄せ集め。このグラビアもグリーン企画の通販本の流用のようだ。（1975年12月号）

人気企画「デンワDEデイト」。かけると実際に女性と会話できる。（1976年2月号）

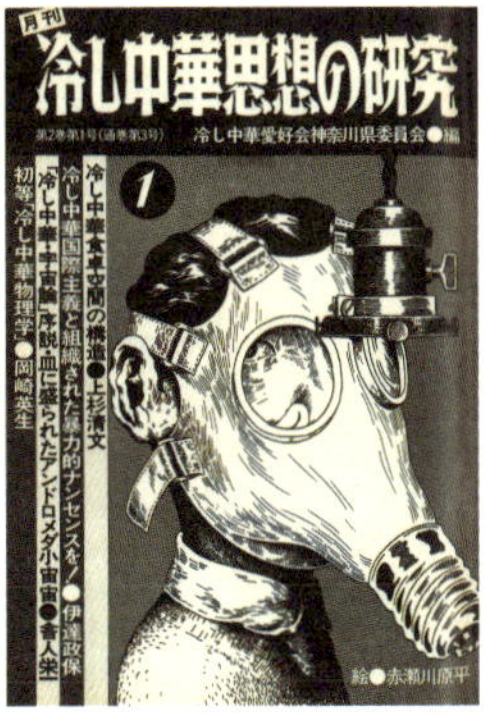

一部で話題となった雑誌内雑誌「月刊冷し中華思想の研究」。（1977年1月号）

だ坂本ひろとし名義だったあがた有為《うい》の漫画も掲載されている。

　創刊当時は「本誌は、従来のような一方的に情報を読者の方々に押しつける雑誌とちがい、読者の皆様と親密なコミュニケーションをもち、共に創っていく雑誌にしたいと考えております」というコンセプトだったらしく、キャッチフレーズも「読者が創る雑誌」で読者からの企画を大々的に募集している。

　また読者からの電話に女性が対応する企画「デンワDEデイト」が人気を集め、この頃のキャッチフレーズは「読者と対話する雑誌」に変わっている。この時期の様子は末井の自伝的映画『素敵なダイナマイトスキャンダル』でもコミカルに描かれていた。

映画の友

1976年創刊　近代映画社

極めて実用的なロマンポルノ専門誌

「映画の友（EIGA NO TOMO）」創刊号　1976年3月号
編集人：小杉修造　表紙撮影：野々村智夫　480円

かつて淀川長治が編集長を務めていた同名の洋画誌『映画の友』から商標を譲り受け、成人映画の専門誌として創刊。

創刊号では、当時ロマンポルノで人気絶頂だった東てる美を特集している。その他、宮下順子、三井マリア、八城夏子らが登場。「ポルノは観るものじゃない。やるものだ」「ぼくの浮気は家庭円満のクスリ」と怪気炎をあげる山城新伍のエロ放談も豪快で楽しい。

長年スターを扱ってきた『近代映画』からのつながりで日活とのパイプも太く、ロマンポルノの撮影現場に常にカメラマンを張り付かせていたため、独自の写真を掲載できたことも大きな強みとなっていた。

カラミや女性の喘ぐ表情などの（当時

ポルノクイーン宮下順子も、もちろん登場。カラミの写真は当時のエロ本では貴重だった。（1976年3月号）

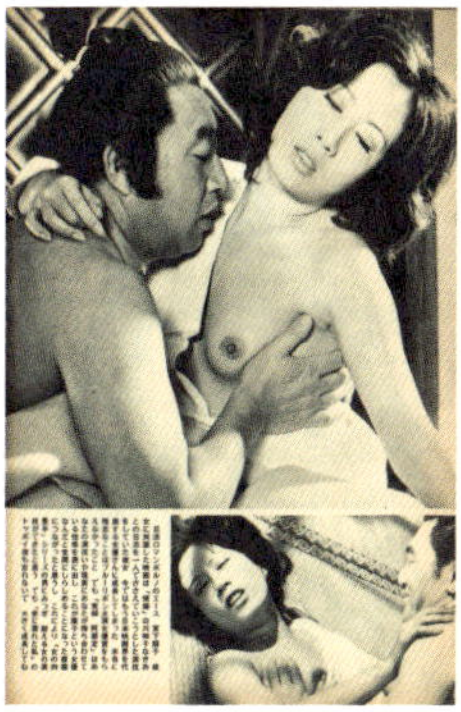

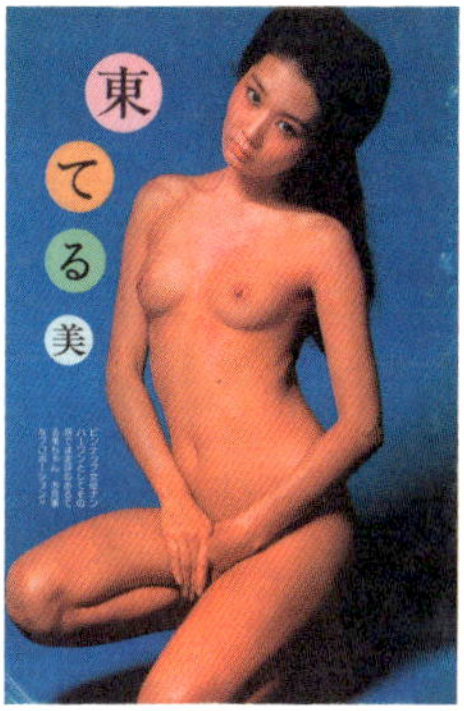

デビューして1年足らずで大人気女優となっていた東てる美。この時、19歳になりたて。（1976年3月号）

『映画ランド』創刊号（1986年10月号）。表紙を見る限り誌名以外は普通のエロ本だ。

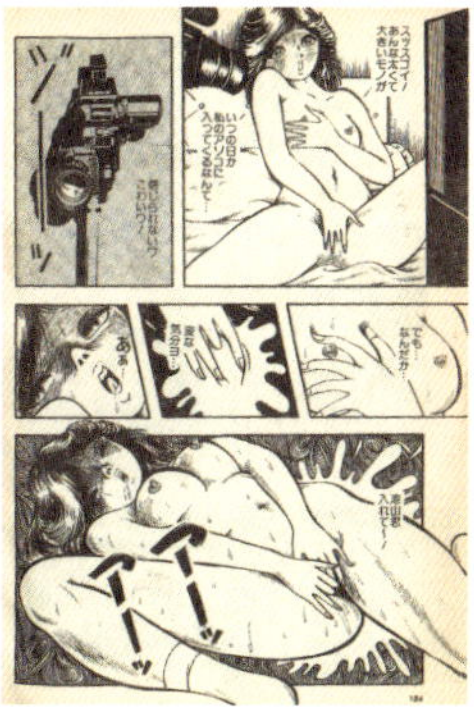

創刊号から『映画ランド』まで掲載され続けていた水咲純平の漫画。（1984年11月号）

としては）ハードな写真が満載。さらに実録性犯罪漫画や官能小説、風俗記事など、実用的なエロ本としての一面もありながら、アイドルやタレントが表紙を飾っていたり、映画雑誌のようなタイトルのため未成年でも買いやすかったというのも本誌の人気のひとつだった。

最盛期には40万部という発行部数を誇ったが、80年代に入りAVが猛威を振るい始めるとロマンポルノは衰退。同時に本誌も失速してしまう。1986年に『映画ランド』と改題し、ロマンポルノ色を後退させる（表紙にはロマンポルノを連想させる見出しは、ほとんど無くなっている）が1990年11月号で休刊となる。ちなみに、ロマンポルノは1988年で制作を終了している。

ウイークエンド・スーパー　018

1977年創刊　セルフ出版／日正堂

サブカル文化人が百花繚乱のエロ雑誌

「ウイークエンド・スーパー」創刊号　1977年7月号
編集人：末井昭　550円

『ニューセルフ』に続いて末井昭が手がけたサブカルエロ本。誌名はゴダールの「ウイークエンド」からの引用であり、「感じる映画雑誌」のキャッチフレーズのように映画雑誌ということになっていたが、映画よりもエロ、アイドル、写真、音楽、パロディ、その他わけのわからないものがごったになったサブカルチャー誌としかいえない誌面で伝説となる。

　創刊号は水着グラビアとヌードがやたらと多く、芸能寄りのエロ本という印象だが、女子高生のロックバンド「ガールズ」とフォークシンガー友川かずきの全く噛み合わない対談が不穏で面白い。

　しかし号が進むにつれ誌面は混沌化していく。上杉清文、南伸坊、平岡正明、赤瀬川原平、高平哲郎、朝倉喬司、鈴木

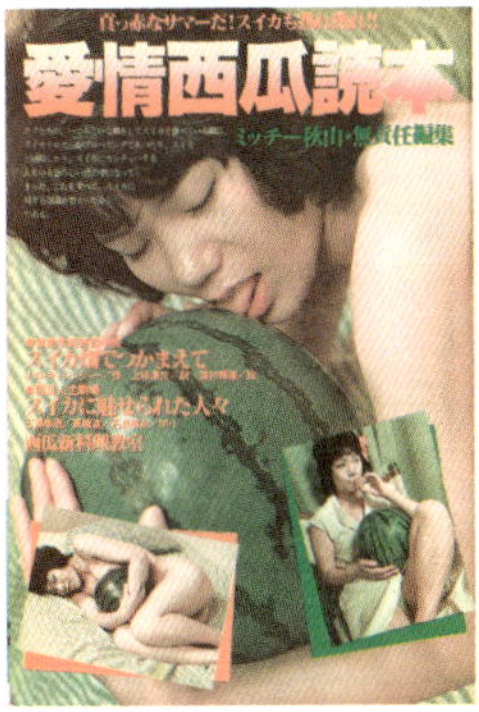

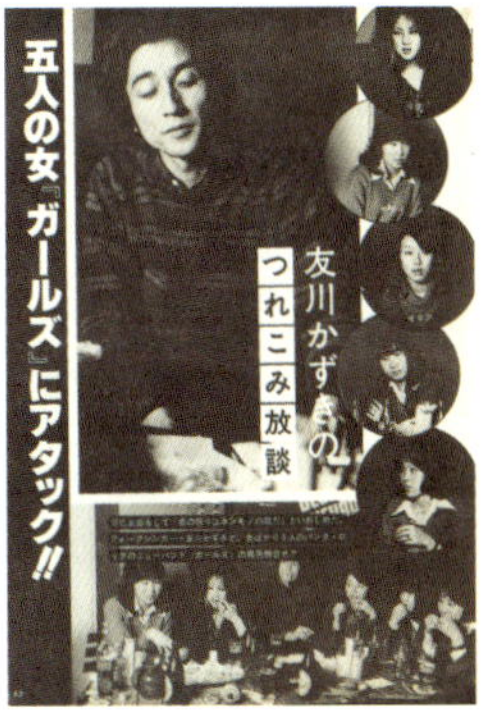

編集者の振ってくる下ネタを黙殺するガールズと彼女たちに全く興味のない友川かずきのひたすら空回りする対談。(1977年7月号)

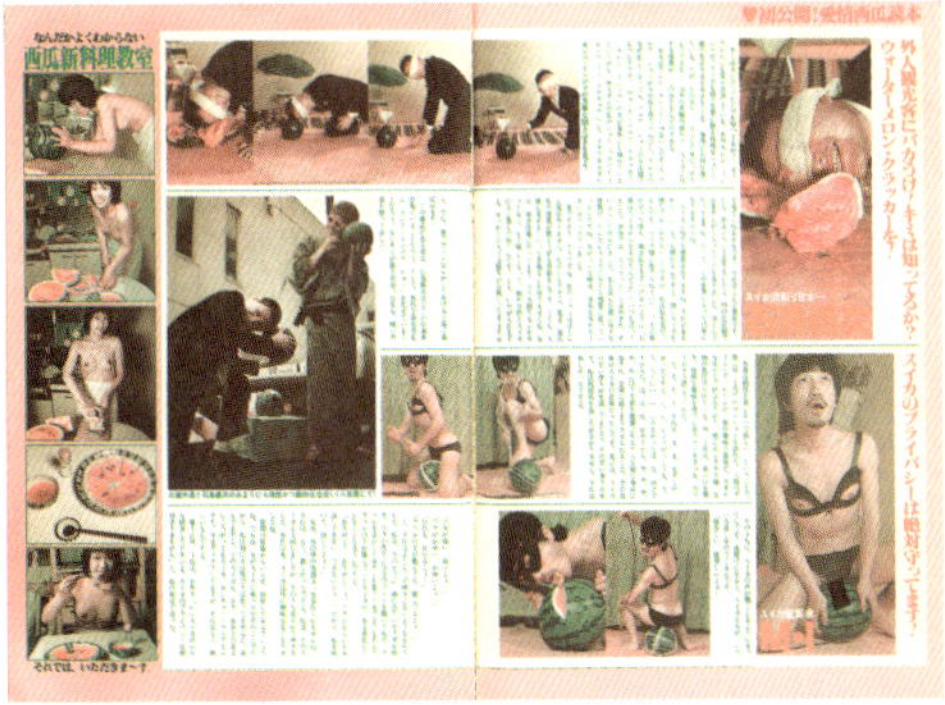

西瓜愛をテーマにした伝説の特集。真に受けたテレビ番組が取材を申し込んできたらしい。企画構成は秋山道男。(1978年9月号)

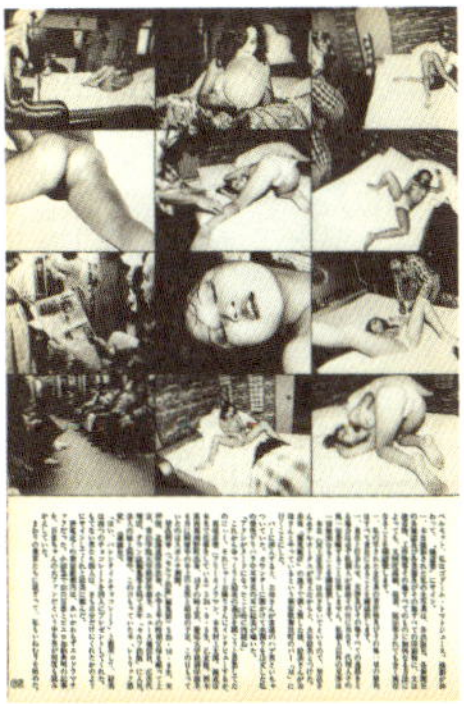

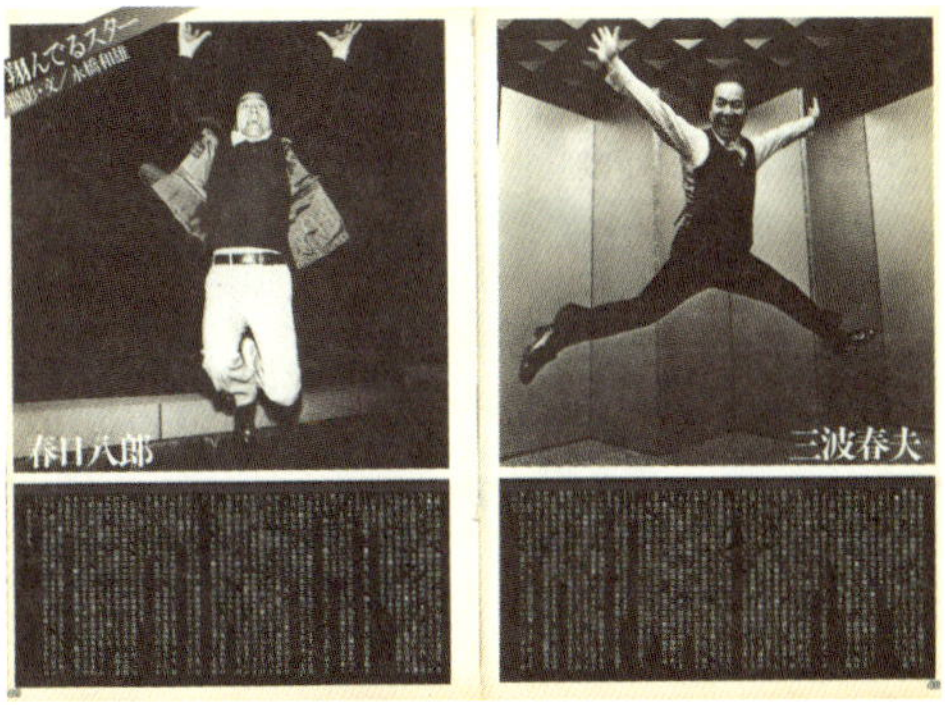

荒木経惟の連載「偽ルポルタージュ」。大量のカットと文章による独特の世界を作り出していた。(1979年5月号)

有名人がジャンプしている姿を永橋和雄が撮影した連載「翔んでるスター」。プロレスラーから俳優、歌手、落語家と幅広く豪華だ。(1979年5月号)

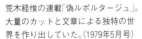

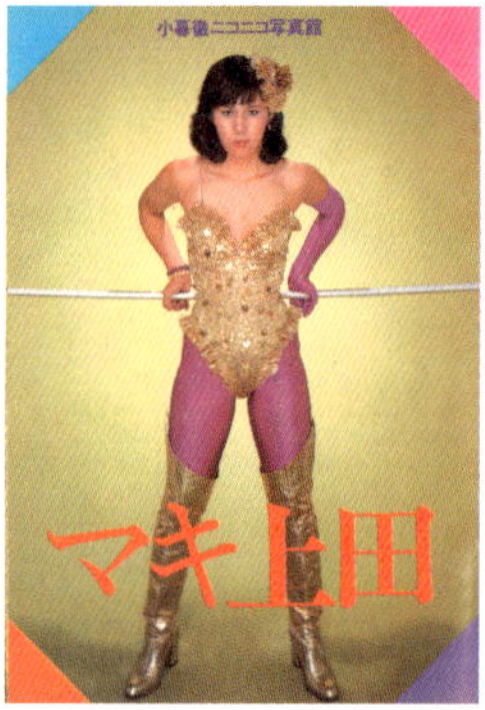

原色にあふれる写真が強烈な連載「小暮徹ニコニコ写真館」。意外な有名人も登場した。(1979年12月号)

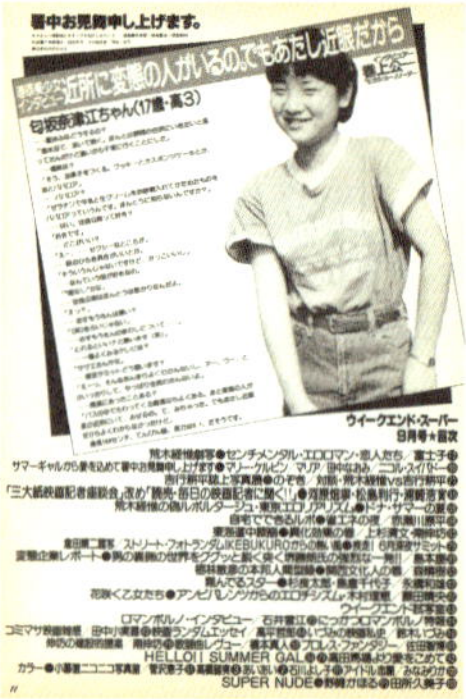

ヒカシューの巻上公一が一般の少女にインタビューする連載。目次に掲載されていた。(1979年9月号)

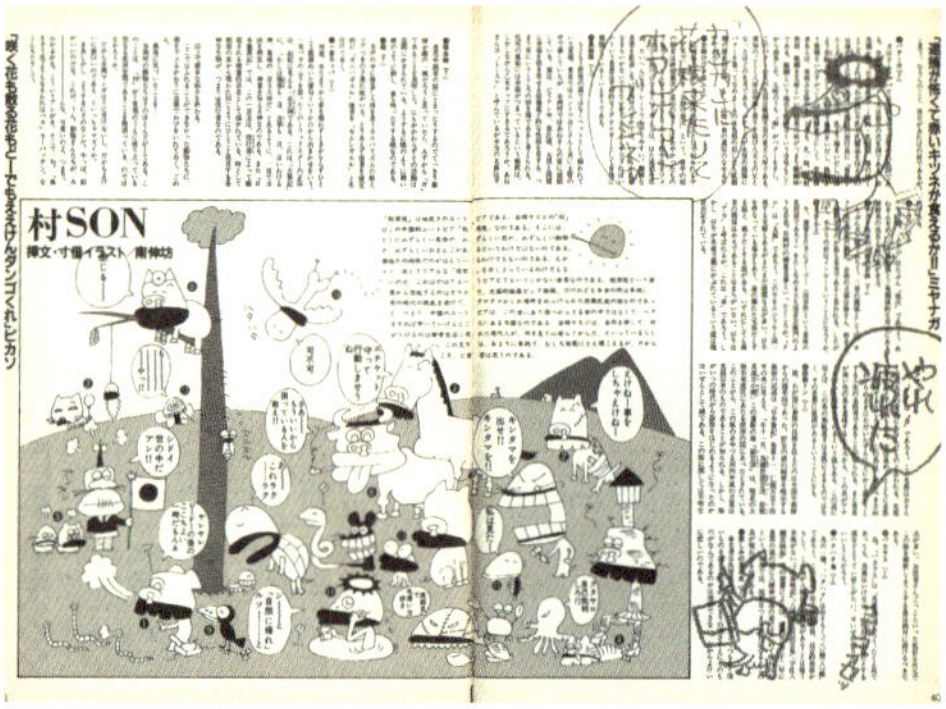

糸井重里、呉智英、南伸坊らが谷岡ヤスジを語りまくる「ヤスジのアニマルユートピア」。もちろん本人のインタビューも。(1980年7月号)

いづみ、北川れい子、上野昂志、糸井重里、呉智英、巻上公一、山崎春美、島武実という執筆陣、荒木経惟、倉田精二、小暮徹、滝本淳助という撮影陣が好き勝手に暴れまわり、末井ワールドとも呼ぶべき独自の世界を築いていった。

最も有名なのは、西瓜愛をテーマにした特集「愛情西瓜読本」だろう。世界でも有名な西瓜割り芸人、西瓜とSMプレイなど徹底してシュールなパロディが展開されている。ちなみにヒカシューのセカンドアルバム「夏」は、この特集がコンセプトとなっている。

1981年に休刊するが、最終号は『ヘヴィスキャンダル』9月号を乗っ取る形で刊行。その後『ヘッドロック』に誌名変更される。

創刊3周年を迎え、この号から編集長が末井昭から岡部佳枝へと交代。末井と岡部は美学校の同級生であった。(1980年8月号)

宇崎竜童、島武実、近田春夫、巻上公一らによるテクノポップ座談会。ニューウェーブ系の音楽記事も多かった。(1980年8月号)

赤瀬川原平の連載「自宅で出来るルポ」。この原稿を、ほぼそのまま純文学として文学誌にも発表していたため、単行本は『純文学の素』とつけられた。(1981年6月号)

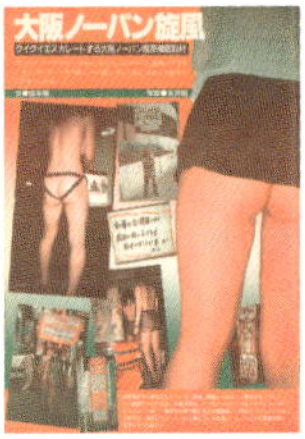

風俗記事も多かった。この当時、空前のブームを巻き起こしていたノーパン喫茶の本場・大阪での状況を紹介。(1981年5月号)

芸能から文学、社会問題まで、あらゆるテーマを平岡正明と上杉清文が暴言で斬りまくる連載「差別対談」。(1980年11月号)

さらに『ヘッドロック』に誌名変更。当初は連載陣も継続していたが、やがて普通のグラフ中心のエロ本となる。(1981年12月号)

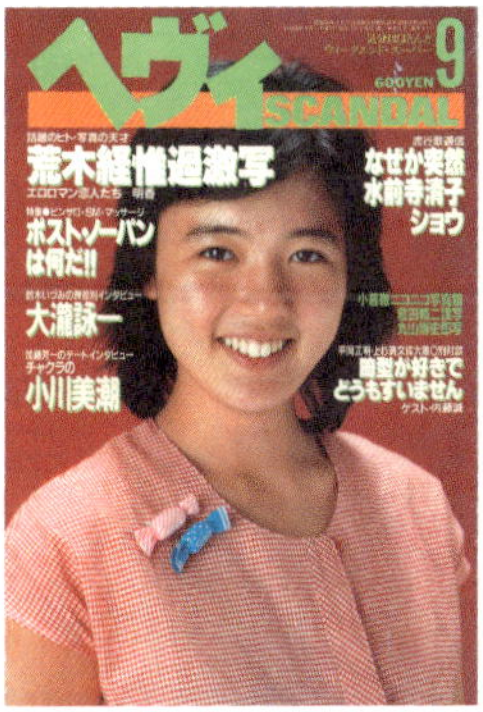

誌名は『ヘヴィスキャンダル』だが中身は『ウイークエンド・スーパー』そのまま。(1981年9月号)

ズームアップ

1977年創刊　セルフ出版／日正堂

ピンク映画への愛が誌面からあふれ出ていた

「ズームアップ」創刊号　1977年11月号
編集人：末井昭　450円

成人映画の専門誌として創刊。『映画の友』がロマンポルノ中心だったのに比べ、こちらはピンク映画が中心である。

創刊号の巻頭グラビアはなぜかアグネス・ラムの後楽園プールでの新曲キャンペーン取材。しかし成人映画の記事は充実しており、特集「山本晋也の世界」では93本に及ぶフィルモグラフィーを掲載するなど読み応えあり。

ヒカシューの巻上公一や海琳《みたま》正道（現・三田超人）らによる「獄門島」ならぬ「獄門鳥」のパロディ脚本などは、いかにもセルフ出版＝白夜書房らしいカラーを感じさせる。当時は桂サンQを名乗っていた快楽亭ブラックも女優インタビューで参加。改名を繰り返す彼は一時期、立川ズームアップを名乗っていたこともある。

当時若者の間で人気が高まっていた山本晋也監督の大特集。資料的価値も高い記事だ。

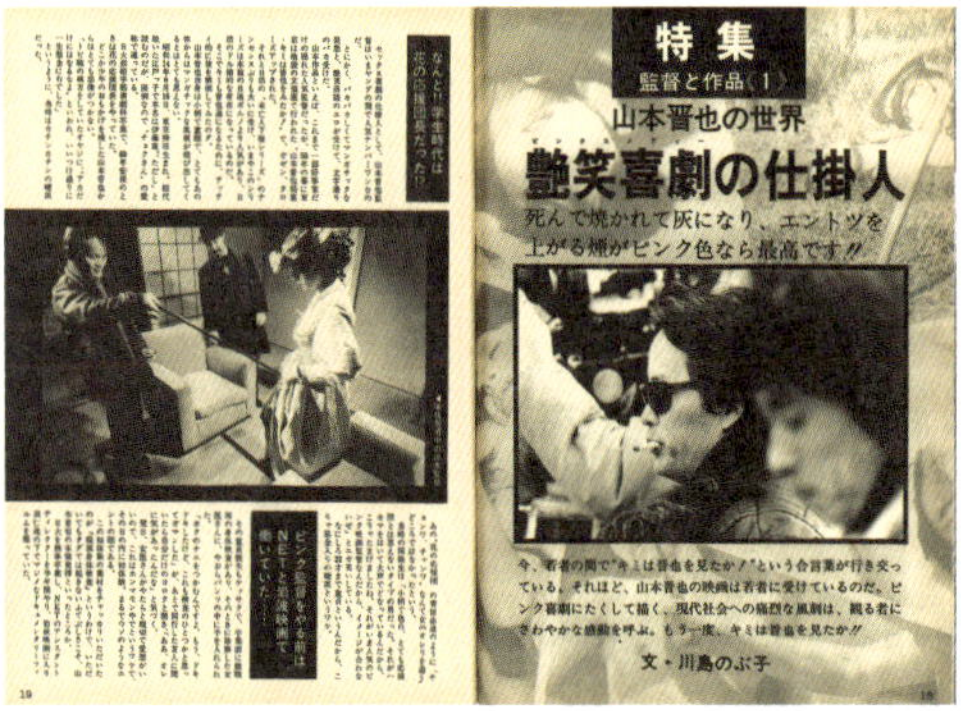

ヒカシューのメンバーによるパロディ脚本。セルフ出版＝白夜書房へのヒカシューの登場率は高い。

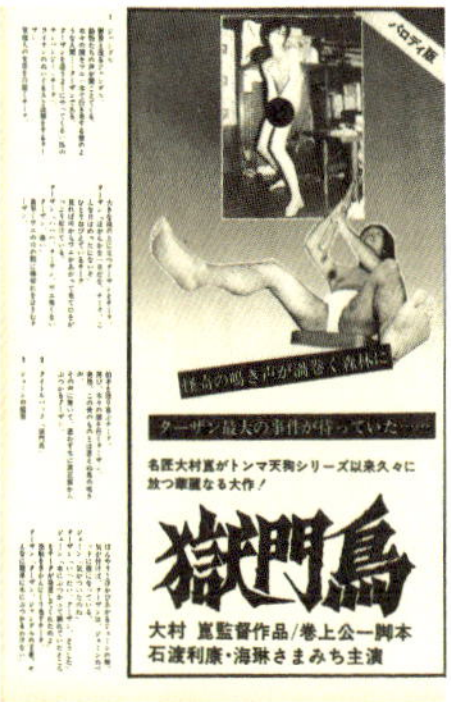

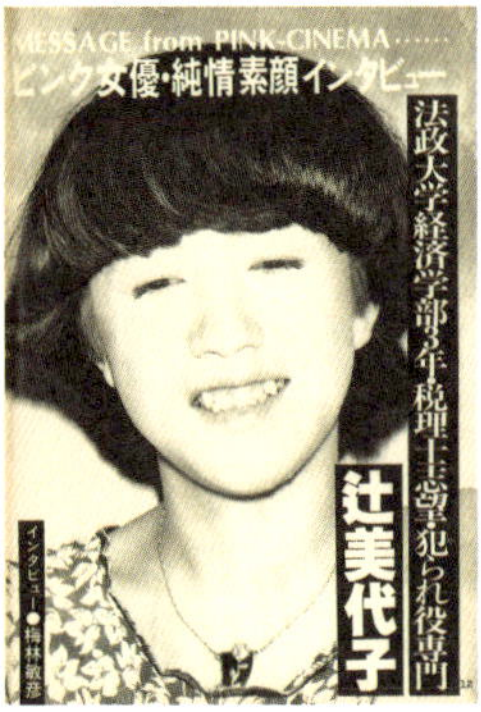

「痴姦責め」などに出演した辻美代子のインタビュー。在籍している大学名まで話している。

この当時、『映画の友』以外にも『映画の城』(東京三世社)、『映画ガイド』(辰巳出版)、『映画エロス』(司書房)などの成人映画誌が乱立していたが、『ズームアップ』は、監督インタビューや、松田政男や小川徹などの映画評論家による批評などに力を入れ、成人映画を映画として語るという独自の姿勢が、多くの成人映画ファンの共感を得た。

同誌が1980年に主催したイベント「ズームアップ映画祭」は、1981年の同誌休刊後も有志の手により運営され、「ピンク大賞」と改称されて2019年まで継続した。ちなみに第1回の作品賞は『少女縄化粧』(監督・渡辺護　主演・日野繭子)であった。

バチェラー

1977年創刊　大亜出版

老舗巨乳専門誌も最初は芸能雑誌だった

「バチェラー」創刊号　1977年11月号
発行人：石井始　表紙撮影：原栄三郎　480円

巨乳専門誌として知られる『バチェラー』（創刊時は『バチュラー』表記）だが、創刊時は『GORO』のラインを狙った芸能色の強い若者向け総合グラフ誌であった。

創刊号の表紙と巻頭グラビアは女子高生バンド「ガールズ」（ここでも！）。さらに荒木一郎の特集や、競馬、ファッション、音楽、映画、車、横田順彌のSF小説、ラジオ番組のルポ、漫画といった若者向けの記事が並ぶ。ヌードグラビアや官能劇画家・羽中ルイのインタビューなどもあるが、エロ度は低い。

しかしこの路線が全く売れなかったことから4号から大きく路線変更。当時、人気だった海外ポルノの雑誌となる。そして1979年後半より、少しずつ巨乳

白人モデルのカラミ中心の時代。当時のキャッチフレーズは「新野生派男性雑誌」。(1978年11月号)

月刊 バチュラー Bachelor 11 創刊号 目次
ガールズ／飛写 3
ひろみ麻耶／逍遥遊 96
児島洋子／パピヨンが舞う 8
MONICA 51
荒木一郎 はみだしスーパースターの系譜!! 44
カバー・インタビュー／鳴海昌明 vs ガールズ 11
TBS「夜はともだち」直撃ルポ 68
横田順彌『親孝行病源体』

創刊号の目次。後に巨乳専門誌となる要素は全くない。初代編集長は後に『オレンジ通信』編集長となる石井始。

創刊40周年記念号。DVD付になり、オールカラーで読み物的な記事はなくなっている。(2017年11月号)

巨乳専門誌として定着した時期。既に日本人の巨乳モデルも多数登場している。(1992年2月号)

モデルを前面に押し出すようになり、巨乳専門誌となっていく。ちなみに1980年に『バチェラー』別冊として発行された『D－CUP』は日本で最初に巨乳をテーマとしたエロ本である。

　80年代以降は、数少ない巨乳専門誌としてマニアのバイブルとなっていく。モデルは欧米の白人女性が中心であったが、90年代以降は巨乳化が進んだ日本人モデルも少しずつ登場するようになる。

　また巨乳に限らず、海外のセックス情報なども積極的に取り上げていたため当時はまだ珍しかったフェティシズムの記事も多かった。

　隔月刊にはなったものの、現在も発行され、創刊40年を超える日本で最も歴史のあるエロ雑誌となっている。

Jam

021

1979年創刊　ジャム出版／エルシー企画

伝説は自動販売機から生まれた

「Jam」創刊号　1979年2月号（月号表記無し）
編集人：佐内順一郎（高杉弾）　300円

伝説と言われるエロ本はいくつかあるが、その中で最も神格化されているのが、この『Jam』だろう。日本のサブカルチャーのある種の源となった伝説の自販機本である。

日大芸術学部を中退した高杉弾が知人と手がけた『スキャンダル 快楽超特急』という雑誌の企画ページが、好評により『X-Magazine』という1冊の雑誌になり、それが改題する形で創刊された。

社会問題にもなった「山口百恵のゴミ大公開！」ばかりが話題になるが、その他のページも「薬物のすすめ」「エルヴィスとメンフィス・マフィア」、そして13ページにわたる東京ロッカーズや日本のアンダーグラウンドバンドの特集など、フリーダムかつアナーキー。

8ページにわたって掲載された「瞑想用ビジュアル・パターン」。女性器の超拡大写真らしい。

「山口百恵のゴミ大公開」。あまりに非倫理的なこの記事は報道されて社会問題化した。

発展的創刊された『HEAVEN』創刊号(1980年4月号)。表紙などのデザインは羽良多平吉。

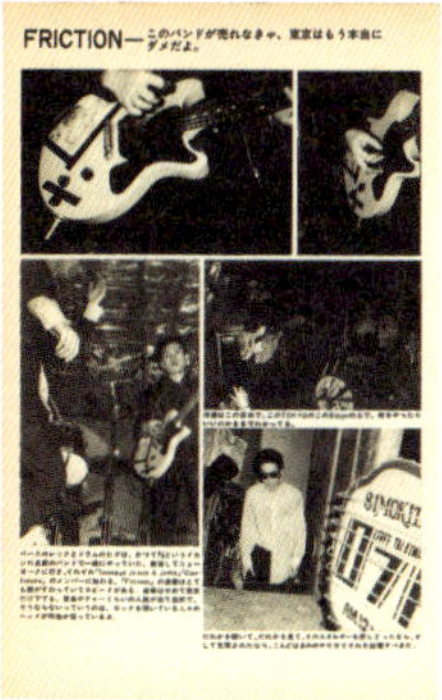

日本のパンクシーンの黎明期の貴重な資料となる特集「TOKYO PUNK SCENE SCRAP」。

ヌードグラビアも、フェティッシュなムードにあふれていて見応えがある。特に誌名にかけたのか、巨乳のモデルがジャムまみれになる巻頭グラビア「邪《じゃ》夢《む》ジャムの日の夢」はエロ度も高い。

全編を通じてパンキッシュなコラージュ感覚でデザインされており、ビジュアル的にもこれまでのエロ本とは一線を画している。エロ本というフォーマットを使って、ここまで好きなことができるのか、と『Jam』の登場は業界に衝撃を与え、他の自販機本やエロ雑誌に大きな影響をもたらした。

『Jam』は11号発行された後、書店売りの『HEAVEN』(HEAVEN EXPRESS/アリス出版)へとリニューアルする。

S&Mスナイパー

1979年創刊　ミリオン出版

新しいSMの時代を牽引した

「S&Mスナイパー」創刊号　1979年9月号
編集人：須藤将史　表紙画：大西洋介　600円

『SMセレクト』から始まる70年代SM雑誌創刊ラッシュの後発として参入するも、独自のスタンスを築き、以降のSM雑誌をリードしていったのが『S&Mスナイパー』である。

それまでのSM雑誌が共通して持っていた湿った土着的なムードから抜け出し、スタイリッシュなビジュアルセンスとサブカルチャー寄りの編集方針を打ち出したのが、当時の読者のニーズにマッチしたのだろう。時代は80年代を迎えようとしていたのだ。

多くの読者にとってフィクションの世界でしかなかったSMをノンフィクション、つまり実際にプレイするものという姿勢を示したのも時代にあっていた。

創刊号では、まだ従来のSM雑誌のフ

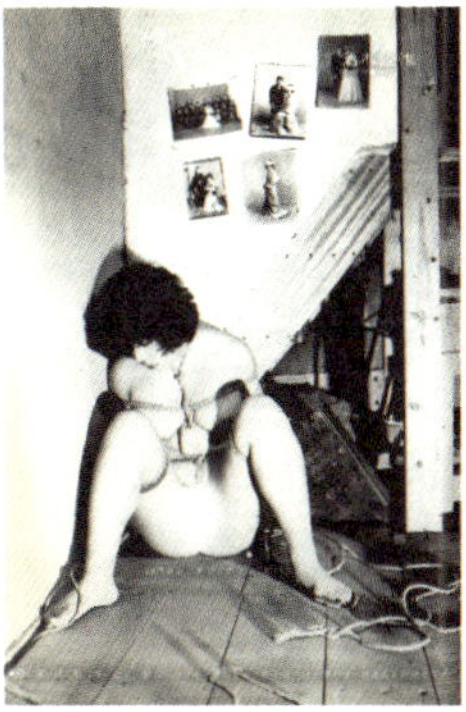

奥平依良（イラ）のポップなイラストは従来のドメスティックなSM観を一蹴した。（1979年9月号）

創刊号から休刊号まで続いた荒木経惟の緊縛グラビアは『スナイパー』の看板だ。（1979年9月号）

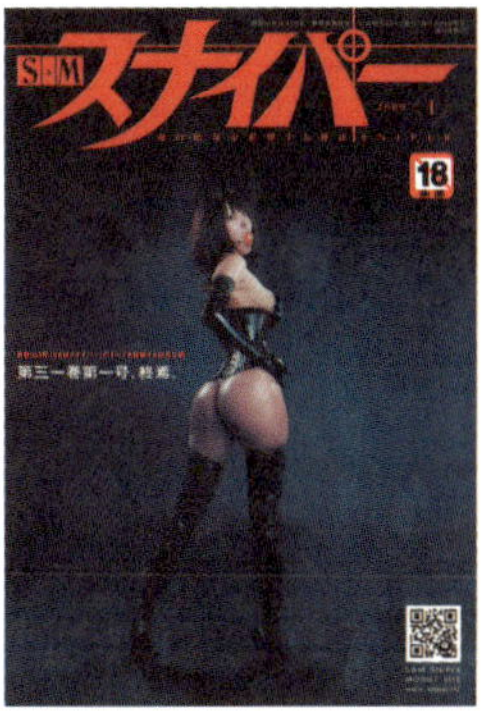

休刊号（2009年1月号）。DVD付で2000円。創刊号の3倍近い値段だ。

映画、音楽、本などSMにこだわらないレビューが詰まった「SHOW TIME」は、一般カルチャー誌でも類を見ない先鋭的なセレクトだった。（2004年8月号）

ォーマットを一部に残してはいるものの、大西洋介のイラストレーションによる表紙や、ポップでモダンな奥平イラのイラスト口絵、生活感あふれるリアルさを感じさせる荒木経惟撮影のモノクログラビアなどが、十分に新しさを感じさせてくれる。

2008年に休刊するまで、29年という長い歴史を持つ雑誌となった。現在は、WEBマガジン版の『WEBスナイパー』（2007年スタート）が引き継いだ形となっている。本誌も2016年に一度復活しているが単発に終わったようだ。

ちなみに定期刊行のSM雑誌としては1982年に創刊し、2019年まで続いた『SMマニア』（三和出版、マイウエイ出版）が36年で最長の雑誌となる。

第三章

80年代

素人の時代がやってきた。そしてエロ本は黄金期を迎えた。

アダルトメディア史的に見れば、80年代初頭はエロが「プロ」から「素人」へと解放された時代であった。

1981年に発売されたカメラマン／ライターの馬場憲治による『アクション・カメラ術』（KKベストセラーズ）は、街でパンチラを盗撮したり、彼女のヌードを撮ったりしようと提唱した本で、100万部の大ベストセラーとなった。ギブスの中にカメラを仕込んでスカートの中を盗撮しようなどと、現在なら犯罪幇助とも取られるような内容なのだが、同時に素人でもエロ写真が撮れるのだという宣言でもあった。ここから投稿写真という一大ジャンルが生まれることとなる。篠山紀信が『GORO』の「激写」などで素人ヌードを連発して話題となっていたのもこの頃だ。

そして1982年に二見書房から発売された『隣りのお姉さん100人』もヒットする。こちらは素人女性100人のファーストヌード（下着までの子もいる）

『隣りのお姉さん100人』1982年（二見書房）素人女性100人のヌード集。人気投票も行われ優勝した八神康子はAVデビューを果たす。

『慢熟』1980年（恵友書房）ミス・ヌード・ワールドコンテスト準ミスに選ばれたという岡まゆみが出演し、7万部のベストセラーとなりビニール本ブームを巻き起こした。

を集めた本だった。ここから素人を表す言葉として「隣りのお姉さん」が流行語となった。

さらに、素人っぽさを売りにするノーパン喫茶やファッションヘルス、愛人バンクなどのニュータイプ風俗のブームや、キャバクラやTV番組「オールナイトフジ」に始まる女子大生ブームなど、「エロ」の対象が素人女性へと広がりを見せていた。

1980年からブームとなるビニール本、1981年に誕生するアダルトビデオ。こうしたメディアに登場するモデルも、初々しい素人っぽい女性が人気を集めたのだ。

もはや「エロ」は、一部の怖いお兄さんたちが作るクロウトの世界のものではなくなりつつあったのである。

それは明るく、あっけらかんとした新しい感覚のエロの時代の始まりでもあった。

80年代初頭を代表する雑誌といえば、1981年創刊の『写真時代』だろう。『ニューセルフ』『ウイークエンド・スーパー』と、エロとサブカルチャーを融合させてきた末井昭編集長のエロ本としての到達点とも言える雑誌であり、写真の過激さと雑食性あふれるラジカルな編集方針が話題を呼び、人気を集めた。他社からそっくりの作りの類似誌も数多く作られた。

白夜書房＝少年出版社は『写真時代』にとどまらず、『写真時代ジュニア』『スーパー写真塾』『熱烈投稿』『ビデオ・ザ・ワールド』、さらに路線変更が成功した『ヘイ！バディー』や『ビリー』と充実した雑誌を次々と送り出し、快進撃を続けた。80年代のエロ本業界をリードしていたのは、間違いなく白夜書房であった。

そして80年代の半ばに、白夜書房に対抗するもうひとつの勢力が誕生する。1984年に『ビデオボーイ』『ベッピン』を創刊させ、その後も『デラべっぴん』『すっぴん』などを送り出す英知出版である。AVメーカーの宇宙企画の兄弟会社として誕生し、可愛い女の子をひたすら綺麗に撮るという独自の美学を追求した誌面で大成功する。印刷にもとことんこだわった美しいグラビアは、それまでのエロ本とは一線を画していた。また、宇宙企画との連動でAV女優の人気を盛り上げていくというメディアミックス的な手法も効果的であった。

そう、80年代のアダルトメディアにおける最も大きな動きは、アダルトビデオ＝AVの誕生と台頭だった。

AVも1981年の誕生当初は、成人映画のスタッフが手がけ、ロマンポルノやピンク映画の女優の出演作が人気を集めていたが、次第にビニール本を制作していたスタッフたちによる素人っぽい女の子が出演するドキュメント的な作品の方が支持されるようになっていった。

エロ本のグラビアでもポルノ女優からAV女優（当時はビデオギャルなどと呼

「ミス本番　裕美子19歳」1984年（宇宙企画）AV史に残る大ヒット作品。この作品で宇宙企画はトップAVメーカーとなる。

ばれていた）へと主役が移り変わる。

　そして、ＡＶ紹介をメインコンテンツとするＡＶ雑誌も次々と登場した。その先駆けとなる『ビデオプレス』は１９８２年に早くも創刊されているし、その翌年には白夜書房も『ビデオ・ザ・ワールド』、さらにその翌年には英知出版が『ビデオボーイ』で参戦。『ビデパル』、『ビデオエックス』（笠倉出版社）といった雑誌も後に続いた。また、それまでビニ本や裏本、裏ビデオといったアンダーグラウンドなメディアの紹介をしていた『オレンジ通信』や『アップル通信』もＡＶ紹介がメインとなっていく。ＡＶとエロ本が足並みを揃えるように成長を遂げていったのが80年代だった。

　その一方、かつてはアダルトメディアの王者であったロマンポルノはＡＶに押される形で失速し、１９８８年には新作の制作を終了することになる。はっきりと明暗の分かれた主役交代劇であった。

80年代のアダルトメディアを語る上で避けて通れないのがロリコンブームだ。

　１９７９年に発売された写真集『リトルプリテンダーズ　小さなおすまし屋さんたち』（撮影：山木隆夫　ミリオン出版）がヒットしたことから、多くの少女ヌード写真集が発売された。また同時期に漫画やアニメのマニアの間でも作品に登場する少女キャラクターを愛好する風潮があったことから、ロリータ・コンプレックス＝ロリコンの名称が一気に広まった。

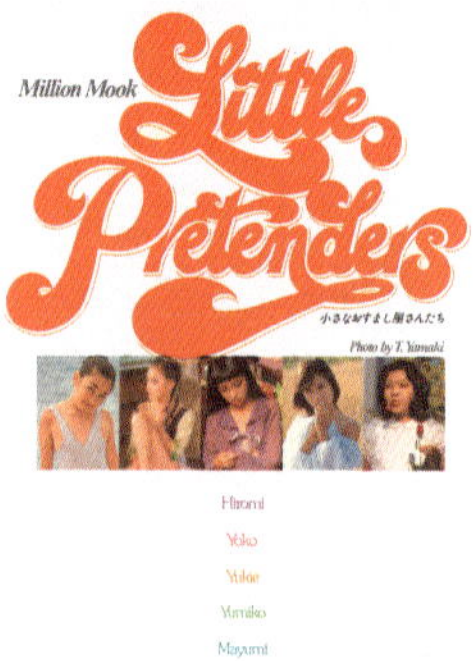

『リトルプリテンダーズ 小さなおすまし屋さんたち』1979年（ミリオン出版）山木隆夫撮影による少女ヌード写真集。このヒットからロリコンブームに。巻末には高橋三千綱が文を寄せている。

ロリコンをテーマにした雑誌の第1号としては1978年創刊の自販機本『少女アリス』（アリス出版）があげられる。「少女の恥部とかわいらしさを求めるアリスの少女愛好家のため」の雑誌を標榜し、少女にまつわる記事や、吾妻ひでおの漫画、そして街角の少女スナップなどが掲載されていたが、メインであるヌードグラビアは18歳以上のモデルを少女らしく撮影したものだった。それでも、その人気は高く最盛期は自販機本としては破格の5万部以上を売上げたという。

　本格的なロリコン雑誌としては、1980年創刊の『ヘイ！バディー』となるだろう。創刊当時は普通のエロ雑誌であったが、次第にロリコン色が強まっていった。こちらも最盛期にはマニア誌としては異例の8万部を記録している。

　陰毛の生えていない少女のワレメは性器ではない。従って無修正のロリータヌードは違法ではない。そんなロジックが通用していたのは、当時の日本の猥褻の線引きが、陰毛にあったからであろう。

　少女ヌード自体、所持しているだけで犯罪になってしまうという現在からは考えられないことだが、ワレメまで丸出しにしたロリータヌード写真集が毎月何冊も発売され、『平凡パンチ』のような一般の週刊誌の巻頭グラビアを少女ヌードが飾ったりもした。

　80年代前半のエロ雑誌では、唐突に脈絡なく少女ヌードが登場することも多か

『少女アリス』第9号 1980年（アリス出版）少女愛をテーマにした自販機本。編集長は後に作家として活躍する川本耕次。

った。この時期のエロ雑誌と少女ヌードは切っても切れない関係だったのだ。

このロリータヌードブームを支えていたのは、真性のロリコンばかりではなく、無修正で性器が見られるならばと、成人女性ヌードの代用として見ていた層も相当いたと思われる。

しかし1985年に少女の性器も猥褻であると判断が下されたことから、ロリータヌードブームは失速する。

さらに1989年に連続幼女誘拐殺人事件の影響により、ロリコン趣味へのバッシングが激しくなる。それでも『アリスクラブ』（白夜書房）などのロリコンマニア誌は、児童ポルノ禁止法が施行される1999年まで、細々と発売され続けた。

80年代に急速に店舗数を増やし、日本人の生活に無くてはならないものとして定着しつつあったコンビニエンスストアは、エロ本の市場を大きく広げた。

『ベッピン』や『デラべっぴん』が30万部、40万部という部数を叩き出したり、『ザ・ベストマガジン』が100万部というエロ雑誌とは思えない部数を記録したのは、コンビニでの販売なくてはありえなかった。

この時期のエロ雑誌は、どれもやたらと明るくカラフルだ。バブル時代へ向かう高揚感が、エロ雑誌からも感じられるのだ。

こうしてエロ本は黄金時代を迎えた。

ヘイ!バディー

1980年創刊　白夜書房

伝説のロリコン雑誌も創刊時は…

「ヘイ！バディー」創刊号　1980年7月号
編集人：有本亜礼　600円

後にロリコン雑誌の先駆的存在となる同誌だが、創刊時はグラス片手のセクシーな金髪美女が表紙を飾る極めて普通のエロ本だった。特集も「日本一のヒモをたずねて」「四十八手ネーミング白書」「ポルノ女優スキャンダル史」など、むしろロリコンとは正反対のオヤジエロの世界のオンパレード。

「インド亜大陸幻視行」「都内有名百貨店大食堂のお子様ランチ食いめぐり」など非エロ系の記事も読ませるし、レコード紹介ページではタキシードムーンやキャバレー・ヴォルテールといった先鋭的なバンドを取り上げるなどサブカル志向も垣間見える。しかし、全体的には凡庸なエロ本に過ぎず、売上げも振るわなかったが、1982年にロリコン専門誌と当時の人気モデルだった寺山久美の緊縛グラビア。ヌードグラビアは充実している。

巻頭はカーリーヘアの外国人モデルがヨットの船上でポーズを取るヌードグラビア。

終刊号（1985年11月号）。「ロリコンの時代は終った。次はティーン・エイジだ！」。

「インド亜大陸幻視行」とタイトルは大仰だが、等身大の視線で描かれた旅行ガイド記事。

して路線変更したところ、大成功しカルト的な人気を集めることとなった。

路線変更後の同誌は、無毛のワレメもあらわな少女ヌードを大々的に扱うだけでなく、少女の着替えを盗撮した投稿写真を掲載するなど現在では考えられない誌面で話題を呼んだ。しかし1985年に別冊の『ロリコンランド8』が発禁となったことから、本誌も休刊する。休刊号の編集長の編集後記では「（前略）ワレメはワイセツであるとの当局の結論が下されたようです。ワレメが見えないロリコン雑誌はもはやロリコン雑誌とは呼べません。（中略）以後ロリコン誌とは呼べなくなるHBを終刊することにしました」と述べている。

オレンジ・ピープル

1980年創刊　フライング'80

本物の素人人妻の裸身にときめく

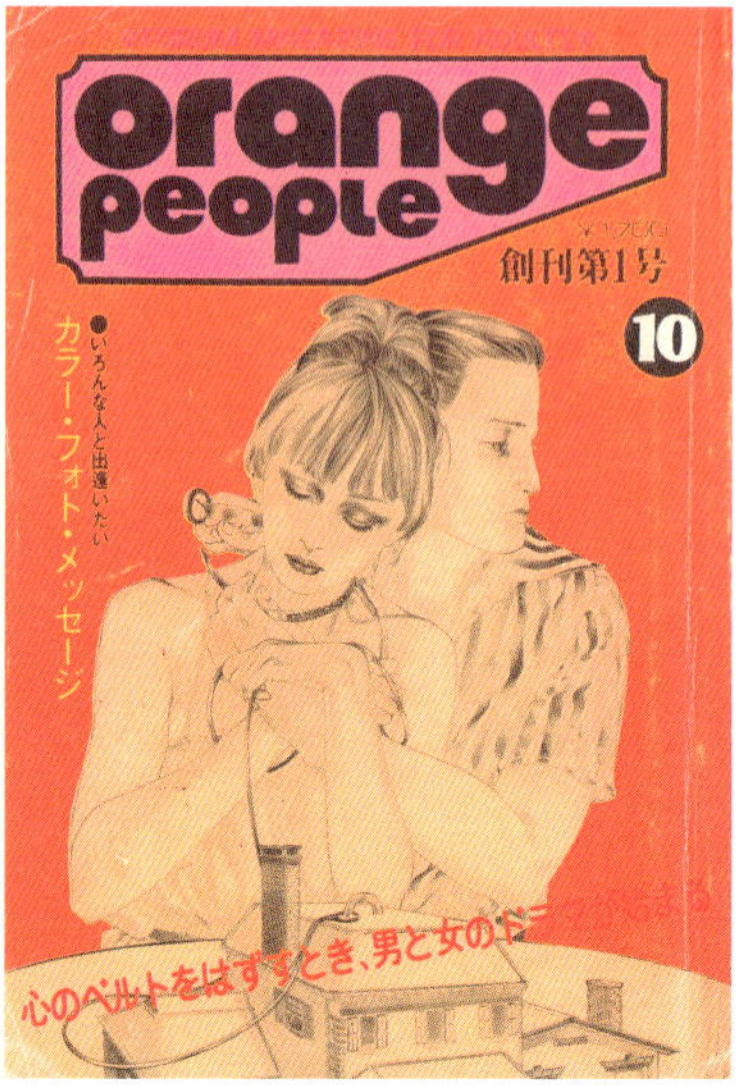

「オレンジ・ピープル」創刊号　1980年10月号
編集人：伊吹潤一郎　1700円

創刊の言葉として「オレンジ・ピープルとは都会派の知的なヤングと円熟したアダルトを象徴するフリーダム志向の言葉なのだ」という宣言がなされているが、本誌は夫婦交際誌、スワッピング誌と呼ばれる専門誌だ。

スワッピング誌としては1971年に創刊された『ホームトーク』（ホームダイヤモンド　当初は『全国交際新聞』『ホームダイヤモンド』）や1979年創刊の『スウィンガー』（おおとり出版）などが先行していたが、よりポップな表紙や誌面で人気を集め、スワッピングブームを牽引した。またロス疑惑の三浦和義が『オレンジ・ピープル』主催の乱交パーティに出席した時の写真が週刊誌に掲載されたことでも話題となり知名度を高

北海道から九州まで全295組もの投稿が集まっている。女性のヌードは全てカラーで掲載。

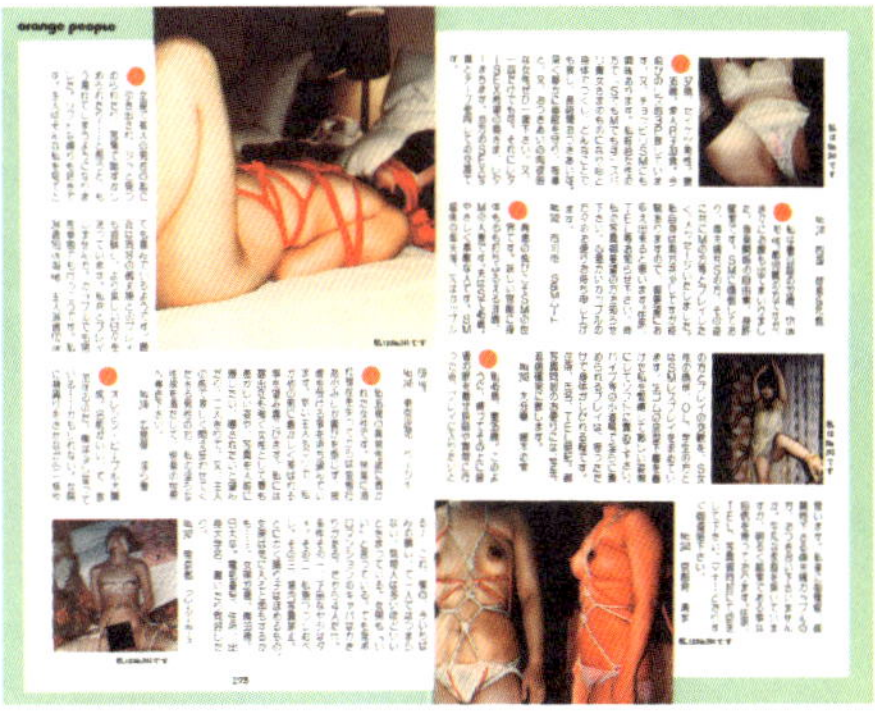

SM系のマニアの投稿が多いのも『オレンジ・ピープル』の特色だった。

めた。

創刊号では鈴木いづみのエッセイや強精剤紹介、ピルに関するQ&Aなどの記事も掲載されているが、やはり本誌の見どころは100ページにわたる交際相手募集の投稿だ。大きな目線は入っているものの「本物の素人人妻」のヌード写真は生々しいエロスを感じさせる。「夫37歳PC（注・パイプカット）済み、妻31歳。妻はグラマーで、豊かな乳房と丸い色気あるヒップで殿方を喜びの極みに至らせる事でしょう。夫は可愛い奥様を愛のやさしさで悦楽の世界に導くことと存じます」といったアピール文もまた強烈だ。1700円（創刊号）と、当時のエロ本としては破格の値段だが、交際目的ではなくても買っていた読者も多かった。

ミューザー

1980年創刊　おおとり出版／永田社

ソープランドへの愛があふれている

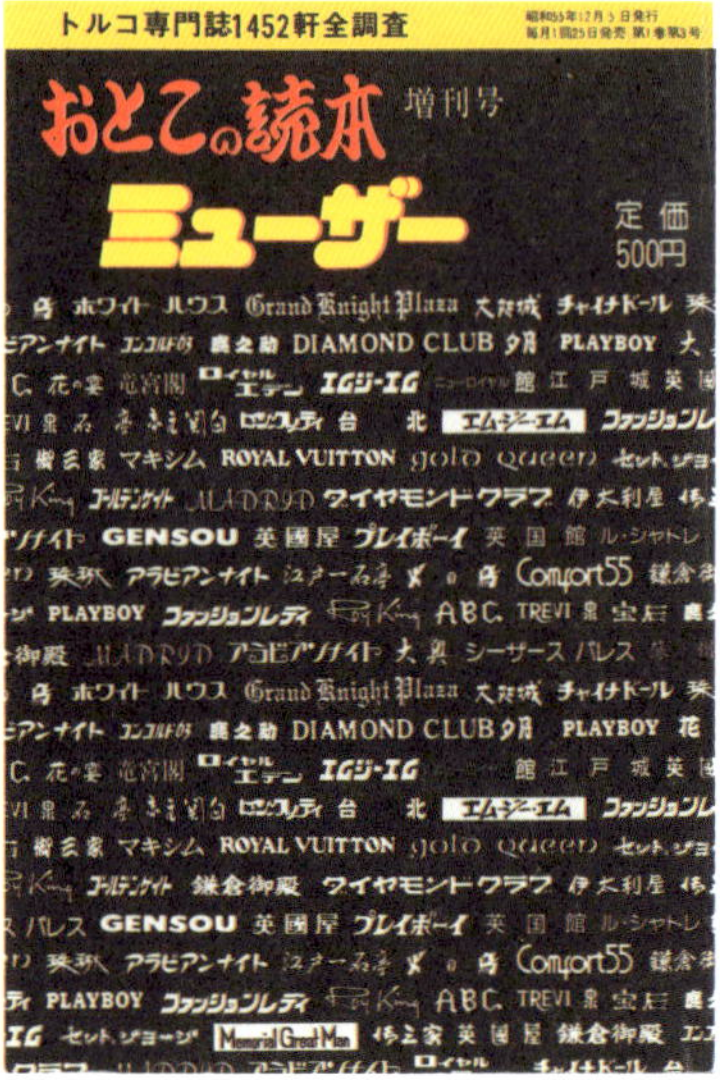

「ミューザー」創刊号　1980年12月号
編集人：粟原利之　500円

日本初のソープランド専門誌（当時はトルコ表記）である『ミューザー』は『おとこの読本』増刊号として第1号が発行されている。この『おとこの読本』自体が、もともとは『旅と酒』という雑誌が改題されたもので、その新装第1号の特集「いま、トルコ」が好評だったことから、専門誌として新たに創刊したようだ。「日本で唯一のトルコのためのトルコ専門誌」というだけあって、その情報量は膨大なものだ。北海道から沖縄までの全国トルコ1452軒のリストはトルコ街イラストマップ付きで圧巻。さらにトルコライターの第一人者である広岡敬一による「トルコ30年史」、トルコ嬢やトルコボーイの日記、雄琴の詳細なルポ、切り絵（！）による新人トルコ嬢紹介と読

1980年時点の吉原ソープ街マップ。100軒以上が営業していた。現在でも健在な店も多い。

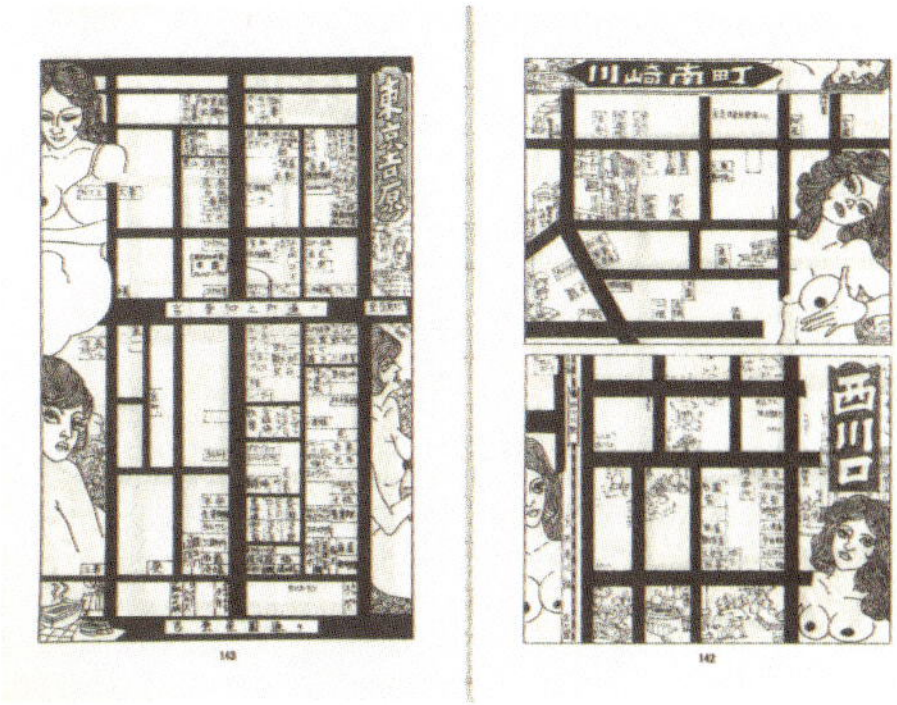

前身となった『おとこの読本　特集いま、トルコ』（1980年5月号）。こちらも内容充実。

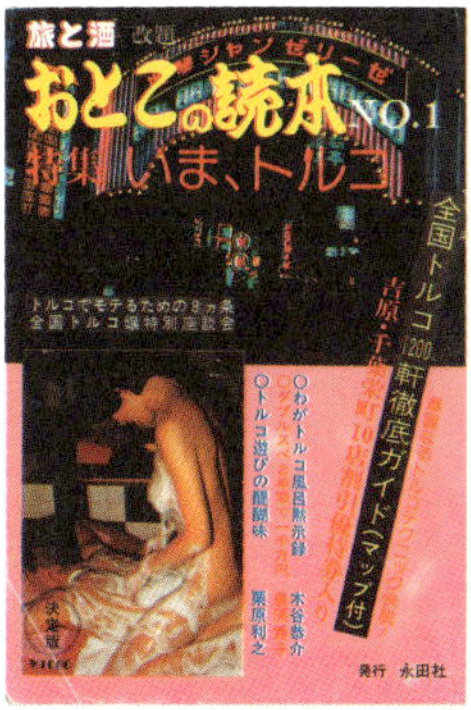

専門誌でありながら写真は少なく、トルコ嬢の顔が写っている写真は1枚もない。

み応えのある記事が続く。

　また巻頭には小沢昭一やドンキーカルテットの飯塚文雄、11PMのディレクターなどからの寄稿も掲載されているのだが、意外だったのはカルーセル麻紀。「アタシはサウナへ入るように時間があればトルコ風呂を利用してウハウハに楽しんでいるのよ」。トルコ嬢とレズ気分で遊ぶのが好きなのだという。

　『ミューザー』が休刊したのは12年後の1992年。80年代後半のエイズパニック以降、ソープランド（トルコから1984年に改称）を襲った不況の影響だったようだ。入れ替わるようにイメージクラブや性感ヘルスを中心とした平成風俗誌が人気を集めていく。

ビリー

026

1981年創刊　白夜書房

真面目なカルチャー誌からの変貌

「ビリー」創刊号　1981年6月号
編集人：中沢慎一　表紙撮影：木谷渉　500円

ロリコン雑誌の『ヘイ!バディー』と並んで80年代の白夜書房を代表する過激雑誌と言われた『ビリー』。死体、奇形、同性愛、スカトロ、獣姦、そしてありとあらゆる変態を取り上げた伝説の雑誌だが、創刊時はインタビュー中心の極めて真面目なカルチャー誌だった。巻頭と巻末にヌードグラビア（篠塚ひろ美と小川恵子が出ているのはポイント高い）はあるものの、一色ページは16歳の三原順子のインタビューから幕を開ける。当時の彼氏（宮脇康之）の話はもちろん、それ以前につきあっていた男のことまでも包み隠さず話す等身大の少女・三原順子がたまらなく魅力的だ。誌名にひっかけた「ビリー派宣言」では、川本三郎がビリー・ザ・キッドについて、桑田佳祐（!）が

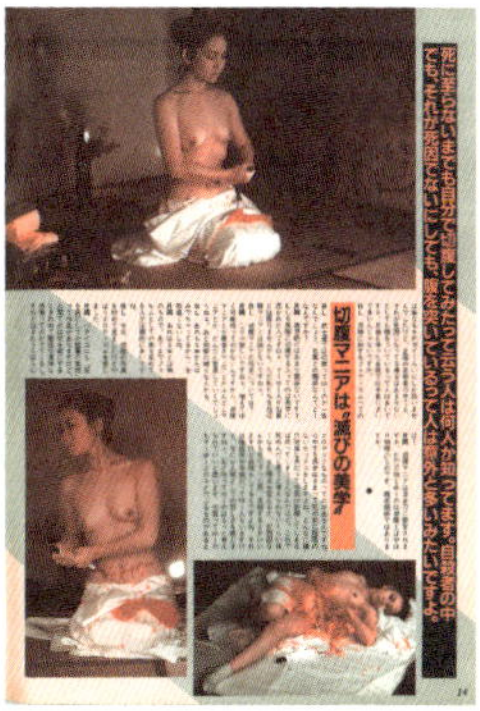

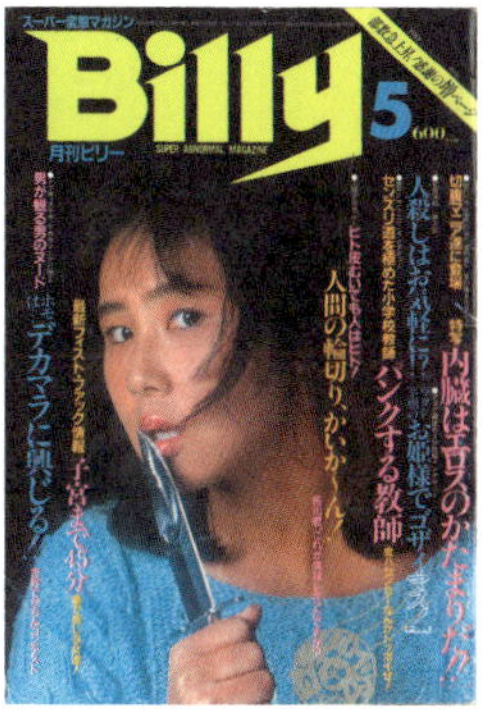

変態路線絶好調の『ビリー』1983年5月号。内臓、人殺し、ホモといった言葉が並ぶ。

死体写真も『ビリー』の目玉であった。不謹慎なテキストも強烈だ。（1982年6月号）

切腹マニアへのインタビューと切腹再現グラビア。（1983年5月号）

新装創刊した『ビリー・ボーイ』（1984年12月号）。しかし内容は変わらずにすぐ休刊へ。

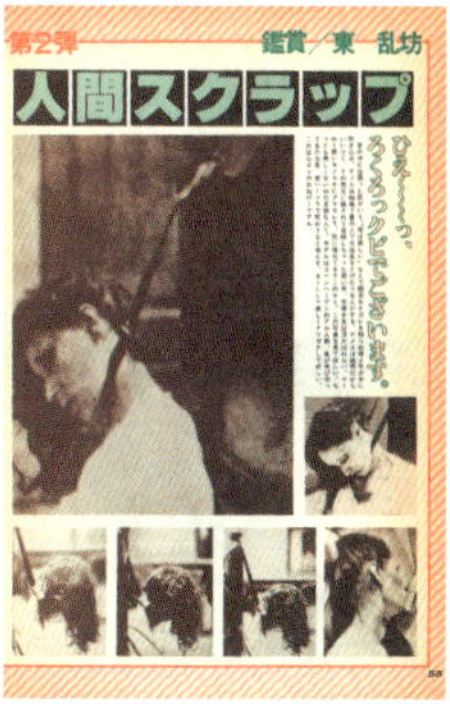

ビリー・ホリデイについて、今井智子がビリー・ジョエルについて語る。さらに近田春夫&相倉久人の音楽対談、ウーマンリブ、ガンダム、プロレス、（英バンドの）ジャパン、鈴木邦男、沖縄……。今、読むと非常に興味深い誌面だが、白夜書房の返本率記録を作るほど売れなかったらしく路線変更を余儀なくされる。

1982年3月号からは「スーパー変態マガジン」を標榜し過激な誌面を展開。熱い支持を受けるも、1年に4回も不健全図書に指定されてしまい、1984年12月号より『ビリーボーイ』として再出発。若干のパワーダウンはあったものの、やはり不健全図書に指定され、わずか9号で休刊となった。

性生活報告

1981年創刊　サン出版

「戦後」の性意識にこだわり続ける長寿誌

「性生活報告」創刊号　1981年7月号
編集人：五十嵐利一郎　表紙画：宮西計三　600円

昭和10年（1935年）に結成されたという「新生活研究会」の会報として創刊された「性の報告書」。「日本人における世代別オーラル・セックスの実態」といった研究レポートもあるが、基本は「小陰唇の大きな女」「夫の父親（72歳）の淫らな眼が怖いのです」「夫婦スワップで知ったこんなにも深い歓び」といった会員の体験手記である。またヌード写真付のスワップ相手募集コーナーや会員の秘蔵写真投稿など、生々しさにあふれた誌面が強烈だ。

赤線やブルー写真の回想録など、80年代の雑誌とは思えないレトロなテイストが強いが、「ビニール本やノーパン喫茶の即物性は現代人の想像力の欠如をわれわれに教えてくれる」と現代のポルノの

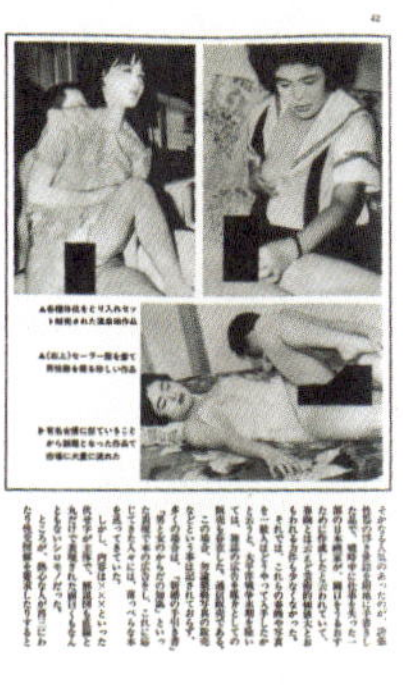

戦前戦後のブルー写真についての記事。昭和25年頃は10枚で300円ほどだったという。

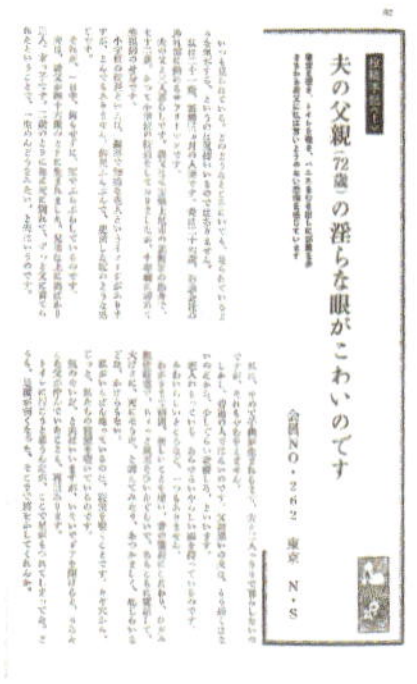

夫の父親（72歳）の淫らな眼がこわいのです

会員NO・262　東京　N・S

会員からの投稿が同誌のメインコンテンツだ。文字で読むエロスの醍醐味を教えてくれる。

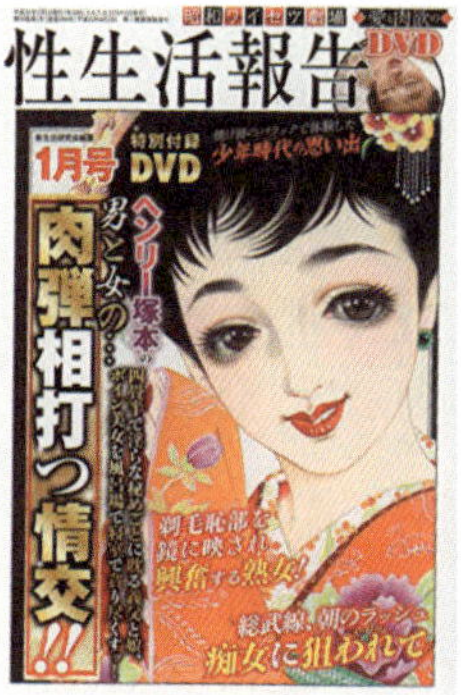

今なお健在！　2019年1月号の『性生活報告』。発行元はジュネットに変わっている。

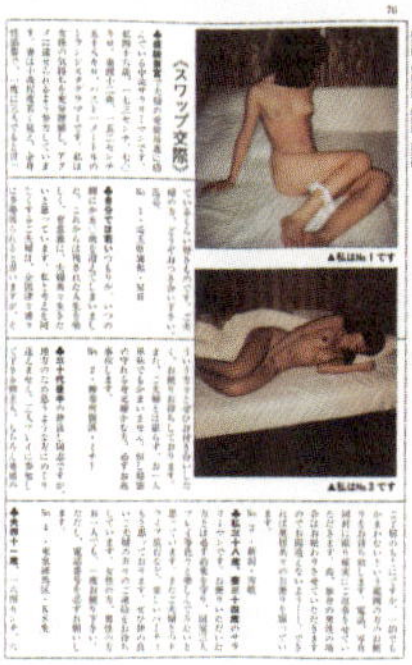

〈スワップ交際〉

素人人妻のヌード写真が生々しい魅力のスワッピング相手募集コーナーは人気企画だ。

貧しさを嘆くその姿勢に共感する読者も多かったようで、類似誌も登場するほど人気が高かった。

　なによりも素晴らしいのは、同誌は創刊から38年を経た現在も健在であり、そのテイストもあまり変わっていないことだ。60代の夫婦の性の営みを克明に描写した投稿や戦後のヤミ商売で華族を抱いた回想録（投稿者は96歳）など、他誌では絶対に読むことができない世界が展開されている。ちなみに投稿はもちろん全て手紙。メールアドレスも公開しているが、メールでの投稿は1通もないそうだ。

　現存するエロ雑誌としては、1977年創刊の『バチェラー』に次ぐ老舗雑誌ということになる。

写真時代

028

1981年創刊　白夜書房

「写真時代」創刊号　1981年9月号
編集人：末井昭　500円

末井エロ本の最終到達点

末井昭編集長が社運をかけて創刊した「写真論からはみだした写真を集めた写真誌」。『ニューセルフ』以来のコンビである荒木経惟を中心に、心霊写真、南伸坊の物真似写真、河合奈保子のパンチラ写真、ロリータ写真、ヌードポラロイド写真、奇形写真、そしてプロマイドまで、あらゆる写真が大鍋で煮込まれているような雑誌であった。中でもやはりヌード写真の過激さが話題となり、写真誌の体裁なので「買いやすいエロ本」としての人気も高く、創刊号の13万部は完売。そして最高35万部という人気雑誌へと成長していく。

当初は『月刊アラーキー』という荒木経惟責任編集誌を構想していたというだけあり、荒木経惟は3コーナーも連載を

荒木経惟の連載は「景色」「写真生活」「少女フレンド」の3本。前2本は休刊まで続いた。

最終号となった1988年4月号。荒木の連載など数ヶ所が問題となったらしい。

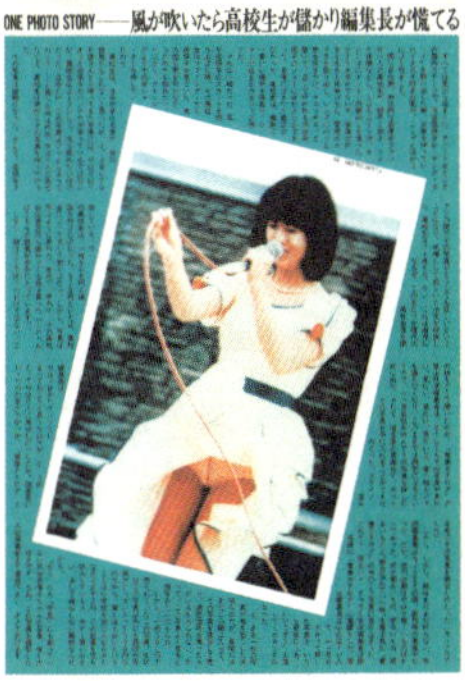

伝説の1枚と言われる河合奈保子のパンチラ写真。あらゆる写真を平等に扱うのがポリシー。

持っているが、他にも森山大道、倉田精二、平岡正明、橋本治、糸井重里など末井人脈総動員とも言うべき豪華な執筆陣が売りであり、赤瀬川原平の連載から生まれた別冊『超芸術トマソン』（1985年）は大ヒットし、「トマソン」は流行語にもなった。

売れれば類似誌が出るのも業界の常。『流行写真』（三和出版）、『写真生活』（東京三世社）、『新風写真』（平和出版）、『ザ・写真』といったそっくりの雑誌も次々と創刊された。

『写真時代』は1988年4月号が回収処分となったことで休刊となる。後継誌として『nuve』『写真世界』が創刊されるが、パワーダウンの感は否めず短命に終わった。

アクションカメラ

1982年創刊　ベストセラーズKK

羊頭狗肉なグラビア誌？

「アクションカメラ」創刊号　1982年1月号
編集人：平田昌兵　表紙デザイン：平田昌兵　表紙撮影：野村誠一　290円

1981年1月に発売され100万部のベストセラーとなった『アクション・カメラ術』（馬場憲治　KKベストセラーズ）は、パンチラ盗撮や、彼女のヌードを撮るノウハウを解説することで、「エロ」をプロに任せるだけではなく自分たちの手でも作ってしまおうと宣言した画期的な本であった。

この大ヒットに便乗する形で創刊された大判の若者向けビジュアル誌が『アクションカメラ』だ。

表紙と大型ピンナップ付録は伊藤つかさ。巻頭グラビアは謎の女子大生YOKO。他のグラビアもパンジーや桂木文などのアイドル路線で、ヌードなどのお色気要素は、トップレスでビーチバレーに興じるアメリカの女子大生のグラビアや、

サンタモニカビーチでは、女の子が堂々と水着を脱いで着替えているというのだが……。

『アクション・カメラ術』。パンチラ盗撮のテクなど現在では犯罪になってしまう内容。

最終号となる2003年8月号。この後『Stinger』と誌名を変更したものの1号で終了。

唯一『アクション・カメラ術』的な「スポーツ写真の撮り方」。フォーカスは股間に！

体験談のイメージカットくらいで、その露出も極めてソフトだ。

　というよりも、この誌名をつけていながら、「スポーツ写真の撮り方」や、当時大学を卒業したばかりだったカメラマンの杉山宣嗣のカメラ教室くらいしか『アクション・カメラ術』の要素が無いのは羊頭狗肉の感がある（一応、読者からの投稿写真を募集してはいるが……）。むしろ1981年に創刊されたスポーツ盗撮誌『セクシーアクション』（サン出版）の方がその精神を継いだ雑誌と言えるだろう。

　しかし、結局はこの後に『アクションカメラ』も、純然たるエロ本へと変わっていき、2003年まで続く老舗誌となった。

オレンジ通信

1982年創刊　東京三世社

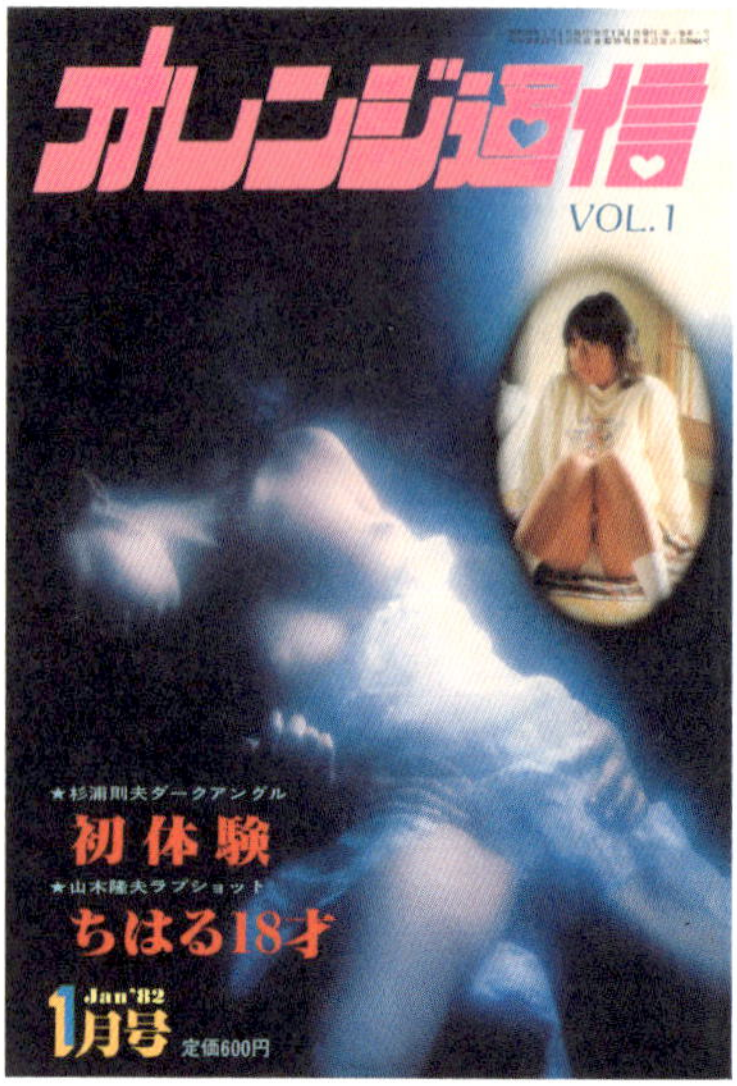

「オレンジ通信」創刊号　1982年1月号
編集人：長倉健次　600円

アダルトメディアの案内人

ＡＶ情報誌として名を馳せる『オレンジ通信』だが、創刊時はグラビア中心のごく普通のエロ本であった。創刊号の巻頭はＳＭ写真の雄、杉浦則夫による初体験をテーマにしたカラミのグラビア。以降もヌードグラビアが続き、読み物記事は皆無。昔の西洋のヌード写真が登場したり、エロ漫画家の小多魔若史《おたまじゃくし》（のちに「痴漢日記」で有名になる山本さむ）が撮影した新体操の写真が出てきたりと、編集も散漫だ。この時点ではよくあるエロ本のひとつでしかなかったのだ。

しかし同誌は１９８３年頃からビニール本、裏本、裏ビデオなどの紹介に力を入れるようになり、次第に情報誌化していく。80年代末には、ＡＶがメジャーになっていくのと足並みを揃えるように、

光と影を強調する杉浦則夫独特の画作りが冴えているが表紙にまで名前が載るのは珍しい。(1982年1月号)

エロ漫画家・小多魔若史の撮影による新体操の盗撮。アクションカメラの全盛期だ。(1982年1月号)

タレント志望の岡田尚美名義になっているが、巨乳モデルの先駆けである藤尚美だ。(1982年1月号)

ビニ本・裏本・裏ビデオの情報誌へ。定番企画の年間ベスト10もこの年から始まったが、まだビニ本のみだった。(1985年2月号)

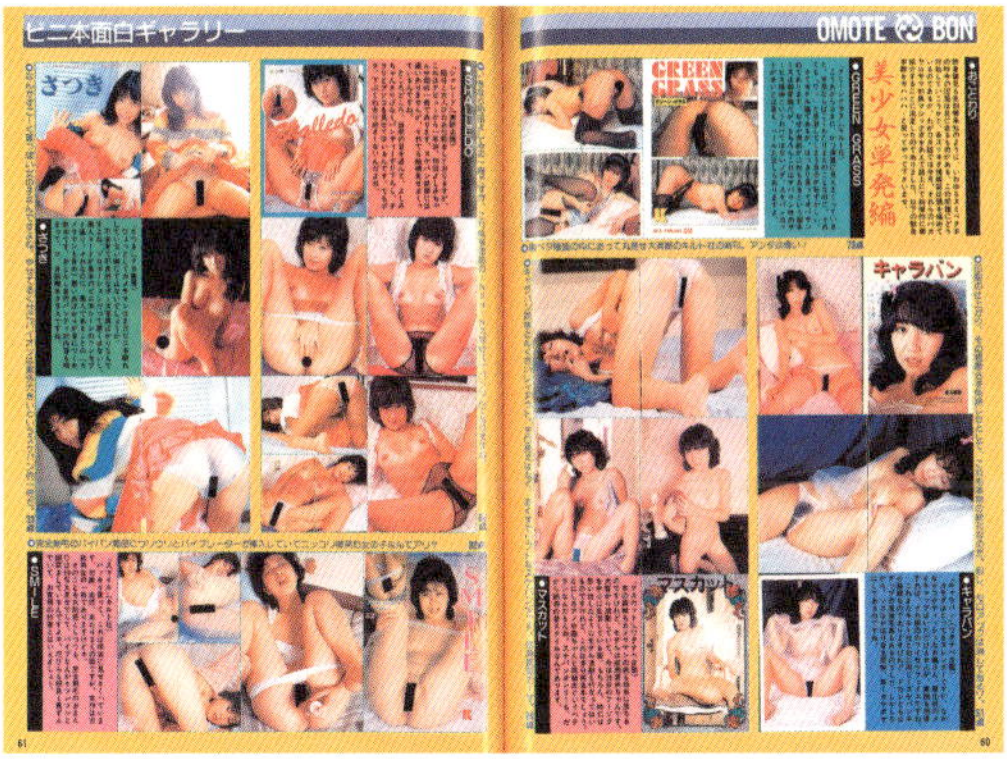

当時の目玉コーナーは「ビニ本面白ギャラリー」。この号ではビニ本、裏本合わせて71冊を紹介。(1985年7月号)

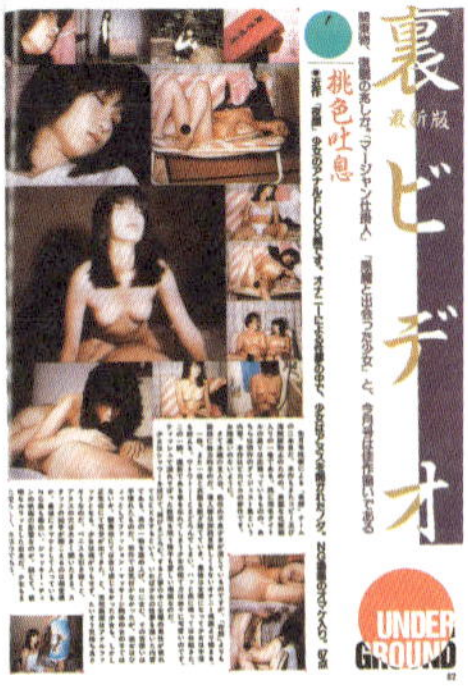

当時は裏ビデオの方が人気が高く、AVは表ビデオなどと呼ばれていた。(1986年1月号)

ベスト10企画が本格的に始まった1986年2月号。まだAVより裏本・裏ビデオの方がメインだった。初代ベストモデル賞は竹下ゆかり。

00年代に入るとAV情報誌にも低価格化、DVD付録の波が。『オレ通』も大判化、DVD付で対抗。(2004年9・10月号)

1987年に入るとAV紹介がメインとなり、ビニ本、裏本、裏ビデオなどの記事は後半へと追いやられていった。(1987年1月号)

90年代に入り、AV情報誌が乱立するも『オレ通』は、確固たる地位を築いていた。1990年度のAVアイドル賞は桜樹ルイ。(1991年2月号)

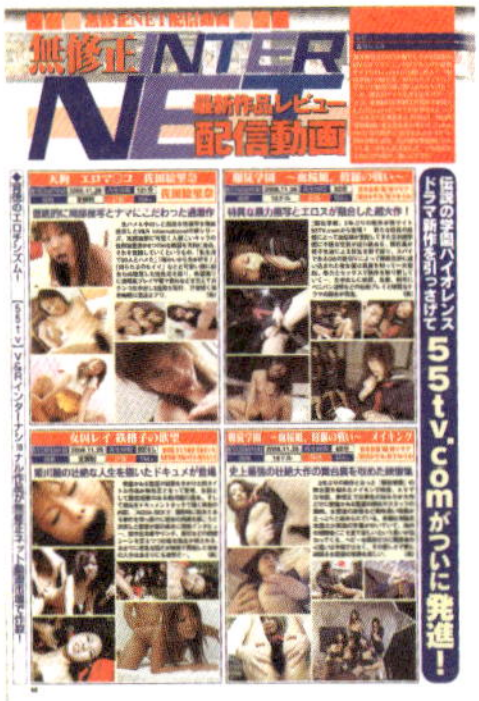

無修正DVDや無修正動画配信などの新しい裏モノ紹介にも力を入れていた。（2007年2月号）

27年の歴史に幕を下ろした2009年3・4月合併号。長年参加していたライターの座談会も。

最後のベスト10となった2008年度のAV女優賞は明日花キララが受賞。（2009年2月号）

AV情報誌としての地位を確立する。特に毎年2月号で発表される「ベスト10」は、AV業界で最も権威のある賞となっていた。ちなみに最初のベストモデル賞（1985年度）は竹下ゆかり、最後となる2008年度のベスト女優賞は明日花キララが受賞している。

果物の名前に「通信」とつける誌名の、いわゆる「フルーツ本」「通信本」と呼ばれる類似誌も乱立した。

2004年からはDVDを付録につけ、大判化する、無修正作品紹介の割合を増やすなど新しい時代への対応も行っていたが、出版不況の影響は大きく、2009年3月号で27年にわたる歴史に幕を下ろすこととなる。

スコラ

1982年創刊　スコラ／講談社

ヤング男性誌の代表的存在に

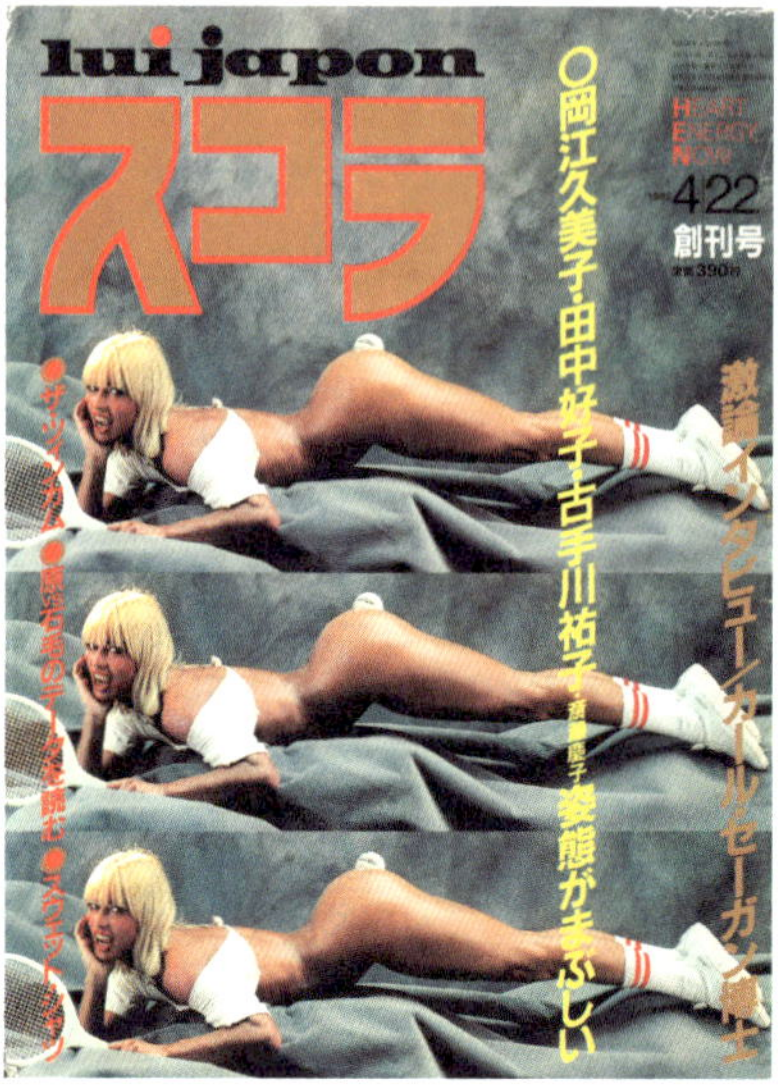

「スコラ」創刊号　1982年4月22日号
編集人：高橋克章　表紙デザイン：北澤敏彦　390円

フランス版『PLAYBOY』と言われた『Lui』と提携して創刊。当初の誌面は明らかに『日本版PLAYBOY』を意識した作りだが、『Lui』との提携にどんなメリットがあったのか、読んでみてもよくわからない。

古手川祐子、岡江久美子、斉藤慶子、田中好子らのセクシーグラビアはあるが、いずれも水着やセミヌード止まり。ヌードは20歳のOLだという沢村志津代と、フランスのリエットというモデル（これが『Lui』との提携の成果？）のみで、今ひとつパッとしない。丸山健二から藤原新也、赤川次郎、松田聖子、大友克洋、大林宣彦、所ジョージと、コラムの執筆陣は幅広く豪華なメンツなのだが……。

そんな空回り感を制作側も認めたのか、

「日本版ではリエット嬢の歴戦のプッシーちゃんを紹介できないのはチト残念」だそうだ。

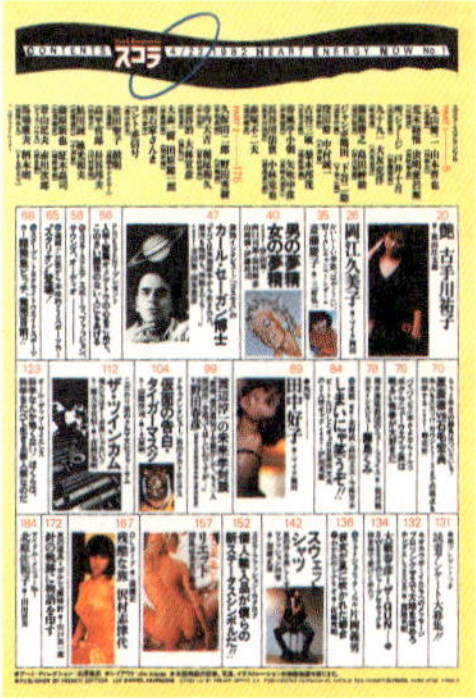

創刊号の目次。ラインナップ的には豪華なのだが、ターゲットが絞りきれなかったのか。

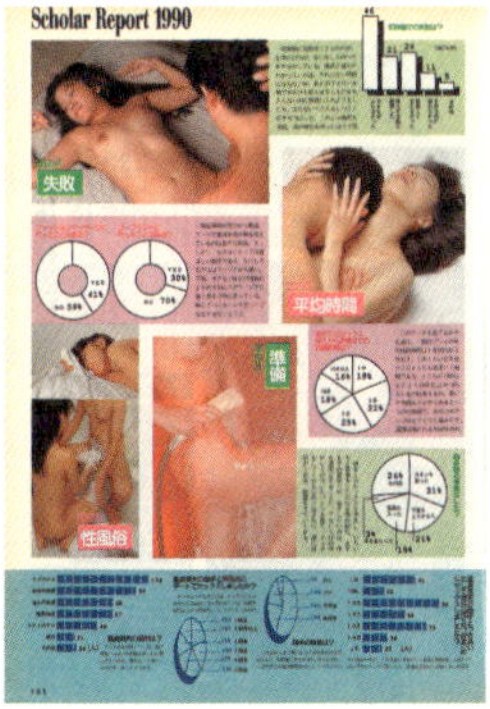

『スコラ』名物のカラミ写真満載のSEX記事。エロ本よりも過激と言われたほどだ。

『スコラ』全盛期の1990年10月25日号。アイドルありヌードあり車情報ありと充実の内容。

次第に対象年齢を下げ、『日本版PLAYBOY』よりも『GORO』に近い誌面作りへと路線を変更していく。

翌1983年1月13日号では「楽しいSEX BOOK」を特集し、以降セックスハウトゥ記事が同誌の目玉となっていく。大胆なヌードやカラミ写真を取り入れたこれらの特集は大きな支持を得て、ヤング男性誌の代表的存在となる。人気タレントが登場するお金をかけたゴージャスなグラビアと、エロ度の高い企画ページが同誌の個性であった。

1999年に発行元のスコラが倒産したために休刊。その後は辰巳出版系のスコラマガジン、晋遊舎系のエンカウンターが引き継いだが、2010年7月号をもって休刊となる。

ビデオプレス

1982年創刊　大亜出版

AV雑誌第1号は洋モノ中心

「ビデオプレス」創刊号　1982年6月号
編集人：上坂幸　表紙デザイン：林一男　600円

前年に日本にアダルトビデオが誕生したばかりだというのに、早くも創刊した日本初のアダルトビデオ専門誌。

まだ国産のソフトのリリースが少なかったためか、海外のポルノビデオの記事が半分以上を占め、表紙も金髪女性モデルたちだ。日本の人気モデルとして取り上げられているのは、美保純、愛染恭子、夏麗子、田口ゆかりといった面々。

ビデオデッキが十数万円、ビデオソフトが収録時間30分で1万円以上というビデオ黎明期の状況は、今から見ると色々と驚かされることが多く、貴重な記録である。

この時期のアダルトビデオの大半は、成人映画をビデオ化したもの（しかも30分に短縮して）で、最初からビデオ販売

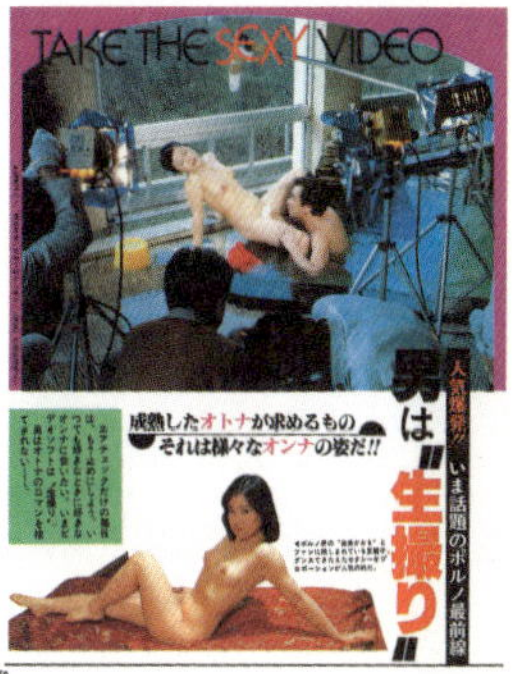

夏麗子主演の生撮り作品「温泉芸者／攻めて前から後から」（東宝）の撮影現場。

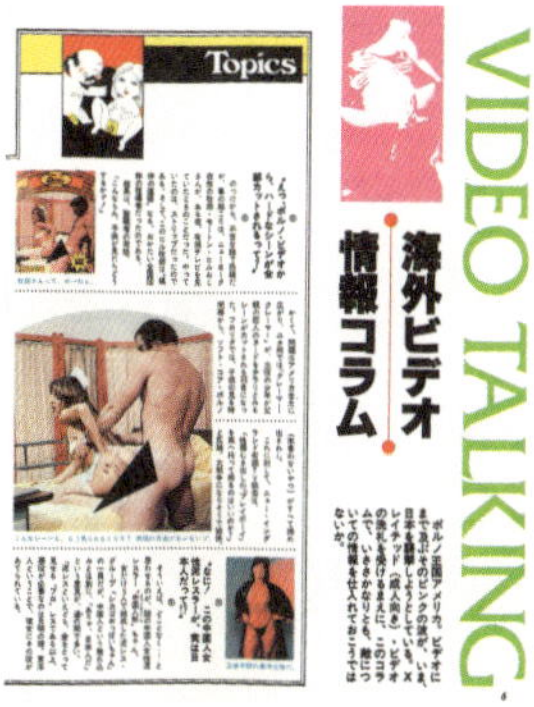

「本場」アメリカのポルノ情報が満載のコラム。当時の日本とは比べ物にならない先進度。

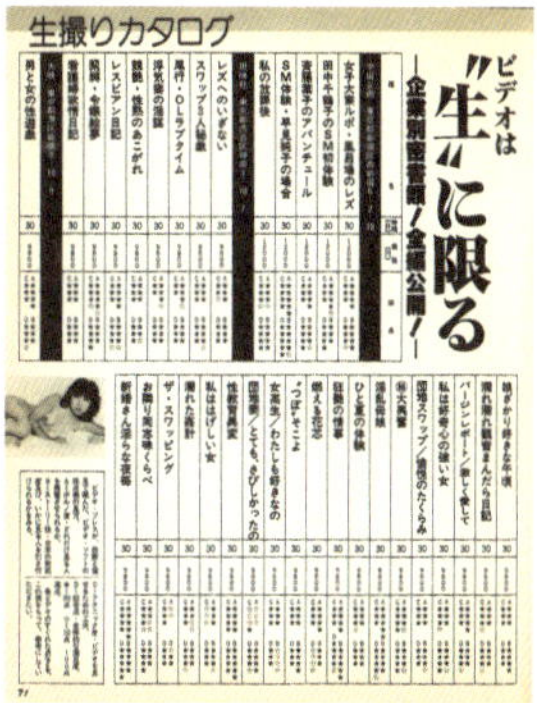

「生撮り」ビデオのカタログ。まだピンク映画の延長の作りなのでタイトルもそのノリだ。

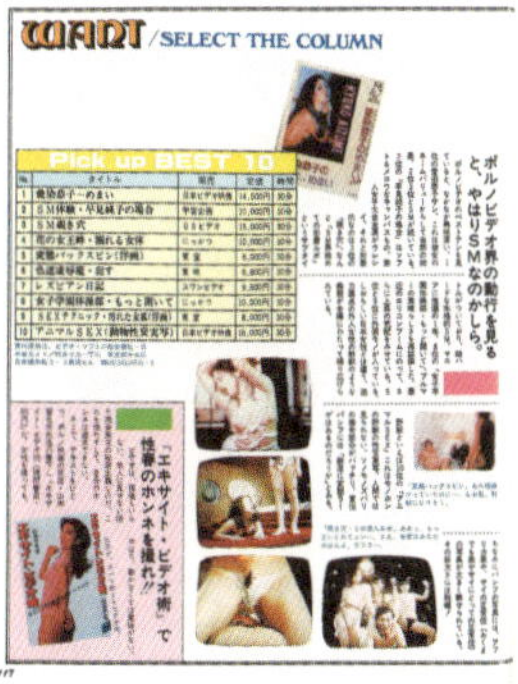

巻末の情報コラム。当時の売上げランキングや裏ビデオ、カラオケビデオの情報など。

用に撮影されたものは、「生撮り」と呼ばれていた。

創刊号には、当時発売されていた521本のポルノビデオのリストが掲載されているが、そのうち「生撮り」は139本。つまり半数以上が成人映画のビデオ化だったのだ。

売上げランキングも掲載されていて、1位は当時圧倒的なネームバリューのあった愛染恭子の「めまい」だが、2、3位がSM、10位に獣姦物がランクインしているところに、当時のAVがまだマニアの物であったという状況が窺える。

AV情報誌の先陣を切った同誌だが、競合誌が乱立すると個性を出すことができずに、1993年に休刊することとなる。

写真時代ジュニア

1982年創刊　白夜書房

少年向けエロ本という矛盾

「写真時代ジュニア」創刊号　1982年8月号
編集人：末井昭　表紙デザイン：真鍋太郎　表紙撮影：高橋景一　350円

絶好調の『写真時代』の勢いで作られた弟誌（ジュニアだから子供誌か）。表紙と巻頭特集は伊藤つかさ、他にも中森明菜や北原佐和子、川田あつ子、シュガーなどのアイドルが登場し、素人の中高生も多数登場するなど、ティーンエイジャーが対象の雑誌だということはわかるが、それでいながらヌード写真やエロ記事も多い。

そう、80年代・90年代には「中高生向けエロ雑誌」という矛盾したジャンルが存在したのである。『写真時代ジュニア』はその先駆け的な雑誌のひとつだと言える。松田聖子のそっくりさんAV女優として売り出していた水沢聖子のヌードグラビアページに「18歳以上の人は、ぜひそのビデオを買ってみよう」と書かれて気づかれずに浜辺の水着の女の子を撮影しようというパロディ的なテクニック講座。

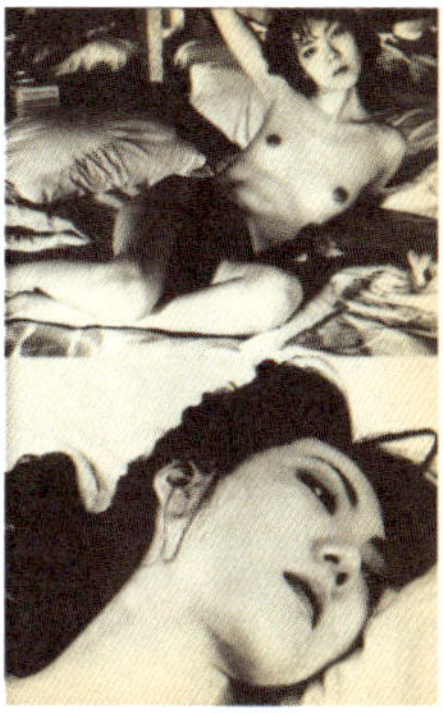

『写真時代』なので、やはり荒木経惟は欠かせない。連載「ARAKISS」第1回より。

休刊号となる1987年6月号。カラーページもヌード写真もグッと増量している。

杉本昌武による予備校生ヌード。その対抗ページには成城学園中等部写真部の集合写真が。

いるのが妙におかしい。

『写真時代』の名を冠しているだけあって、荒木経惟の写真日記や久住昌之の写真四コマ漫画、ヒカシューが公園の木に吊るされるよくわからない企画グラビアなど、一筋縄ではいかない一色ページが読み応えがある。

1984年には投稿コーナーが独立して『スーパー写真塾』として創刊され、息の長い雑誌となるが、『写真時代ジュニア』自体は1987年6月号で休刊。この時期には、ほとんどのページにヌード写真が掲載される完全なエロ本と化していたが、告白コーナーの投稿者が高校生だったり、制服姿の新入生を彼女にするテクニック講座など、あくまでも未成年向けとして編集されていたようだ。

SEXY LOOK

1983年創刊　サン出版

アダルト版『フォーカス』は本家と共に

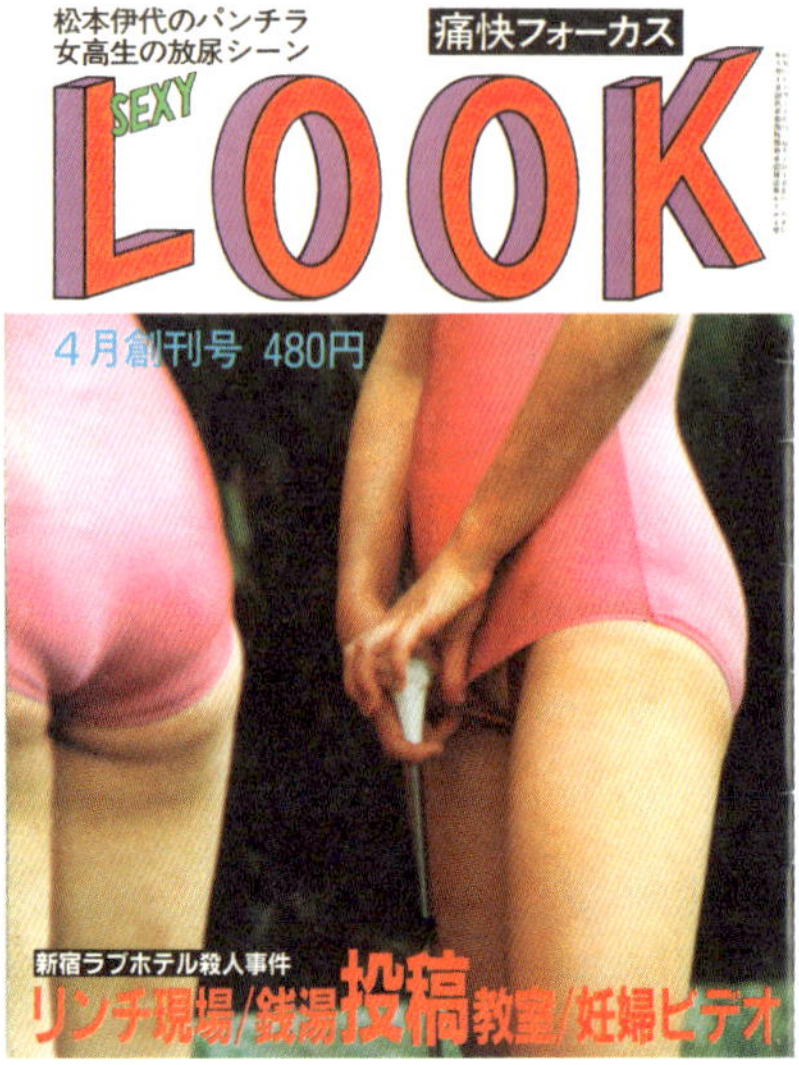

「SEXY LOOK」創刊号　1983年4月号
編集人：新田敬三　480円

1981年に創刊された『フォーカス』（新潮社）に続けとばかりに、1984年に『フライデー』（講談社）、1985年に『エンマ』（文藝春秋）そして1986年に『フラッシュ』（光文社）『タッチ』（小学館）と同様の写真週刊誌が創刊され、「3FET」などと総称されたが、実はずっと早くに『フォーカス』に続いたのは、エロ本業界だった。21歳の女性が編集長ということで話題を呼んだ『セクシーフォーカス』（東京三世社）や、裏本・ビニ本シンジゲート北大神田書店グループをバックに持つ新英出版（トップは後の村西とおる監督）の『スクランブルPHOTO』、そしてこの『SEXY LOOK』が1983年に続々創刊している。

ニュースやスクープと呼べるものは皆無だが、『フォーカス』スタイルで語られると面白い。

やたらと盗撮写真が多いのは、当時の流行だろう。現在では犯罪となるネタも多い。

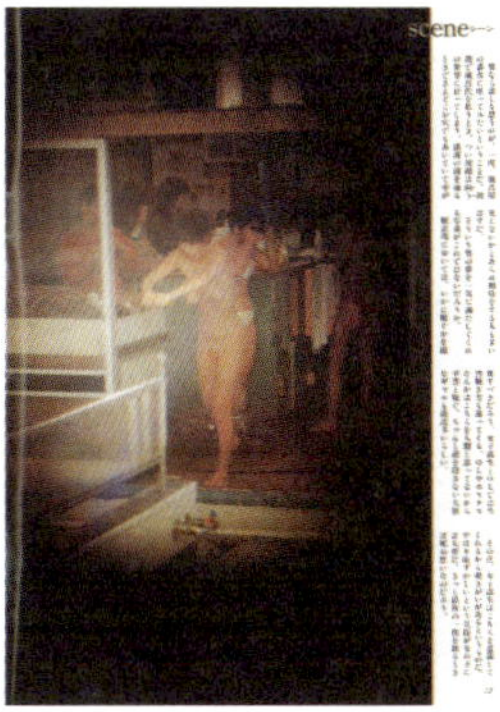

『セクシーフォーカス』創刊号（1983年4月号）。準備号が2月にも出てるので最も早い類似誌とも言える。

高校野球のチアガールのパンチラ盗撮、アイドルのパンチラ、女湯の盗撮、ダッチワイフと同棲する男、ピンク映画の撮影現場、明治時代のヌード写真など、下ネタニュースばかりが『フォーカス』そっくりの誌面構成で綴られていく。

最終ページには杉森昌武による、マッド・アマノの『狂告の時代』そっくりの、パロディコラージュ連載が掲載されているところまで『フォーカス』をコピー。

驚かされるのは、この『SEXY LOOK』は、本家『フォーカス』が休刊する2001年まで刊行されていたということだ。大手出版社から大々的に創刊された『エンマ』や『タッチ』よりも続いたのである。

日本版ペントハウス

035

1983年創刊　講談社

『日本版PLAYBOY』最大のライバル？

「日本版ペントハウス」創刊号　1983年5月号
編集人：名田屋昭二　表紙デザイン：土屋直久　表紙撮影：ボブ・グッチョーネ　470円

『プレイボーイ』に立ち向かえるのは『ペントハウス』だけ、と講談社より鳴り物入りで創刊した日本版。

創刊号の目玉は当時51歳の岸恵子のセミヌードグラビアと、岡田茂元三越社長のスクープインタビュー。ボリュームもあり、吉行淳之介、五木寛之など執筆陣も豪華。『日本版PLAYBOY』への対抗心は十分うかがえるのだが、ヌードグラビアも記事もドメスティック。比べるとどうしてもハイクオリティ感が不足している。そもそも本家の『ペントハウス』が『プレイボーイ』よりもかなり露骨にエロ本寄りなのだが…。

この後、同誌は榎本三恵子や竹久みち、池坊保子、ジョーン・シェパードなど「話題の女」の、あまりうれしくないスクー

わざわざニューヨークで白人女性と黒人女性のGスポットを撮影した袋綴じ企画。（1983年1月号）

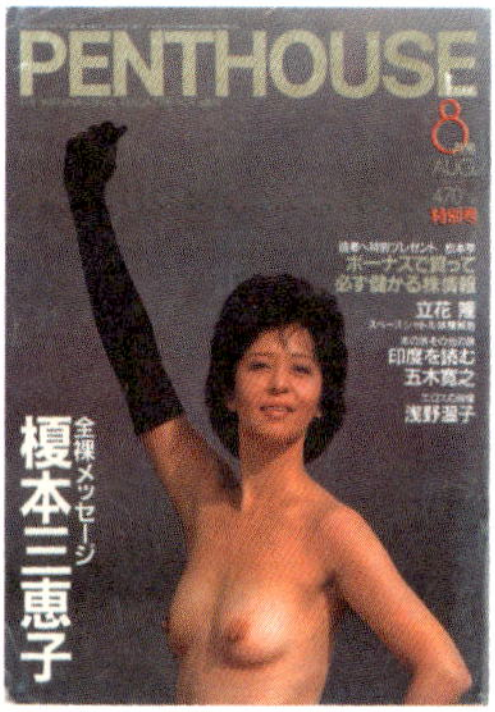

強烈なインパクトの蜂の一刺し・榎本三恵子のヌード。撮影は加納典明。（1983年8月号）

善戦むなしく5年で休刊。表紙は最後まで外国人モデルを起用していた。（1988年12月号）

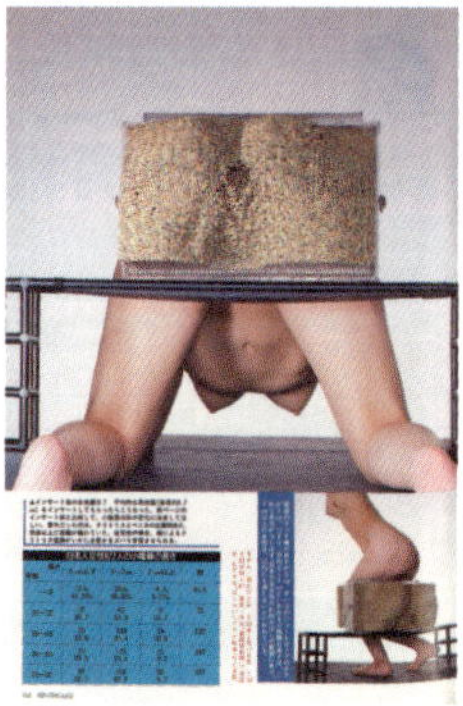

ピンレリーフで女性器を浮き上がらせるという謎の企画。これでも形が見えると嬉しいのか？（1986年1月号）

プ（セミ）ヌードを目玉にしたり、処女膜、クリトリス、Gスポットの接写などの過激袋綴じといった、キワモノ路線へと舵を切っていく。布にアイロンプリントして切り抜き縫い合わせて作る「実物ヌード人形」や、石膏取りした女性器模型、濡らすと服が溶けるヌードディゾルボシート、ピンレリーフでの女性器再現など、お金をかけて真面目にバカバカしい企画に挑む姿勢で、エロ本的な魅力では『日本版PLAYBOY』を上回っていた。

この講談社版『ペントハウス』は1988年12月号で休刊し、1995年には、ぶんか社から『ペントハウスジャパン』が創刊されるが、この2誌の間には関係はない。

元気マガジン

1983年創刊　セルフ出版／日正堂

「元気マガジン」創刊号　1983年8月号
編集人：山崎邦紀　500円

風俗も明るい時代へと突入

なめだるま親方の愛称で親しまれる風俗ライター・島本慶のユーモラスなイラストをイメージキャラクターにした、やたらと明るい風俗誌。週刊誌やスポーツ新聞の風俗記事や繁華街で配布されるナイト情報誌といったそれまでの風俗マスコミが、どこかいかがわしい裏の業界のムードを漂わせていたのと対照的に、ひたすら軽いノリで風俗のイメージを一新させた異色の情報誌だ。なにしろ編集者・ライターたちが水着やふんどし姿になった集合写真まで掲載しているのである。

　この頃は、ファッションヘルスやホテトル、デートクラブ、ラッキーホール、キャバクラといった新しいスタイルの業種が次々と生まれ、テレビ番組「トゥナイト」の風俗ルポでは山本晋也が「ほと

現在、ソープランドの取材でヌードやプレイを見せることはほとんどない。おおらかな時代だった。

風俗店でもアイディア勝負の珍サービスが次々と編み出される時代だった。

休刊号の1985年11月号。わずか2年の間に堂々と顔出しする風俗嬢が爆発的に増えている。

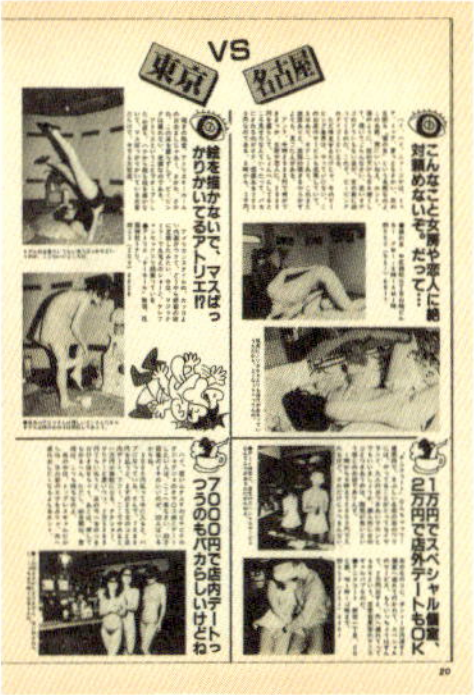

んどビョーキ」を連発。風俗も「明るく軽い」新しい時代を迎えようとしていた時期でもあったのだ。

　風俗雑誌でありながら巻頭記事が愛人バンク所属の女の子16人の紹介、さらに交際誌との提携によるコンタクト・ページがあるあたりは時代を感じさせる。また、吉原のトルコ嬢の全裸のプレイ写真が掲載されているというのも、現在では考えられない。

　前述の島本慶に、後にピンク映画監督として活躍する山崎邦紀、女性風俗ライターの先駆け・あべしょうこなどライター、編集陣も充実。そしてこの創刊号を読んで体験記を応募したことからライターとしてデビューすることになったのが、ラッシャーみよしだった。

ザ・シュガー

1983年創刊　考友社出版

「ザ・シュガー」創刊号　1983年9月号
編集人：水野正文　表紙デザイン：坂本茂樹　表紙撮影：藤本蒼猪　380円

アイドル雑誌と思いきや中高生向けエロ雑誌

創刊号ではデビューしたばかりの原田知世を表紙にした「絶対アイドルマガジン」。しかし、よく見ると表紙をはじめとしてスタジオでの特写がほとんどなく、現場取材の写真などで構成されていることに驚く。それでもアイドル雑誌が作れてしまうのだ。といっても、アイドルを扱ったページは全体の4分の1ほどで、残りはエロ本的な要素が強い。

　A5判という判型から当時人気のあったアイドル雑誌『BOMB!』（学研）の類似誌を狙ったと思われるが、実際にはやはりA5判の『写真時代ジュニア』（白夜書房）のような「中高生向けエロ雑誌」のラインで作られている。創刊号に『写真時代ジュニア』から「シュガー創刊おめでとう。今、国民の総意は35

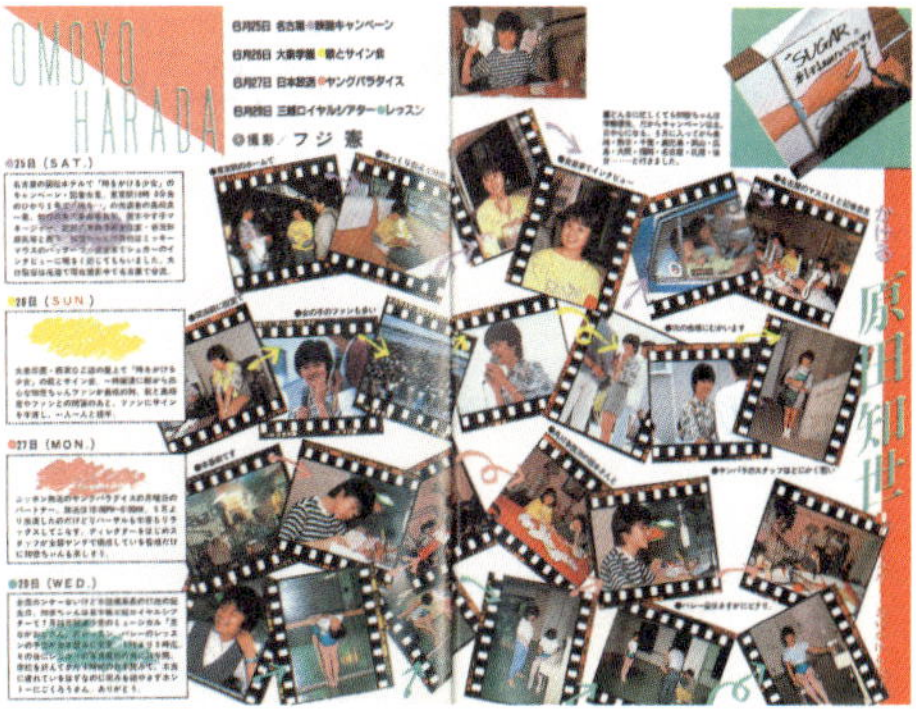

おっかけ取材なら経費もかからずに、アイドルの生の表情が撮れるというアイディア。

完全なエロ本へと変貌を遂げた『ストリート・シュガー』。2017年の休刊時には人妻雑誌に。

高校3年生の女の子が安岡力也にメロメロになるというなかなか見られないインタビュー。

0円～380円の間にある。」という広告が載せられているのも面白い。

女子高生による安岡力也インタビュー、女子大生によるAVレビュー、斉藤慶子のマネージャーのおっかけルポ、南伸坊の似顔写真、男性アイドル竹本孝之のおっかけ少女紹介など、いかにも当時のエロ本的なアイディア勝負の記事がユニークだ。

その後『DUNK』（集英社）など同サイズのアイドル誌も創刊されるが、『ザ・シュガー』はアイドルとエロ雑誌の中間という独自のポジションをキープ。しかし90年代に入ると次第にエロ色が強まり、1996年には素人ナンパを中心とした純然たるエロ本『ストリート・シュガー』にリニューアルした。

ビデオ・ザ・ワールド

1983年創刊　白夜書房

AVを真面目に扱った孤高の専門誌

「ビデオ・ザ・ワールド」創刊号　1983年11月号
編集人：中沢慎一　表紙デザイン：明日修平　表紙撮影：稲垣照聡　500円

歯に衣着せぬ辛口のビデオ評と、踏み込んだインタビューでAV専門誌の中でも最も評価されることが多い同誌だが、1983年の創刊時は、まだAV市場が成熟していなかったためか、AV関連の記事は誌面の半分くらい。名物となるAVレビュー「チャンネル」で取り上げられているAVも、わずか20本だ（4年後の同誌では96本）。

巻頭グラビアもAV女優ではなくアイドルの木元ゆうこが登場、さらにAIDS、タントラ、麻薬、シャム双生児、インドの少女買春、死体など、AVとは無関係な記事が続き、どちらかというと『写真時代』や『ビリー』のテイストに近い感があったが、徐々にAV専門誌としてのスタイルを確立していく。

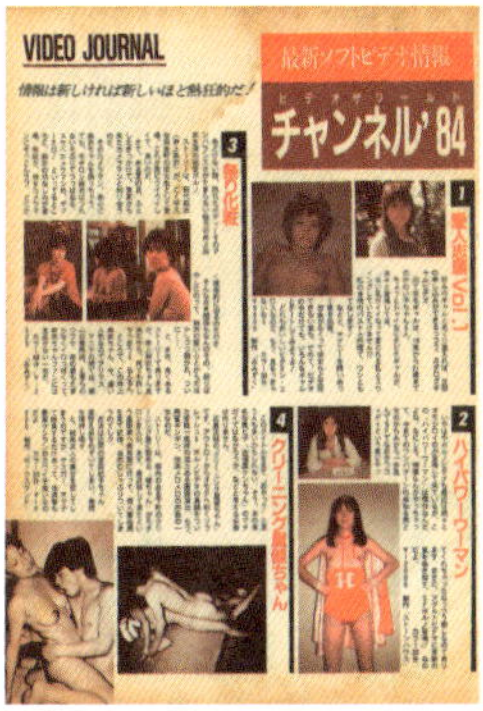

名物のビデオ評コーナー。創刊号の時点では無記名でそれほど辛口なレビューは無かった。

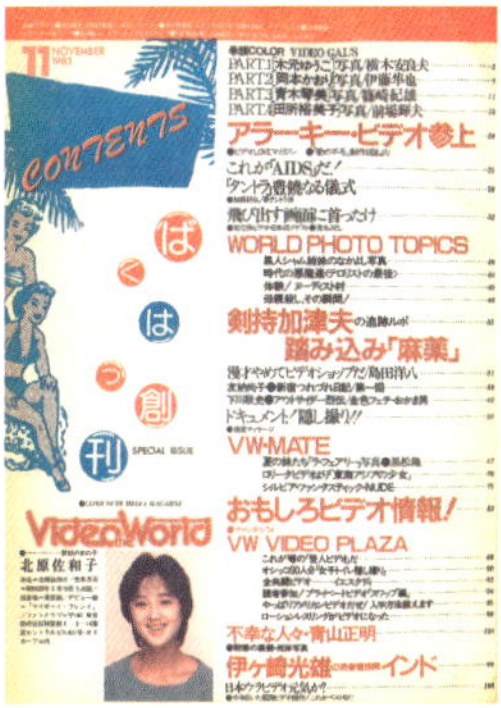

創刊号の目次。AVとは全く無関係の記事が大半を占めているのがわかる。

休刊号となった2013年6月号。急遽の休刊だったため、編集後記以外に休刊の表記は無い。

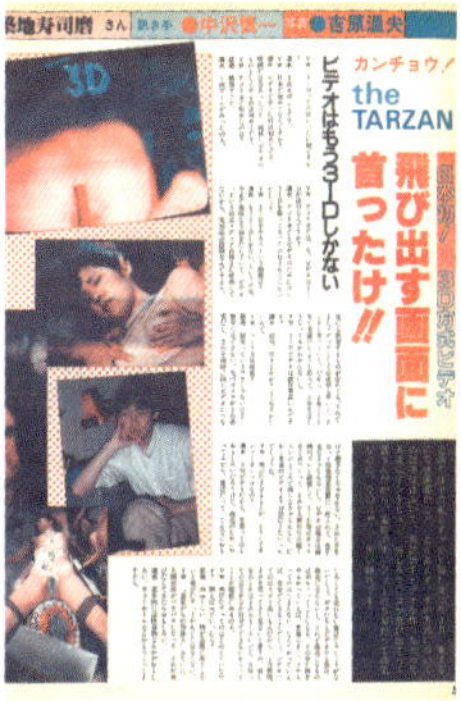

なんと1983年の時点で作られていた3DAVの制作スタッフへのインタビュー。

高杉弾、永山薫、友成純一、山本勝之、永沢光雄、本橋信宏、藤木TDC、東良《とうら》美季、沢木毅彦、中村淳彦といったライター陣が執筆し、あくまでもAVを映像作品として扱う同誌の姿勢は、売れるAV女優中心になりがちな他のAV専門誌とは違った孤高の存在だった。もっともそのために恒例の年間ベストランキングで選出される作品が、あまりに時代とズレてしまうという面もあったが……。

裏ビデオや無修正動画も大きく取り上げており、当時の裏ビデオ屋などでは同誌の記事が貼られていることも多かった。

2013年、当時の版元のコアマガジンに他誌の件で猥褻図画販売容疑で捜索が入ったあおりで急遽休刊。30年の歴史に幕を下ろした。

ビデパル

1984年創刊　フロム出版／東京三世社

ポップで明るいムードのAV専門誌

「ビデパル」創刊号　1984年2月号
編集人：鹿内靖　表紙撮影：山木隆夫　600円

『ビデオプレス』『ビデオ・ザ・ワールド』に続いて創刊されたAV専門誌。誌名は、小学館の『FMレコパル』『BE－PAL』を意識したのだろうか。兄弟会社である東京三世社の『オレンジ通信』がビニ本や裏本、裏ビデオの情報誌へとシフトして人気が高まっていたことから、アダルトビデオ情報（当時は表ビデオなどと言われていた）に特化した雑誌をスピンアウトさせたと考えられる。

この時期になるとAVのリリース本数も急増し、『プレス』『ワールド』の創刊号とは違い、ほとんどが国産AVの情報で占められている。ただしそれでも当時のAVは、まだまだマニアックな存在であり、この号に掲載されている売上げベスト10（池袋アイシンビデオ調べ）も10

売上げランキング。上位3位までがSM作品。その他は愛染恭子出演作や盗撮物など。

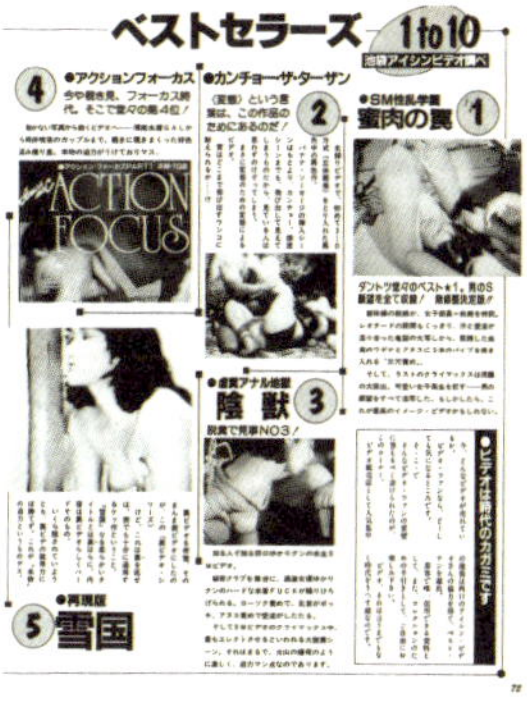

1988年9月号。グラビアもグッと増えて、かなりAV女優寄りの誌面となっている。

創刊号では国産アダルトビデオが53本紹介されている。この他に裏や洋ピンも多数。

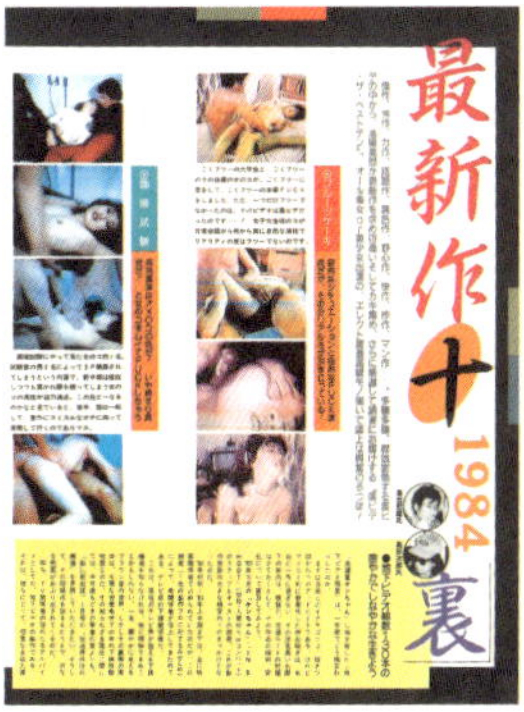

裏ビデオ最新作紹介と、前年度の総括。奥出哲雄と高田次郎の対談は、かなりディープ。

位中6作品がSM物で、その全てが浣腸プレイをフィーチャーした作品だ。従って本誌で取り上げられているAVもSMや盗撮、ロリータ、妊婦などマニアックなテーマが多い。

奥出哲雄と高田次郎という当時の二大裏ビデオライターが1983年の裏ビデオの状況を振り返る対談は、情報量もボリュームもあり読み応え十分だ。

競合誌に比べると全体的にポップで明るいカラーが特色で、号が進むにつれ、人気AV女優をフィーチャーしたグラビアやインタビューがメインになっていく。

1988年には当時、文化人的な人気も高かった黒木香がAV女優と対談する『黒木香の部屋』といった連載もあった。

アップル通信

1984年創刊　三和出版

「フルーツ本」時代を生み出した

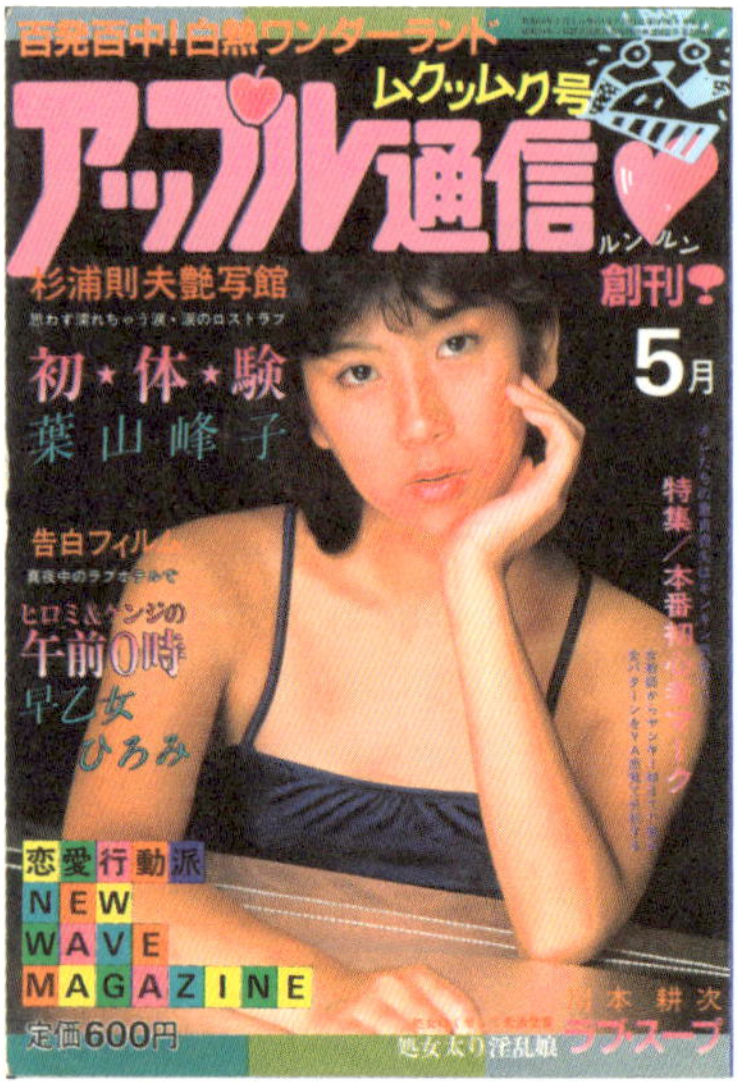

「アップル通信」創刊号　1984年5月号
編集人：麻生省雄　600円

後に『オレンジ通信』と共に一時代を築き、「フルーツ本」「通信本」と呼ばれる類似誌が数多く発売されることになる同誌だが、『オレンジ通信』と同じく創刊時はヌードグラビアと告白を中心とした、ごく普通のエロ本である。巻頭は杉浦則夫撮影による初体験をテーマにしたカラミのグラビア。そう『オレンジ通信』の創刊号と丸っきり同じなのだ。誌名からして明らかに類似誌なのだが、ここまで同じにしているのは珍しい。そして普通のエロ本から、ビニ本情報誌、裏本・裏ビデオ情報誌を経て、AV情報誌へと変貌していく過程も『オレンジ通信』と同じなのである。

　ビニ本・裏本情報誌時代の『アップル通信』は、徹底した作品リストの掲載や、

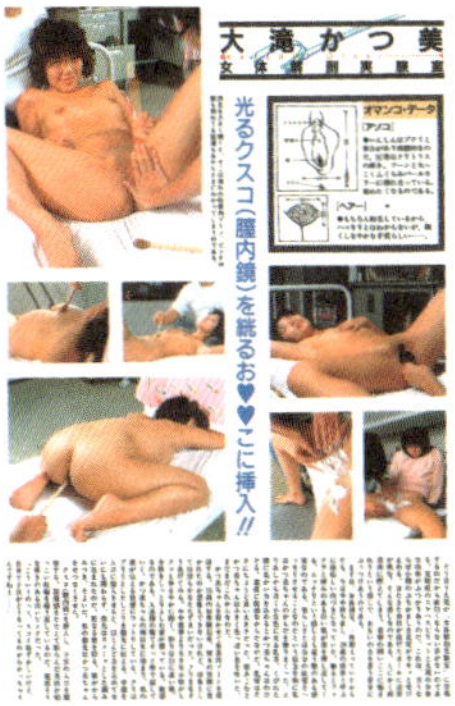

正に杉浦則夫撮影という光と影を強調した独特のライティングのグラビアが巻頭を飾った。(1984年5月号)

ビニ本・裏本・裏ビデオ情報誌であった頃の1985年4月号。豊富な情報量が魅力だった。

超人気企画「女体解剖実験室」1986年1月号の第18回は人気女優の大滝かつ美が登場。

休刊号となった2007年9月号。23年の歴史を総括する特集も特になかったのは寂しい。

メーカーへのインタビューなど『オレンジ通信』以上に読み応えのある誌面作りが魅力であったが、AVがメインの時代になると、AV女優を大々的に扱う、今ひとつ個性が感じられない雑誌になってしまった。

しかし、『アップル通信』ならではの人気企画といえば、創刊4号目から開始され、2007年の休刊まで23年間にわたって連載された「女体解剖実験室」だ。AV女優の全身のあらゆるサイズと性感をチェックするという過激な企画ページで、多くの雑誌やAVでこのコンセプトは真似された。

2007年にリニューアルされ『アップルど素人塾』というハメ撮り雑誌へと生まれ変わったが、1年ほどで休刊。

ビデオボーイ

1984年創刊　英知出版

英知出版伝説の幕を開けたAV誌

「ビデオボーイ」創刊号　1984年５月号
編集人：青木茂晴　表紙デザイン：片岡弘幸　表紙撮影：前場輝夫　600円

白夜書房と共に80年代のエロ本業界を牽引することになる英知出版の最初の月刊誌。AVメーカーとして頭角を現していた宇宙企画の兄弟会社であることを活かした美少女中心のカラーは、創刊号から既に確立されている。

巻頭は現役女子大生である友田美生の水着グラビアだが、青木琴美、深沢奈津美、鈴木美子、中原みすず、青木ひろ美と、爽やかでありながら、どこかノスタルジックなムードを感じさせるヌードグラビアが続く。

一色ページでは盗撮講座や編集者に学ぶ脱がせのテクニック解説、裏ビデオ紹介といったいかにもエロ本的な企画が並ぶが、同時にMTV番組の特集や、「ザ・デイ・アフター」や「ザ・ローリング・

創刊号の青木琴美のヌードグラビア。野外ロケの写真が多かったのもAV雑誌では珍しい。

2008年にリニューアルされた『VIDEO BOY』。AV誌ですらなく、全くの別雑誌だった。

1997年10月号の杉作J太郎のコラム「通俗の魂」より。1992年から12年にわたって連載された。

ストーンズ イン・ザ・ハイドパーク」といったAV以外のビデオ紹介ページにも力を入れる姿勢はこの後も継承された。

創刊号はいきなり10万部発行でスタートを切り、乱立するAV情報誌の中でも、グラビアに力を入れた誌面で独自のスタンスを築いていった。

2006年に英知出版からジーオーティーへと発行元が替わり、2008年9月号で休刊となる。その後、ジーオーティーから『VIDEO BOY』という同名の雑誌が刊行されるが、エロ漫画中心の誌面で、『ビデオボーイ』とは全く接点のない別雑誌であった。2013年にも『ビデオボーイR』として1号だけ復活を果たすが単発に終わった。

ザ・ベストマガジン

1984年創刊　KKベストセラーズ

「ザ・ベストマガジン」創刊号　1984年6月号
編集人：印南和磨　表紙デザイン：大賀匠津　表紙撮影：リウ・ミセキ　390円

一流女優の顔に水をかける表紙が話題に

女優の顔に水をぶっかけるという強烈なインパクトの表紙で大きな話題を呼んだ『ザ・ベストマガジン』。創刊号は大原麗子。その後も小柳ルミ子、加賀まりこ、高橋恵子、岩下志麻、倍賞美津子など大物女優ばかりが水をかけられた。水のかかったタイミングに合わせてシャッターを切るのは至難の業で、撮影のリウ・ミセキも、水をかけるスタッフも毎回のプレッシャーで胃潰瘍になったという。

内容的には、『日本版PLAYBOY』をもう少し大衆的にしたということか。実際に初代編集長の印南和磨は日本版を出したいと『PLAYBOY』創始者のヒュー・ヘフナーに会いに行っている。集英社版が創刊されるよりも以前の話である。

この手の雑誌には珍しく外国人女性のヌードグラビアは無いが、かわりに黒人男性が（笑）。

表紙で水をかけられた女優たち。別冊の『ザ・ベストマガジンスペシャルVol.2』より。

休刊号となった2011年8月号。この時期の他誌同様、熟女・人妻がメインテーマに。

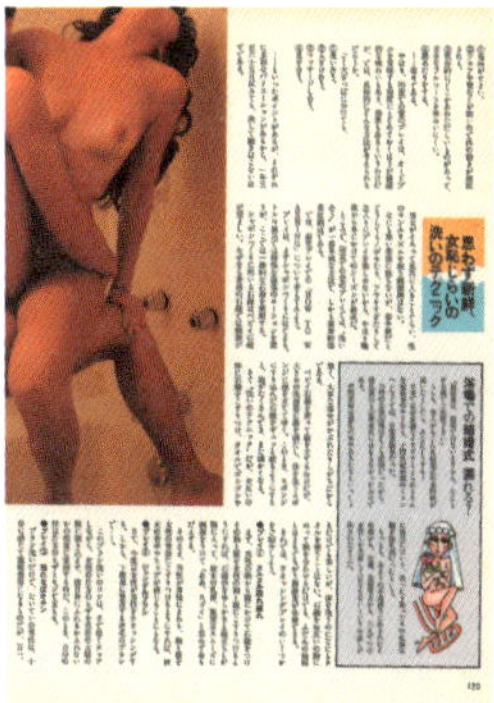

浴室での体位研究。セックスのハウトゥ記事も同誌の得意企画であった。（1984年12月号）

本家以上に、女、セックス、金、車、野球、ゴルフ、仕事といった、男の欲望を忠実にすくい上げた誌面構成は大いに支持され、最盛期には100万部以上の発行部数を記録する。

また村上龍のエッセイ「すべての男は消耗品である。」は2011年の休刊まで、27年にわたって続いた看板連載である。

よりアダルト色を強めた派生誌がいくつも創刊されたことでも有名で、『スペシャル』『オリジナル』『ゴールド』『プレミアム』『ランジェリー・ザ・ベスト』などがあり、本誌休刊後も派生誌は続いた。また、80年代には『ザ・トップマガジン』『ザ・ヒットマガジン』『ザ・ナイスマガジン』といった類似誌も多数登場した。

スクリュー

043

1984年創刊　群雄社出版

性器モロダシの過激さで突っ走る

「スクリュー」創刊号　1984年7月号
編集人：池田俊秀　表紙デザイン：藤瀬典夫　480円

『ズームアップ』編集長だった池田俊秀がセルフ出版から群雄社へ移籍し、サブカルチャー雑誌『マザー』に続いて手がけたのが、ニューヨークの過激ポルノ誌『SCREW』と提携した本誌だった。

創刊号の袋綴じは「医学ドキュメント処女膜再生手術」と題して、女性器内部を超ドアップで撮影。既に『日本版ペントハウス』が袋綴じでGスポットや処女膜などの女性器内接写に挑んでいたが、本誌では処女膜再生手術という切り口を編み出した。また綴じ込みポスターは「原寸大マンコピー」。その後の号でも、色を反転しただけの局部アップ写真なども掲載するなど、ニューヨークの本家譲りの過激さで突っ走った。

誌面デザインは『フォーカス』そのま

『フォーカス』のパロディ記事。本誌のかなりのページが『フォーカス』と同デザイン。

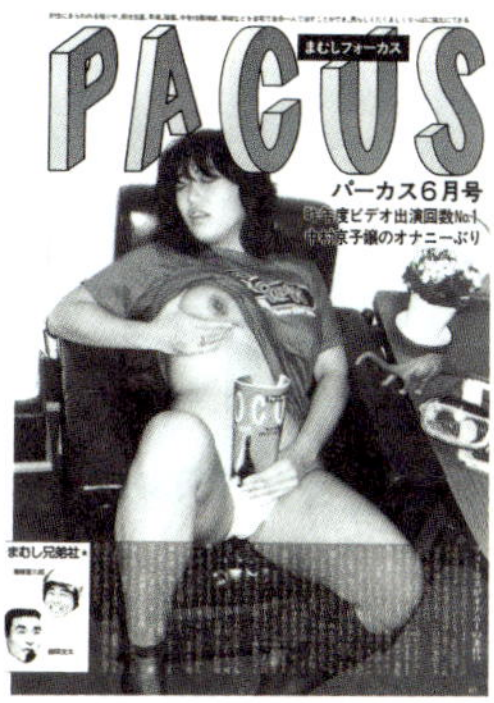

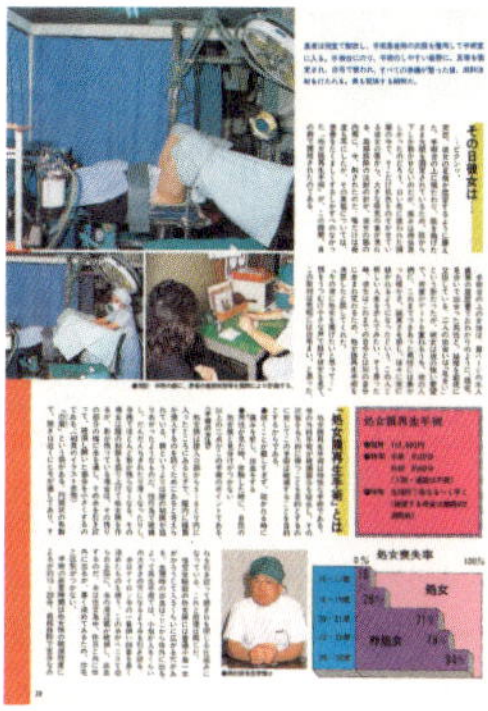

袋綴じ「医学ドキュメント処女膜再生手術」より。手術前・後の処女膜と膣内もそれぞれ1ページ大で掲載している。

1985年1月号の袋とじ「局部反転バッチリ写真」より。かなりのドアップ写真もあり。

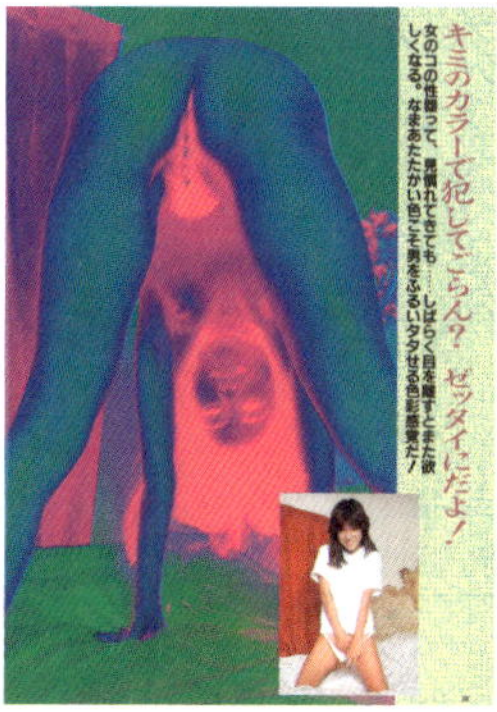

当時発売されていた19誌の雑誌から「目に余る」写真を選びだして勝手に順位を付ける企画。

まであり、当時の雑誌業界における『フォーカス』の影響の大きさには驚かされる。ただし本誌で取り上げられているのは、のぞき部屋のアイドルや小泉今日子のパンチラ、人間便器、三田寛子（のそっくりさん）の裏ビデオ、死体写真、そして風俗情報と、えげつないネタばかりである。その上、Dカップ女優・中村京子が『フォーカス』を読みながらオナニーする「パーカス」というパロディページまであるのも面白い。『GON!』などの90年代以降の裏モノ雑誌的なラジカルさが感じられ、その勢いのある誌面は今読んでも十分楽しめるのだが、早すぎたのか、わずか半年でその幕を下ろすこととなる。

ベッピン

1984年創刊　英知出版

美少女の綺麗なヌードが新鮮だった

「ベッピン」創刊号　1984年8月号
編集人：上田康彦　500円

『ビデオボーイ』に続いて、間髪入れずに創刊された英知出版の旗艦誌。宇宙企画のAVアイドル、通称・宇宙少女をメインにした綺麗なヌードグラビア誌というイメージが強いが、創刊号ではほとんどヌードはなく、武田久美子や松本伊代、原田知世、可愛かずみ、辻沢杏子などが登場するアイドル雑誌的な誌面となっている。

　コンビニの雑誌売場でも目立つようにということで、当時は珍しいL判（A4判より少し大きい）という大判が選ばれた。

　キャッチフレーズは「女の子そのものを感じるアイドルステーション」「女の子NAMA撮りマガジン」。表紙の「女の子は買うナ!!」のコピーが印象的だ。

創刊準備号となる「デビュー号」（1984年6月号）。表紙は11PMなどで活躍した小野リエ。

巻頭グラビアは真壁弘美のセミヌード。撮影の前場輝夫は英知出版の看板カメラマンに。（1984年8月号）

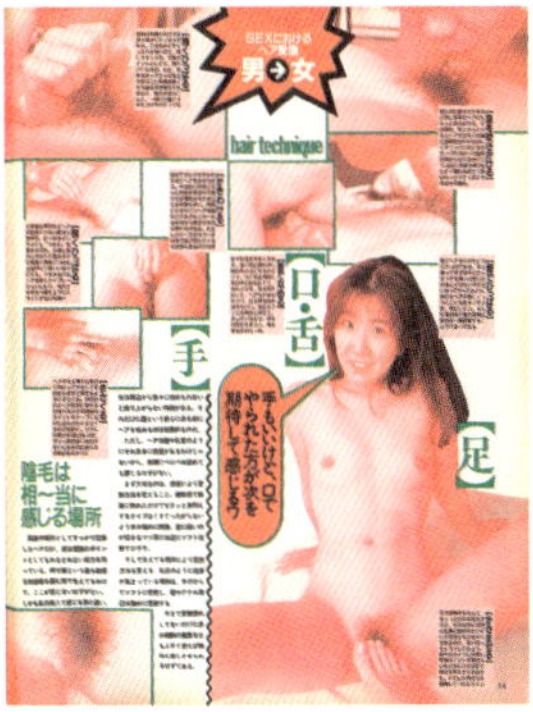

問題となった1994年12月1日号の特集記事。今からするとどこが問題かわからない。

ショートカットで人気だったAVアイドル日吉亜衣も初脱ぎは『ベッピン』。（1994年7月号）

ちなみに2ヶ月前に創刊準備号（デビュー号）も発売されているが、こちらもヌードは少なかった。

その後、ヌードの比率は高くなっていくが、それまでのエロ本とは一線を画したモデルのレベルの高さ、そして写真の美しさ（印刷にまで徹底的にこだわっていた）が評判となり、最盛期には28万部の発行部数を誇る人気雑誌に成長する。そのモデルの最初のヌード撮影である「初脱ぎ」も同誌の売りだった。

しかし1994年12月1日号の特集「ヘア・テクニック」が猥褻図画の容疑で摘発されたことで休刊。『ビージーン』と誌名を変更して再創刊されることとなる。問題となったのはヘアに手や舌が触れている写真らしい。

投稿写真

1984年創刊　考友社出版

アイドルのパンチラが宝物だった。

「投稿写真」創刊号　1984年10月号
編集人：堀川徳光　表紙デザイン：ダミー・都筑　表紙撮影：FUJI.憲　480円

１９８１年の『アクション・カメラ術』から始まる投稿写真ブームを牽引した雑誌のひとつが、この『投稿写真』だ。

誌面の中心は誌名通りにアイドルやチアガールなどのパンチラ盗撮の投稿写真。撮影のハウトゥ記事も充実している。ナンパカメラマンとして一世を風靡する佐々木教も登場。所ジョージが読者の投稿してきた様々な写真にコメントする「所ジョージのスッゴイデスネ〜写真教室」は長寿連載となり、芸能人や文化人による読者投稿コーナーは、類似誌でも定番企画となった。創刊号の巻頭グラビアはアニメ「うる星やつら」の主題歌を歌っていた成清加奈子。その他のグラビアは現役女子高生たちが水着姿を披露している。またこの号に掲載されている

この時期、イベントでのアイドルのパンチラを狙う「カメラ小僧」たちが急増した。

大判になって改題新創刊。広末涼子と同じ食事をして同じウンコを出そうという企画も！（1999年11月号）

既にブレイクしていた所ジョージがこうした雑誌で連載をしていたのは何だか嬉しい。

『ザ・シュガー』の広告で「投稿写真からアイドルを守るのがシュガーの使命です」と書かれているのが面白い。

『写真時代ジュニア』から始まる「中高生向けエロ雑誌」の一角となる同誌だが、次第にアイドル色が強まり、創刊時の「カメラBOYの悪漢マガジン」というキャッチフレーズは、やがて「カメラBOYのアイドルマガジン」へと変わり、1999年に『トップスピード』へと誌名が変更された時には「21世紀のアイドルマガジン」となっていた。

しかしその後、次第にアダルト色を強めて2003年の休刊時には完全にエロ本化。キャッチフレーズは「21世紀の悪漢マガジン」となっていた。

スーパー写真塾

1984年創刊　白夜書房

「スーパー写真塾」創刊号　1984年11月号
編集人：森田富生　表紙デザイン：HIT STUDIO＋佐久間達也　表紙撮影：古部卓　480円

中高生向けエロ本の枠を超える過激さ

『写真時代ジュニア』の投稿コーナーが独立して創刊。こちらもアイドルのパンチラ盗撮などの投稿写真を基本としてスタートしたが、『投稿写真』に比べると、写真がよりえげつない印象を受ける。投稿誌は掲載写真に対して賞金が出るのだが、「賞金ランキング」として投稿者全ての獲得賞金金額を一覧にしているのも露骨だ（ただし創刊号の時点では、賞金総額は50万円で、『投稿写真』の60万円に負けている）。

その一方でUFOや心霊写真なども紹介しているのは『写真時代』イズムを引き継いでいるということだろう。なぜか田口トモロヲ、遠藤ミチロウ、電気グルーヴ、山塚アイといった異色のミュージシャンたちが連載を持っていた点もまた

ブルセラ系雑誌として暴走していた時期の1992年8月号。女子高生の過激写真が満載。

大磯ロングビーチでの小泉今日子パンチラ写真。投稿者は、この号で総額1万円をゲット。(1984年11月号)

もはや原型をとどめぬほどに変貌した休刊号(2016年10月号)。誌名とは無関係の熟女雑誌。

電気グルーヴの3人が女子高生エロ写真を撮影するという企画。(1993年7月号)

『写真時代』イズム。そして掲載されている写真も本家に負けず劣らずの過激さ。「中高生向けエロ雑誌」のジャンルの中でも最もハードだった。

母体となった『写真時代ジュニア』は5年で休刊したが『スーパー写真塾』は32年という長寿雑誌となり、90年代以降は18歳未満の女の子の着エロ的なグラビアを連発するなど、過激ブルセラ誌としても人気を博した。

ただし末期は迷走し、休刊時は誌名と関係のない熟女誌となっていた。

ちなみにA5判の印象が強い『スーパー写真塾』だが、創刊時は変形B5判で少し大判だった。そして休刊時には再び大判になっていたのが面白い。

ボディプレス

1984年創刊　白夜書房

早すぎた「かっこいいエロ本」

「ボディプレス」創刊号　1984年12月号
編集人：東良美季　表紙撮影：木下裕史　600円

現・作家の東良美季が編集長を務めていた雑誌で、ビニ本、裏本、裏ビデオの紹介が中心ということでは先行の『オレンジ通信』『アップル通信』のラインを狙ったと思われるが（裏表紙には「来月号だって、りんごやみかんより美味いっ!!」のキャッチコピーがある）、モデルや編集者といった作り手にスポットを当てたり、ライターのキャラクターを打ち出すといったエロ業界の内側にフォーカスした編集方針が新鮮だった。

特に当時は芸名すら表記されないことが多かったモデル（誌面では業界少女と呼ばれた）の素顔に迫ったインタビュー連載「モデルの肖像」は、後のAV雑誌にも大きな影響を与えた。彼女たちに寄り添うような、東良のセンチメンタルな

エルシー企画〜アリス出版で活躍した編集者・早川修平の回想録。今や貴重な資料だ。(1984年12月号)

「モデルの肖像」。業界モデルへのロングインタビューは前代未聞の試みだった。(1984年12月号)

業界少女・竹下ゆかりへのインタビュー。まるでファッション雑誌のような誌面。(1986年6月号)

1985年8月号の表紙。80年代のエロ本とは思えないほど、ポップなデザインの表紙だ。

文体も魅力的だった。

また、号を追うごとに誌面デザインが洗練されていき、一般誌の編集者が『ボディプレス』のデザインを参考にするということもあったらしい。特にヌードとは全く関係のない写真が延々と続く1986年10月号の特集「写真機たちの逆襲」はエロ雑誌の枠を飛び越える強烈なインパクトがあった。

しかしそれはやはり売上げにはつながらなかったようで、翌11月号を最後に編集長が東良美季から中野D児に交代。リリカルかつスタイリッシュな東良体制から、独自のフェティッシュなポップ感覚にあふれる中野体制に変わった『ボディプレス』も面白かったのだが、結局1年でその幕を閉じることとなる。

ザ・写真

1985年創刊　東京三世社

本家を超えるほどの過激さで摘発される

「ザ・写真」創刊号　1985年5月号
編集人：宮内一敏　表紙デザイン：LUNATIC　表紙撮影：会田我路　500円

ヒットする雑誌があれば、すぐに類似誌が生まれるのは出版界の常。白夜書房の『写真時代』に続けとばかりに『流行写真』（三和出版）、『写真生活』（辰巳出版）、『鮮烈写真』（平和出版）などが相次いで創刊された。そして、この『ザ・写真』もそのひとつだ。

肛門のドアップ写真オンパレードや、富士山をバックにしての緊縛ヌード、皿をくり抜いて露出した女性器（らしきもの）に花を生けるといった過激な攻めの姿勢は本家『写真時代』にも引けを取らない。

そして巻頭グラビアは長岡直人による函館での野外露出。雪が降る港、朝市、公園、駅、居酒屋などでモデルが脱ぎまくり、現地の人たちと写真に収まる。な

富士山をバックに笑顔で野外露出。撮影はこの後、尻フェチ写真の巨匠となる横山こうじ。

あまりに無邪気な函館での野外露出撮影。通行人たちも、みんな笑顔なのが楽しい。

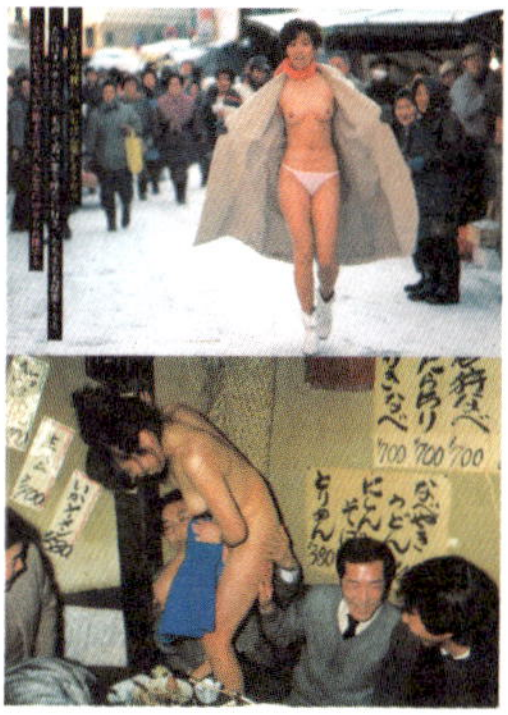

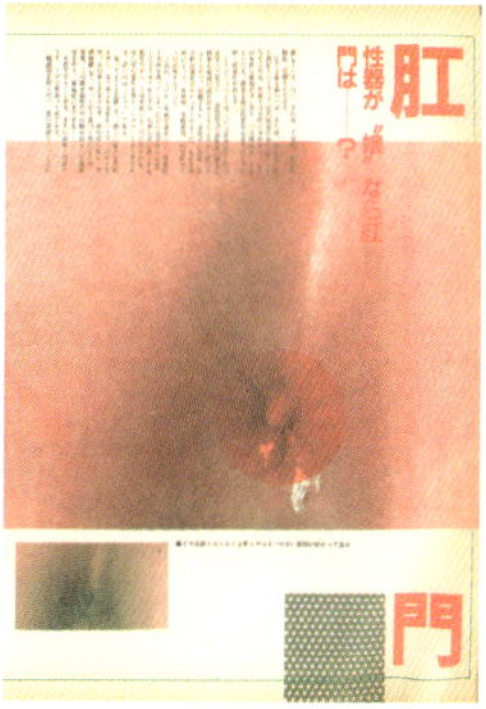

「新明解・アナル考」より。ひたすら肛門のどアップが10人分、5ページ続く。

んのてらいもなくニコニコと笑顔を浮かべる周囲の人々との、ほのぼのしたムードと、ヌードという異物とのギャップが面白い。

「いきなりの裸に、いちばん楽しそうだったのはオバサンたち。大声で若い衆を呼びに行き、たちまち大群衆となる」

なんとも牧歌的な時代だった。

しかし、第3号で、アメ横や上野公園で同じことをやったのが問題となり、摘発されてしまう。この『ザ・写真』摘発がきっかけとなり、本家を除く類似誌はバタバタと休刊してしまう。

ちなみにこの号の前に単発で2冊発売されているため、創刊号なのに「連載第二回」「連載第三回」などと書かれた記事もある。

熱烈投稿

1985年創刊　少年出版社

「熱烈投稿」創刊号　1985年8月号
編集人：太田章　表紙撮影：杉本健一　480円

ブルセラはこの雑誌からはじまった

既に『写真時代ジュニア』『スーパー写真塾』と「中高生向けエロ雑誌」のジャンルで気を吐いていた白夜書房＝少年出版社が、さらに新雑誌で参入。

誌名通りに読者の投稿写真を中心とした誌面だが、次第に女子高生（あるいは女子高生設定）の過激なセミヌードグラビアがメインとなっていく。

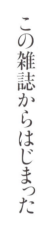

なにしろ、90年代以降にジャンル名として定着する「ブルセラ」の語源は、本誌の創刊号から連載されていた投稿ページ「月刊ブル・セラ新聞」だと言われているのだから、ある意味でブルセラ雑誌の本家なわけだ。

創刊号では巻頭グラビアはオナッターズの深野晴美（ただし、なぜか一切オナッターズには触れていない）や可愛かず

「ブル・セラ新聞」第1回。実は現・漫画評論家の永山薫が手がけていた。命名は編集長。

芸能人が投稿写真にコメントする定番コーナーは大川興業が担当。過激な投稿が多い。

70年代から活躍するベテランと新進気鋭とのアクションカメラマン対決という企画。

「日本ミニスカ倶楽部」はもともとは『ビート』という雑誌で連載されていたコーナー。

みだが、その後は「女子高生の本音インタビュー　いつもＳＥＸは仲良くなるための挨拶だった。」「女子高生・修学旅行狂乱の夜」など女子高生企画が目白押し。投稿も女子高生を標的にしたものが多く、さらに現在では考えられない幼女盗撮投稿のコーナーまである。

その一方で、ラッシャーみよしがミニスカについて熱く語りまくる「日本ミニスカ倶楽部」という連載もかなり目立っている。この連載は１９９６年に『日本ミニスカ倶楽部』という雑誌として独立創刊されることになる。

また、創刊当初は文化放送のラジオ番組「吉田照美のふッかいあな」で本誌とコラボした企画を放送していたようだ。

マスカットノート

1985年創刊　大洋書房

「フルーツ本」から「汁」雑誌へ

「マスカットノート」創刊号　1985年9月号
編集人：児玉貞治郎　600円

『オレンジ通信』『アップル通信』の類似誌は誌名にフルーツの名前を入れることが多く、「フルーツ本」と呼ばれた（「通信」の方を付ける類似誌もあり、「通信本」と呼ばれることも）。この『マスカットノート』もそのひとつとして創刊された。

創刊号の特集は「さよならビニ本」。終焉を迎えつつあったビニール本ブームを総括する大特集。代表的なモデル16人と出版社9社についての詳しい解説は読み応えがある。『アップル通信』や『ボディプレス』、『ギャルズジャック』（新和出版社）など他誌の編集長も参加しているのが面白い。構成はラッシャーみよし。

この時点ではビニ本、裏本、裏ビデオ、AVの情報誌というフルーツ本の枠内にあった『マスカットノート』だが、次第

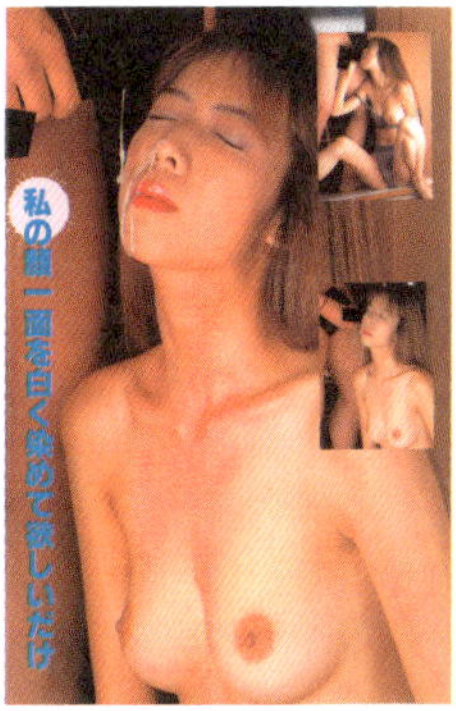

顔射グラビア「ミルキードールズ」は目玉企画。これは1993年12月号の岡崎聖奈。

創刊号の「さよならビニ本」は40ページにわたる大特集。この後もビニ本は扱っていたのだが。

『ミルキー通信』に改題されても基本ラインは変わらなかった。1997年8月号表紙。

放尿グラビア「ジョーガール」も人気企画だった。これは1994年9月号の松本香央。

に精液や放尿といった「汁」に特化した雑誌へと変貌し、一部のマニアから熱烈な支持を受けることになる。顔射のグラビアが本誌の目玉だった。

また他誌に比べると写真のセレクトや修正がかなり雑だった。なにしろ表紙の写真のピントが合っておらずにボケボケなことも珍しくないほどだった。内容がハードなこともあり、登場するモデルのレベルも低かった。しかし、そこから生まれる下品なムードもまた同誌の魅力でもあったのだ。それはどんどん小綺麗に洗練されていったエロ本業界において、時代に逆行していたようにも見えたが、だからこそ本誌を愛した読者も多かった。

1995年に『ミルキー通信』に改題された。

デラべっぴん

1985年創刊　英知出版

エロ本のイメージを決定づけた雑誌

「デラべっぴん」創刊号　1985年12月号
編集人：黒木茂　表紙デザイン：山口了児　表紙撮影：前場輝夫　500円

英知出版で最も売れた雑誌となった『デラべっぴん』。最盛期は39万部を売り上げた。創刊は1985年12月号だが、実はその前身として4ヶ月前に『大べっぴん』という雑誌があったが3号目で発禁をくらってしまったために『デラべっぴん』にリニューアルした。

最も売れた雑誌ではあったが、そもそもは『ベッピン』などで使用した残りの写真を流用して1冊作ってしまおうという考えで作られたらしい。実際、初期は本誌用に撮り下ろしたのは表紙と企画ページだけだったと言う。しかし、その企画ページこそが『デラべっぴん』の魅力であった。様々なシチュエーションのカラミを分解写真的なアプローチで見せる「フォト激画」や、切り抜いて組み立て

早川愛美は初期の宇宙企画・英知出版を代表する人気女優であった。(1985年12月号)

英知出版は下着へのこだわりも強く、ランジェリーに特化したムックも多数出版していた。(1985年12月号)

前身の『大べっぴん』(1985年8月号)。巻頭は深野晴美と宮崎ますみの水着グラビア。

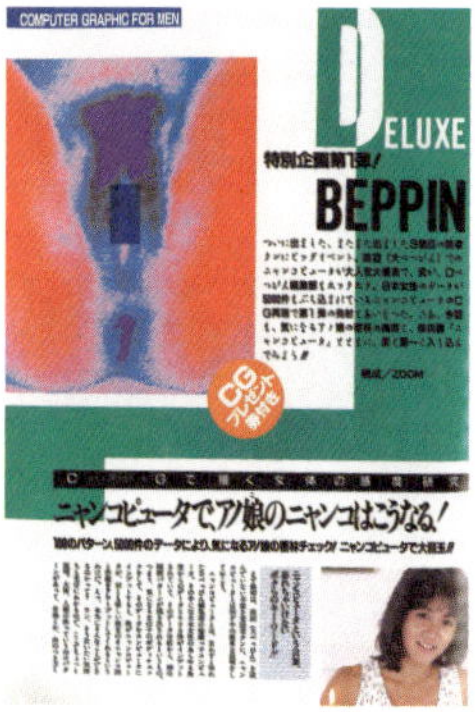

5千件の日本人女性データが入力されているという(?)コンピュータを使いCGを駆使した企画。(1985年12月号)

シチュエーションによるカラミを見せる企画グラビア「フォト激画」。リアルなセットは社内の専務室などに組み立てられたという。(1990年2月号)

多数の写真を使って体位などのセックスハウトゥを見せる企画も定番だった。男優モデルは編集者が担当した。(1987年3月号)

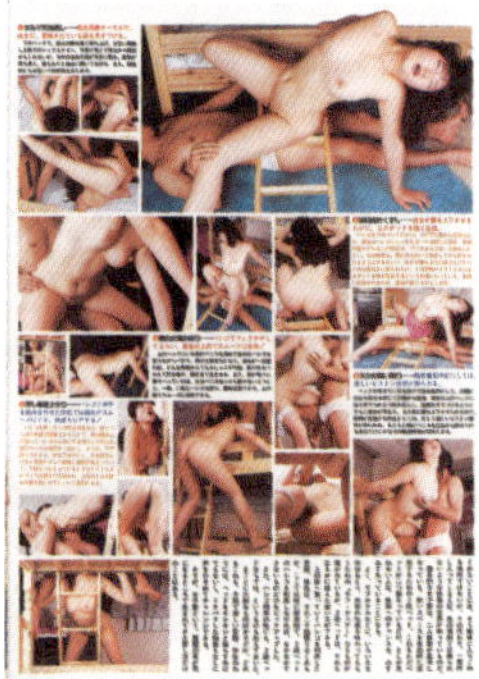

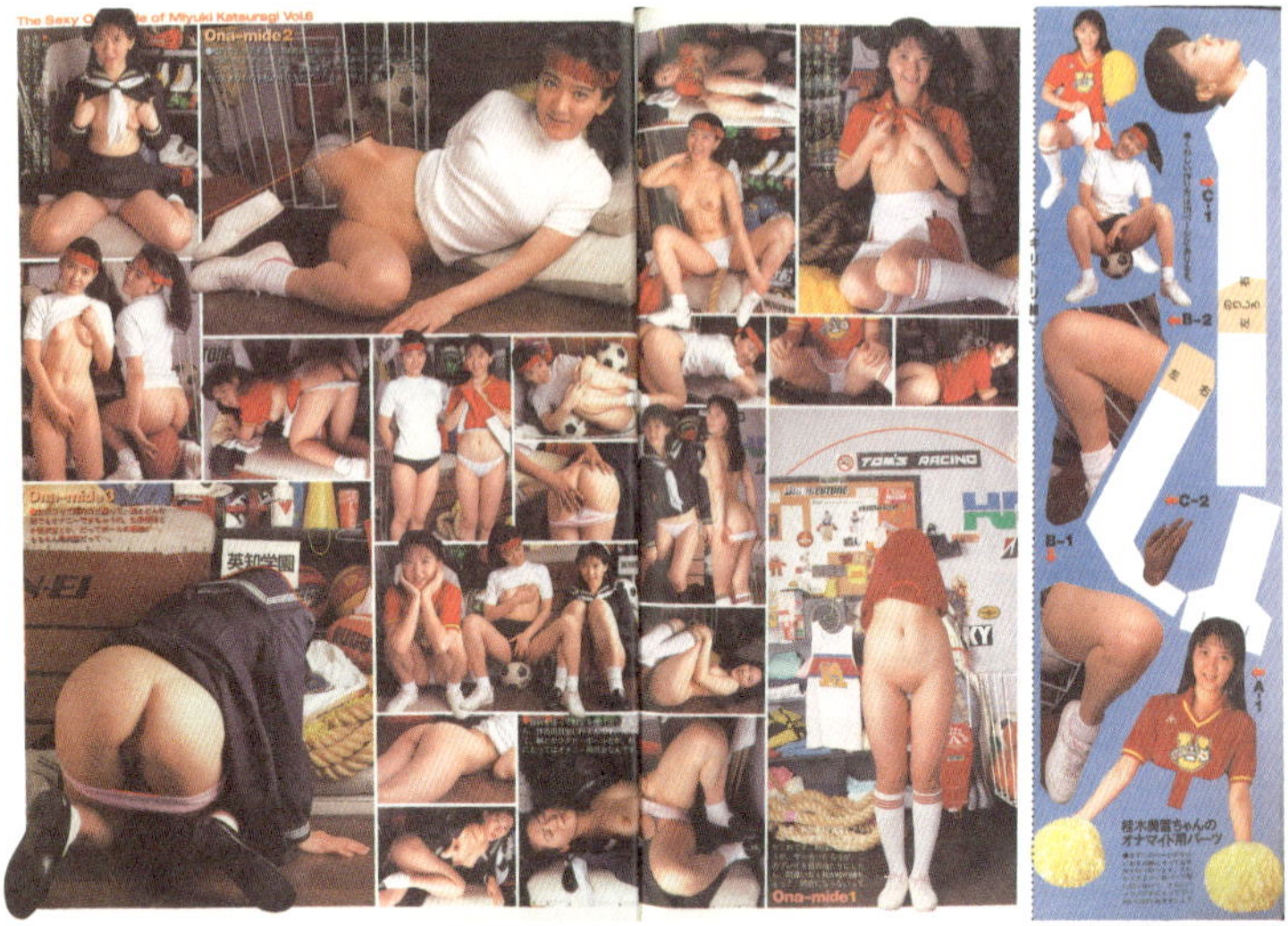

伝説の人気企画「オナマイド」。切り抜いて組み立てると桂木美幸が動かせる。(1990年5月号)

岡田斗司夫監修による「エヴァ」特集。なんと宮崎駿、富野由悠季、押井守のコメントも掲載されている！(1996年8月号)

90年代後半の最盛期の表紙。90年代に入ると全身写真も多くなっていくがロゴは基本的に最後まで変わらなかった。(1996年8月号)

小沢忠恭撮影による巻頭グラビア連載「風写真帳」。モデルの名前とカメラマンが並列に表記されている。(1997年3月号)

末期の裏モノ路線の頃は、巻頭からこうした過激なグラビアが展開していた。(2003年2月号)

2001年11月号からそれまでの平綴じから『ベッピン』『ビージーン』と同じ中綴じへ変更された。誌面的には、やや過激化した感も。

休刊号（2005年2月号）。伝統ある誌名より「裏」の文字が大きいのが痛々しい。

ると動くブロマイドとなる「オナマイド」などが有名だが、アニメ専門誌以外では初めて「新世紀エヴァンゲリオン」を特集（全14ページ！）した雑誌としても知られている。

編集長が交代した1990年からは篠山紀信門下の小沢忠恭が巻頭を撮り下ろすなどグラビアにも力を入れ始めた。

美麗なヌードグラビア、過激かつ作り込まれた企画グラビア、そして読み応えのある一色ページと、80年代・90年代の一般的なエロ本のイメージとなっているのが、この『デラべっぴん』ではないだろうか。

しかし21世紀に入ると失速し始め、裏モノ路線にリニューアルするなど迷走を続けた末に2004年に休刊する。

マニア倶楽部

1986年創刊　三和出版

読者の告白を中心とした老舗SM雑誌

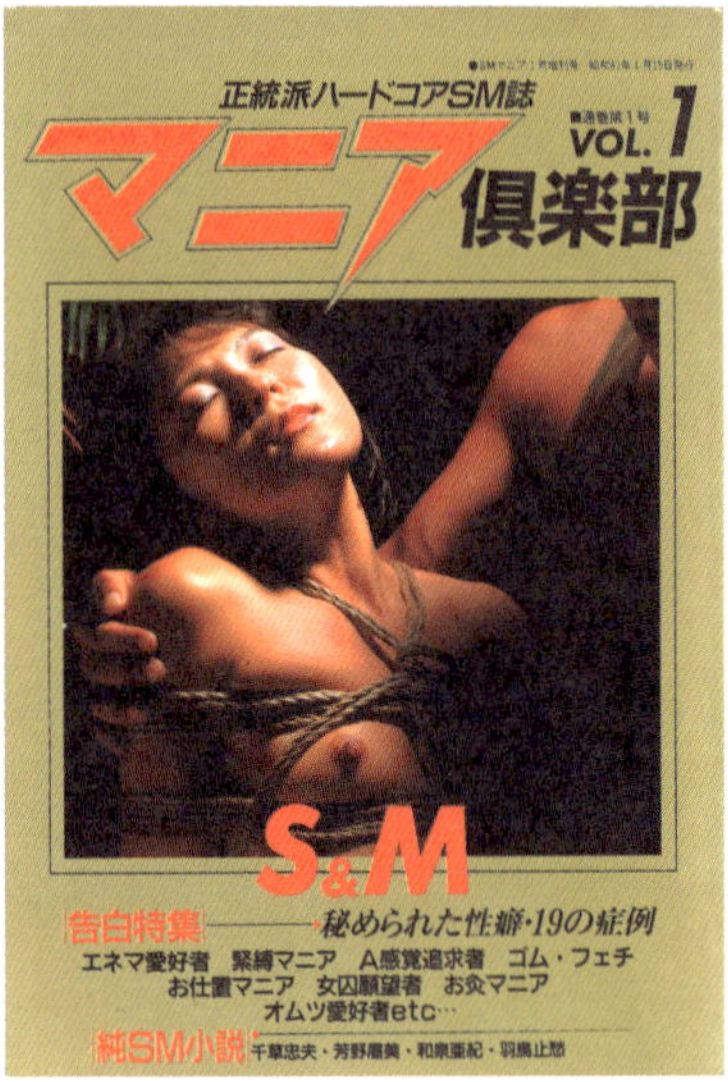

「マニア倶楽部」創刊号　1986年1月号
編集人：松本裕　表紙デザイン：田口美知雄　1000円

1982年創刊の『SMマニア』の増刊号として誕生。SM誌の中では後発にあたるが、現在も刊行される老舗雑誌となる。

　創刊号の最終ページには創刊の辞として「『マニア倶楽部』は読者の皆様と共に創りあげるSM誌であります。（中略）誌面の中で所謂『プロ』の占める割合が少なければ少ない程、そのSM誌の魅力は増す、と言っても過言ではありません。そもそもSM誌とは『奇譚クラブ』『風俗奇譚』の昔より、偉大なるアマチュアリズムの産物でした。『マニア倶楽部』は本邦唯一の本格投稿SM誌であると、ここに宣言します。（後略）」とあるように読者による投稿を中心とした誌面が特徴。杉浦則夫撮影の緊縛グラビアや、千

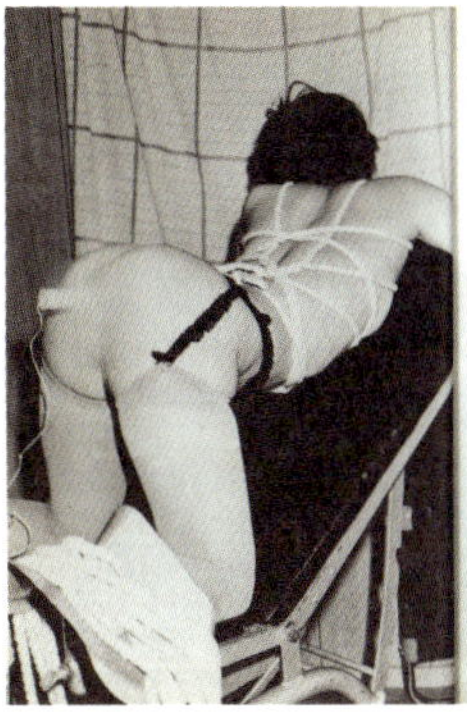

浣腸愛好・A感覚追求者編

秘められた性癖19の症例

A感覚追求・浣腸愛好者

エネマ・マニア、羞じらいの記録

池畑真智子

浣腸愛好者の女性による手記。病院での治療で浣腸の快感に目覚めてしまったと言う。

ポラロイド撮影による愛奴との調教日記。なぜかこのページのみ横向きになっている。

2019年3月号。プレイはハードになり、DVDも付いているが全体的な印象は変わらない。

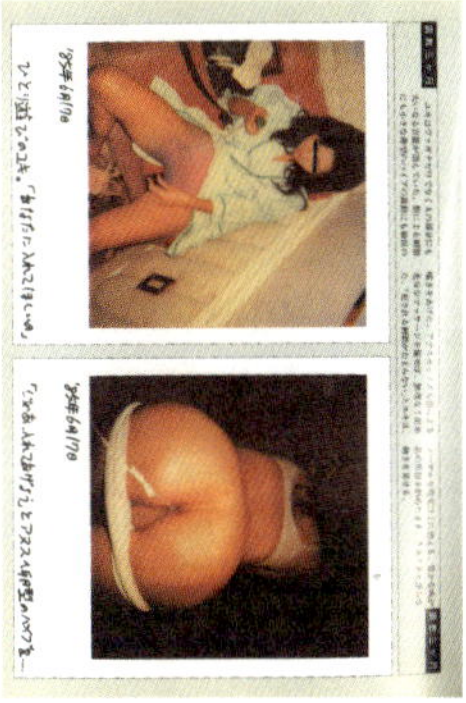

草忠夫の女子高生調教小説など、SM業界の巨匠たちも登場しているが、主役はあくまでも、読者の写真付き告白文だ。創刊号では「秘められた性癖19の症例」という特集でエネマ、お灸、おしっこ、レズ、女斗美といったフェチなマニアの投稿告白が集められている。

創刊の辞にもあるように、もともとSM雑誌では読者の投稿告白は人気企画だったが、それを中心にした編集は新鮮であり、小説や緊縛グラビア中心の他のSM雑誌の中でも独自のスタンスを築いていた。創刊33年目となる最新号を見ても、基本的な路線はほとんど変わっていないのは驚異的である。現存するエロ雑誌の中では『バチェラー』『性生活報告』に次いで3番目に古い。

すっぴん

1986年創刊　英知出版

可愛い女の子なら水着でもエロい

「すっぴん」創刊号　1986年5月号
編集人：佐々木望都子　表紙デザイン：山口了児　表紙撮影：佐藤只一　480円

『ビデオボーイ』『ベッピン』『デラべっぴん』に続く英知出版第4の雑誌が『すっぴん』だ。『デラ』創刊の3ヶ月後に創刊準備号（デビュー号）が発売され、その2ヶ月後に正式に創刊された。「SUPPIN素顔でキラキラ美女子高生！」「超かわいいエッチだからママもこれならOKさ!!」というキャッチコピー通りに、女子高生や女子中学生の水着や制服姿のグラビアが中心であり、ヌードはほとんどない。有名アイドルの出てこないアイドル雑誌ともいうべき誌面なのだ。これは可愛い女の子なら過激なことをしない作品でも売れる、という兄弟会社であるAVメーカー、宇宙企画の成功の延長から発想された路線だろう。当時、おニャン子クラブをきっかけとして過熱

15歳の千葉麗子。英知出版主催メディアクイーンコンテストで特別賞を受賞。(1990年11月号)

デビュー号(1986年3月号)の巻頭は大塚真美。創刊当初のシンボル的なモデルだった。

休刊号となる2007年7月号。誌名は『Suppin EVOLUTION』となり、内容も普通のエロ雑誌に。

名物企画の「素顔美少女学園」。モデルの卵とも言える少女たちが水着やブルマーで登場。(1986年5月号)

していた女子高生ブームに便乗したとも言えるが、こうしたアプローチは10年後に盛り上がるお菓子系というジャンルの先駆けとなったわけである。

デビュー済のアイドルよりも、無名のモデルを中心に扱っていたため、石田ゆり子・ひかり姉妹や、裕木奈江、千葉麗子、三井ゆり、吉野公佳などこの雑誌から巣立ったアイドル、タレントも多い。

しかし1999年の児童ポルノ禁止法の施行の影響で18歳未満のモデルやモチーフを使いづらくなったことから、2000年には『Suppin EVOLUTION』と誌名が変わり、内容もヌード中心のエロ路線に変更されて継続したが、2007年に休刊した。

ウレッコ

1986年創刊　ミリオン出版／大洋図書

「ウレッコ」創刊号　1986年7月号
編集人：山本信太郎　表紙デザイン：芝田洋一　表紙撮影：大山文彦　500円

持ち歩いても恥ずかしくないエロ本

「最もかっこいいエロ本」と言われた『ウレッコ』だが、それは1988年に中川滉一が3代目編集長となってからの話である。

創刊時の『ウレッコ』はあからさまに英知出版の『ベッピン』を意識した作りで、類似誌といってもいいほどだ。当時の英知出版の看板娘である秋元ともみの名を表紙に大きくうたっているのもその表れだろう。おまけに表紙のデザインは当時、学研から発売されていたアイドル雑誌『モモコ』そっくりだった。

創刊時の『ウレッコ』は内容も特に見るものはなく、個性のない凡庸な雑誌であり、売上げも悪く、休刊寸前にまで追い込まれていた。

しかし、中川体制に変わってからは、

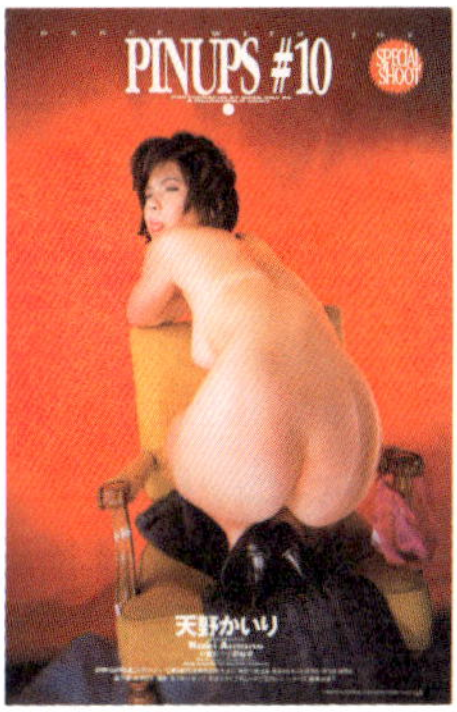

日本語の文字が一切ない1995年4月号の表紙。とてもエロ雑誌とは思えないポップさだ。

まるでファッション雑誌のようなクオリティの写真とデザインに出演するAV女優も喜んだ。(1995年4月号)

休刊直前の2007年3月号。表紙も内容も同じ雑誌とは思えないほどに変貌した。

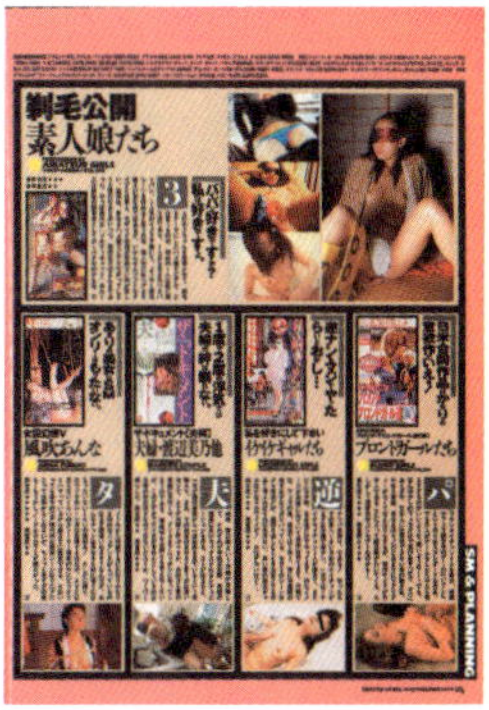

AV紹介のページまで、しっかりとデザインがなされている。(1995年4月号)

天才デザイナー古賀智顕を大胆に起用し、先鋭的でファッショナブルなエロ雑誌へと変貌し、人気も急上昇。90年代を代表するエロ本となったのだ。

　綺麗に扱ってもらえるということで、『ウレッコ』に出たいと志願するAV女優も多かったと言う。

　日本語の文字のほとんど無い表紙、ポップでスタイリッシュなカラーグラビアに加え、一色ページも読み応えのある特集や記事が多く、ページの隅から隅まで編集者のセンスが行き届いた雑誌だった。

　そんな『ウレッコ』にもエロ雑誌不況の波は押し寄せ、2005年頃から表紙も雑然としたものとなり、2007年の休刊時には、もはやかつての面影は残っていなかった。

投稿ニャン2倶楽部

1989年創刊　白夜書房

プロよりも素人の方が過激だった

「投稿ニャン2倶楽部」創刊号　1989年7月号
編集人：太田章　620円

１９８１年に発売された『アクション・カメラ術』のベストセラー以降、『投稿写真』に代表されるアイドルのパンチラ写真を中心とした投稿写真誌が数多く創刊されたが、もうひとつの投稿写真の流れとして、自分の彼女や妻のヌードや性行為を撮影するというジャンルもあった。こうした投稿写真の受け皿としてはＳＭ雑誌やスワッピング雑誌があったが、それで１冊作ってしまったのが「ニャンニャン雑誌」である。

その先駆けとなったのは１９８７年の『投稿ニャンニャン写真』（サン出版）であり、その翌年に創刊された『ニャン２ＰＲＥＳＳ』（少年出版社）がリニューアルしたのが、『投稿ニャン２倶楽部』である。ちなみに「ニャンニャン」は当

郵便はがき

お手数ですが
切手を
お貼りください

1 6 0 - 8 5 7 1

東京都新宿区愛住町 22
第3山田ビル 4F

(株)太田出版
読者はがき係 行

お買い上げになった本のタイトル：

お名前		性別	男・女	年齢	歳

ご住所 〒

お電話

e-mail

ご職業
1. 会社員　2. マスコミ関係者
3. 学生　4. 自営業
5. アルバイト　6. 公務員
7. 無職　8. その他（　　　）

記入していただいた個人情報は、アンケート収集ほか、太田出版からお客様宛ての情報発信に使わせていただきます。

太田出版からの情報を希望されない方は以下にチェックを入れてください。

□ 太田出版からの情報を希望しない。

本書をお買い求めの書店

本書をお買い求めになったきっかけ

本書をお読みになってのご意見・ご感想をご記入ください。

＊ご投稿いただいた感想は、宣伝・広告の目的で使用させていただくことがございます。あらかじめご了承ください。

＊太田出版公式HP（http://www.ohtabooks.com/）でもご意見を募集しております。

野外露出も素人投稿写真では定番。次第にエスカレートしていった。(1992年2月号)

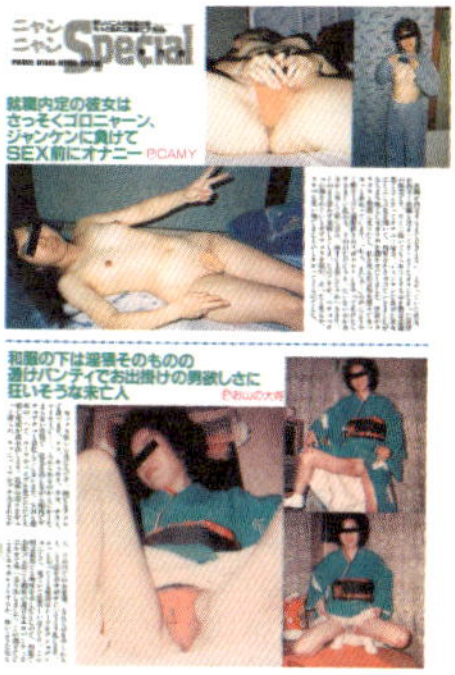

創刊号の時点では写真もキャッチコピーも、まだまだ牧歌的であった。

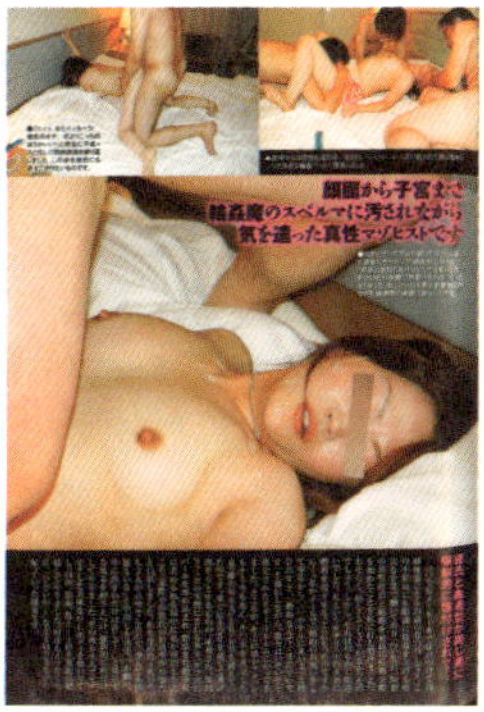

確かにモザイク修正はかなり小さくなっていたが当時の書店売り雑誌としては標準レベルだった。(2013年6月号)

猥褻図画頒布容疑で編集長などが逮捕され、最後の号となった2013年6月号。

時セックスを意味するキーワードとして使われており、こうした写真は「ニャンニャン写真」と呼ばれていた。素人投稿誌は90年代後半に全盛期を迎え、約40誌が乱立した時期もあった。

だが素人投稿誌の中でもその過激さで群を抜いた存在感を示していたのが『ニャン2』であった。SM色の強い投稿が多いのが特色で、そのムードをさらに煽るサディスティックなキャッチコピーのセンスは編集長の名前を取って「夏岡文体」として親しまれた。

2013年に摘発され休刊となるも、すぐに『DVDニャン2倶楽部』として復活。2016年からはマイウェイ出版に移って『新生ニャン2倶楽部』として発行されている。

夜遊び隊（夜遊び探検隊）　056

1989年創刊　メディアックス／英知出版

最もポップな風俗誌も創刊時には

「夜遊び探検隊」創刊号　1989年8月号
編集人：小林直樹　表紙デザイン：山田典生　表紙撮影：原芳己　660円

1985年の新風営法施行を機に、風俗にも若くて可愛い「普通の女の子」が流入してくるようになり、テレビにも登場する風俗アイドルが生まれ始める。また1986年の『シティプレス』（東京三世社）1993年の『MAN－ZOKU』（笠倉出版社）などに代表されるビジュアル中心のポップな風俗誌も次々と創刊。風俗業界がグッと明るいイメージに代わりつつあった。

そうした中で、最もポップでスタイリッシュな風俗誌が『夜遊び隊』だった。こじまさきと長久雅行によるキュートなデザインは、まるで女性シンガーのアルバムジャケットのようだった。写真も他の風俗誌のようなエロ一辺倒な撮り方ではなく、かなりアーティスティックで、

『夜遊び隊』1998年7月号。こじままさきデザインらしいポップなフォントと色使いが楽しい。

発行がサンデー社に移り、改題されたものの、遂に2014年9月号でその歴史に終止符を打つ。

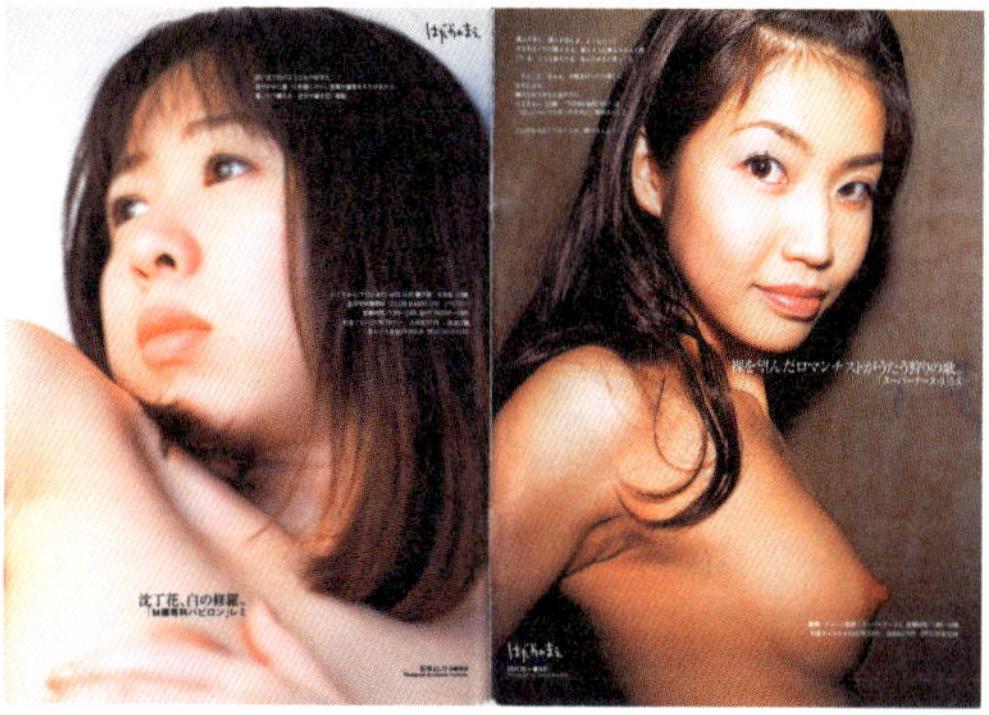

風俗誌とは思えない大胆でスタイリッシュなグラビアページ。(1998年7月号)

ガーリー。風俗嬢たちの間でも『夜遊び隊』に撮られたいと人気が高かった。いわば風俗誌における『ウレッコ』のような存在だったのだ。

しかしそんな『夜遊び隊』のイメージは1993年に小西秀司が編集長になってからのものだ。1989年の創刊時は誌名も『夜遊び探検隊』であり、誌面の作りも先行の『シティプレス』をそのまま真似したようなベタなものだった。その後、1990年に『夜遊隊』となり、1991年に『夜遊び隊』に改題された。2007年からは発行元がサンデー社に移り熟女系風俗中心の誌面となる。さらに2009年には『夜ナビ　ザ・ホットタウン』に改題され、2014年に休刊。

第四章

90年代

ヘアヌードバブルの到来とフェチの拡散と浸透。

90年代初頭に日本のアダルトメディア史において大きな事件が起こった。1991年に篠山紀信撮影による写真集『water fruit／樋口可南子』『Santa Fe／宮沢りえ』（朝日出版社）の2冊の写真集発売をきっかけとした実質的なヘア解禁である。

それまで日本の猥褻の基準は陰毛の露出にひとつの線引きが行われていたため、ヘアをいかに見せるか、見せないかが、エロ本における編集者の腕の見せどころであったとも言えるほどだ。80年代にロリータヌードが流行したのも、陰毛に基準を置くという日本独自の猥褻観があったからだろう。

1991年以前も、芸術方面からのヘア露出の試みは何度となく行われ、状況は少しずつ変わりつつあったが、10枚以上の写真にはっきりとヘアが写し出されている『water fruit』に対して警察は口頭での警告にとどまり、摘発・発禁には至らなかった。その後、『芸術新潮』（新

『water fruit』（1991年 朝日出版社）篠山紀信撮影による樋口可南子の写真集。ヘアがくっきりと見える写真が10枚以上あり、話題となった。

潮社）1991年5月号の荒木経惟特集でも同じく警告のみ。

　さらに155万部という大ヒットを記録し、社会現象にまでなった『Santa Fe』にもヘアが写ったカットがあったが、それに対して警察は警告すら行わなかった。ここで、ヘア解禁のムードは一気に高まり、1992年には島田陽子、荻野目慶子らが後に続き、狂乱のヘアヌード写真集ブームが到来するのである。

　しかし、当初はヘア表現はあくまでも「芸術である」という建前があったため、一般誌はOKでも、エロ本はNGという状況があった。外国人モデルや芸能人のヘアヌードはよくても、AV女優や風俗嬢は自主規制された。そのためコンビニなどで誰でも買える週刊誌にはヘアヌードが載っているのに、18禁の成年向けエロ本ではヘアは厳禁というねじれ現象が起こっていた。

　やがてエロ本でも、なしくずし的にヘアは解禁されていくのだが、それでもヘアに指が触れると「猥褻」という、よくわからない基準があり、それによって1994年に『スコラ』と『ベッピン』が摘発されるという事件もあった。

　この時期、ヘアで大きな利益を得たのは、エロ本出版社ではなく、一般出版社だったのである。


なかなかヘアに手を出せなかったエロ本業界だが、そのかわりに新たなジャンルが開拓された。「フェチ」である。

　村上龍が1988年に発表した短編集、

及び1992年に自らメガホンを取って映画化した『トパーズ』のヒットで、ボンデージ&SMに注目が集まり、それがきっかけとなってフェティッシュな世界がクローズアップされた。それは従来の日本のSMとは違ったテイストを持っており、新たな層に受け入れられた。

スカトロ、マゾ、脚フェチ、シーメール、そして熟女。それまではSM雑誌がそうした「変態嗜好」を一手に引き受けていたのだが、それが細分化し、それぞれ発展を遂げていった。ハードなスカトロ雑誌である『お尻倶楽部』がマニア誌としては異例の7万部を記録するという「事件」まであった。

AVの世界でも、当初インディーズと呼ばれていたセル用ビデオでは、フェチ物の人気が高く、通常のセックスを撮影したAVはほとんどなかった。

また1992年頃からブルセラブームも始まる。ブルセラとはブルマー&セーラー服の略であり、女子中高生の使用済みの制服や下着などを販売する店はブルセラショップと呼ばれた。

『台風クラブ』(東京三世社)、『クリーム』といったブルセラ専門誌が人気を集め、『スーパー写真塾』『熱烈投稿』などの投稿雑誌もブルセラを中心に誌面をシフトし、積極的に女子中高生のグラビアを掲載するようになっていった。

未成年ということで、オールヌードにはさせられないものの、乳首や性器がかろうじて隠れる程度の極小の水着を着せたり、泡でその部分を隠したりといった

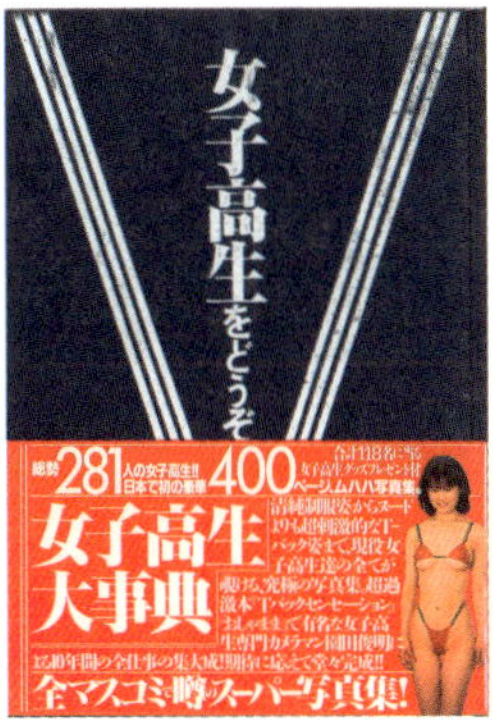

『女子高生をどうぞ』
1994年（ぶんか社）
過激な女子高生の水着写真で人気だった園田俊明による総集編的な豪華写真集。

過激なセミヌードグラビアが盛んに掲載された。以前からブームとなっていたTバックのショーツをさらに過激にしたTフロント水着も撮影によく使用され、『Tフロント女子高生』（少年出版社）といったムックもヒットした。

18歳未満の女の子たちがそんな過激なグラビアに出演していたというのは、今では考えられないことだろう。

ヘアヌードバブルにより、一般出版社がエロに近づいて行き、その一方でエロ本出版社は、新たなジャンルを開拓することで、さらにエロの領域を拡大していくという時代が90年代だったのだ。

ヘアヌードに限らず写真集が飛ぶように売れ、雑誌でもグラビアが重視された。ヌードを撮るカメラマンが、これほどまでに注目された時代はなかったのではないだろうか。

そして、またデザイナーもエロ本というジャンルの中で、様々な実験を繰り返すことができた。ファッション誌に負けないような先鋭的なデザインがエロ本にあふれていた。そんな遊びが許されるほど、エロ本は売れていたのである。売れていれば、何をしても許されるのがエロ本の世界なのだ。

既にバブル経済は崩壊していたが、90年代前半の出版業界ではバブルは続いていた。手軽な娯楽として本や雑誌がちょうどよかったのかもしれない。

10万部を超えるエロ雑誌も珍しくなかった。いや、むしろコンビニ売りのエロ雑誌だと、10万部を超えていないと恥ずかしいくらいの勢いだった。正にエロ本は黄金時代を迎えていたのである。

1995年の『THE tenmei』総集編『きクぜ!2』(竹書房)が猥褻図画販売の疑いで摘発され、撮影者の加納典明と竹書房の社長など関係者4人が逮捕された事件をきっかけに、ヘアヌードブームも沈静化を見せるが、それはむしろヘアが珍しいものではなくなったという状況の方が大きかったのかもしれない。

ヘアヌードと入れ替わるようにエロ雑誌の人気企画となっていったのが、タレントのお宝発掘だった。

『NOCTURNE—蒲池幸子写真集』1990年(白泉社)後にZARDのボーカリストとなる坂井泉水のセミヌード写真集。当時は20万円ものプレミア価格がついた。

人気タレントがブレイクする前に撮っていたヌードやセクシーグラビアなどを探し出して再掲載するというもので、人気バンドZARDのボーカリスト坂井泉水のセミヌード写真集や、森高千里の学生時代のブルマー写真、さとう珠緒の『週刊ポスト』(小学館)でのフルヌードなどが、よく知られた「お宝」だ。

火付け役は、サブカルチャー雑誌からヘアヌード雑誌へと路線変更した『宝島』(宝島社)で、その後『GON!』(ミリオン出版）の類似誌として創刊した『BUBKA』（コアマガジン）がお宝雑誌として人気を集め、さらに『お宝ガールズ』などの専門誌も登場した。

２０００年に芸能プロダクションからの肖像権侵害の訴えが激しくなるまでブームは続き、お宝雑誌は20誌以上も刊行された。

90年代後半のエロ雑誌で最も盛り上がりを見せたのは、風俗誌だった。

風俗情報誌は、１９８３年に『元気マガジン』、１９８６年に『ナイトマガジン』（後に『ナイタイマガジン』ナイタイ）なども創刊しているが、やはり画期的だったのは１９８６年創刊の『シティプレス』（東京三世社）であった。横山こうじ撮影によるファッション雑誌のようにスタイリッシュな表紙はそれまでの風俗誌とは一線を画していたし、内容もビジュアルを中心とした明るいセンスのものだった。紹介されている風俗嬢たちも、ほとんどが顔出し。風俗のイメージも変わりつつあったのだ。

『シティプレス』1997年11月号（東京三世社）ビジュアル系風俗雑誌の先駆け。美麗なグラビアは新鮮だった。

そして90年代に入ると、イメージクラブ、性感ヘルスといった新しいジャンルの風俗店が首都圏を中心に一気に増加し、平成風俗ブームが巻き起こる。

『マンゾク』1995年8月号（笠倉出版社）現在も刊行されている数少ない風俗情報誌。この号の表紙の可愛手翔は当時を代表するフードルだった。

風俗誌も『夜遊び隊』、『マンゾク』（笠倉出版社）、『ナイトウォーカー』、『ヤンナイ』（大橋書店）といった雑誌が出揃っていく。１９９８年の最盛期には30誌以上が発行された。

平成風俗ブームを担った風俗店は、マスコミへの露出にも積極的だった。さらに、びっくりするような可愛い風俗嬢が次々と登場。彼女たちは風俗アイドル＝フードルと呼ばれ、風俗誌のグラビアを飾っていった。

また、風俗嬢の場合、取材ということで無料で彼女たちを撮影することができたため、雑誌にとっても安くヌードのページを作ることができると、風俗誌以外でも、誌面で風俗嬢を取り上げることが増えていった。ＡＶ雑誌から風俗雑誌へと路線変更する雑誌まで出てきたほどだ。

基本的に制作費が安いエロ雑誌にとって、いかに安く裸のページを作るかは大きな問題だった。70年代には成人映画会社から、80年代にはＡＶメーカーから写真を借りるというのが、常套手段であったが、90年代ではそれが風俗嬢に変わったということだ。

90年代も後半になると、ようやくバブル崩壊の影響が出版業界にも波及してきた。

出版業界全体で見れば、雑誌の売上げは１９９６年をピークに、現在に至るまで20年以上マイナスを記録している。つまり１９９７年以降、落ち続けているということだ。

それはエロ本においても同じである。
90年代末には、あちこちの編集部から、「売れない」という声が聞こえ始めていた。

しかし、この時はまだ誰も、エロ本が無くなってしまうことなど、本気で考えてはいなかった。

ビデオメイトDX

1990年創刊　少年出版社

インディーズAVブームを代表する雑誌

「ビデオメイトDX」創刊号　1990年10月号
編集人：松沢雅彦　表紙デザイン：山口明　表紙撮影：三上泰史　620円

もともとは『クラスメイトDX』というブルセラ系の雑誌だったが、AVの要素が多くなってきたため誌名変更して新創刊した。当初はAV女優のグラビアを中心とした誌面であり、AV情報誌としては後発ということもあり、今ひとつ存在感が薄かった。

しかし90年代半ばからマニア向けの通販ビデオの情報を重視するようになり、それがインディーズビデオと呼ばれるようになってブームとして盛り上がると、レンタル系（ビデ倫系）AVを中心に扱っていた既存のAV情報誌とは違った新しいジャンルの雑誌として注目を集めるようになる。

ライターなども、それまでのAV情報誌よりも若い世代を多く起用し、インデ創刊号の表紙も飾った初代「オタク女優」森村あすかの大特集。ライターは永沢光雄。

休刊号となった2010年5月号。表紙は最多表紙登場回数（全7回）を誇る森下くるみ。

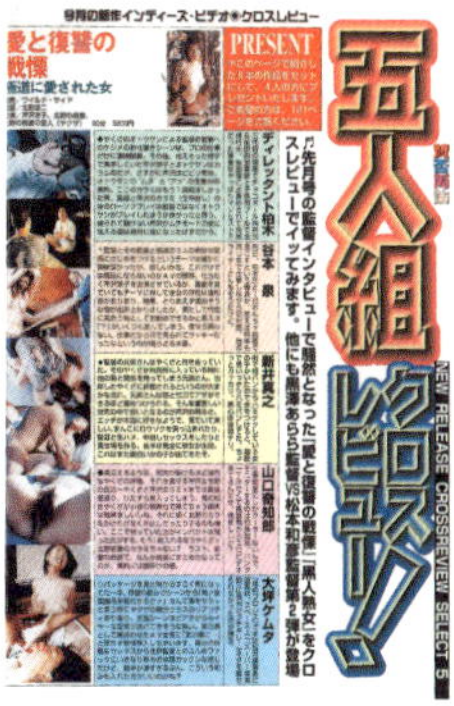

クロスレビューは名物企画。辛口というよりも愛が強いのが特色。（2001年9月号）

イーズビデオ（セルビデオ）の台頭と共に、「新世代版ビデオ・ザ・ワールド」とも言えるスタンスを獲得する。「V&Rプランニングを知らない子供たち　セル系新世代監督26人アンケート」（2004年7月号）や「このまま死ぬのか!?　二村ヒトシ」（2007年4月号）といったインディーズ世代の監督への独特な切り口の特集も多く、00年代に活躍したAV監督にとって最も気になったAV誌だったのではないだろうか。

　2010年の休刊号では、多くの監督やメーカーの社長から休刊を惜しむ声が寄せられ、メインライターの一人であった雨宮まみは「自分が心から愛する雑誌」がなくなることで、初めて泣いたと書いている。

フラッシュ・エキサイティング　058

1990年創刊　光文社

「フラッシュ・エキサイティング」創刊号　1990年11月12日号
編集人：金藤健治　390円

「エロ本を継ぐもの」EX雑誌の元祖

１９８６年創刊の写真週刊誌『フラッシュ』の増刊として発行された『フラッシュ・エキサイティング』。本誌に比べるとニュース性のある記事は少なく、グラビアや資料的な企画が多い。創刊号では「ＡＶ女優'90ベスト10」や「巨乳の系譜」などのＡＶ女優特集や、春画からビニ本、エロＣＧに至るまでの歴史を追った「ＳＥＸＹ大全」といった記事はあるものの、全体的にアダルト色は薄い。それでもここで取り上げたのは、00年代に盛り上がる「ＥＸ系雑誌」ブームの発端となった雑誌だからである。

　ＥＸ系雑誌とは、グラビアを中心とした変形Ａ４判のエンターテインメント誌の総称で誌名に「ＥＸ」を付けたものが多い。水着が中心でヌード自体は少ない

タレントや有名人のパンチラ、胸ポチなどのセクシーなスクープショットは定番企画だ。(1990年11月12日号)

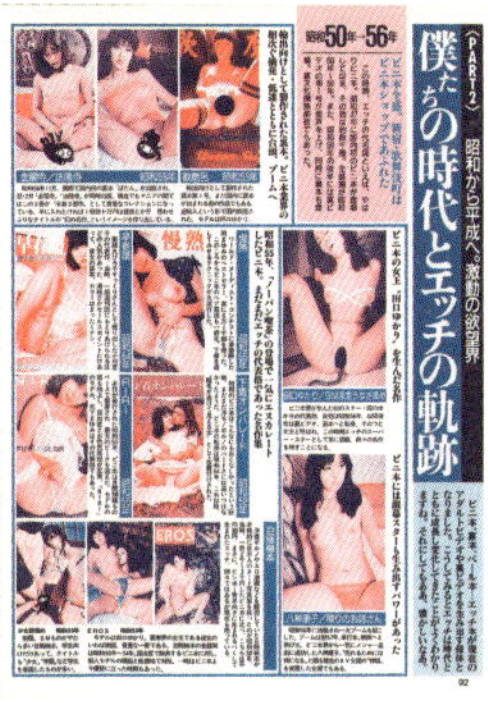

日本のアダルトメディアの系譜を紹介する資料的な特集「SEXY大全」。(1990年11月12日号)

マンガやアニメなどをデータ分析するといったオタク的記事はＥＸ系雑誌の得意分野だ。(2005年5月30日号)

エロ本度が高まり絶好調だった時期の2005年5月30日号。なんと4つも袋とじ企画が。

のだが、全体的にお色気色は強い。またバカバカしい企画に大真面目に挑戦する記事や、マンガやアニメ、ゲームの懐かしネタの特集など、エロ雑誌の一色記事に見られた企画が多いことから、ＥＸ雑誌は00年代に急速に廃れたエロ雑誌の代替的な存在となったと考えられるのだ。

元祖である『フラッシュ・エキサイティング』も次第にエロ雑誌色を強め、40万部の発行部数を誇るなど人気雑誌となり、『フライデー・ダイナマイト』(講談社)、『ＥＸ大衆』(双葉社)、『Hot SPA!』(扶桑社)などの類似誌が乱立。しかし『フラッシュ・エキサイティング』が２００８年に休刊したことをきっかけに多くの類似誌も後を追うように消えていった。

GOKUH

1991年創刊　英知出版

少しオトナを狙った英知雑誌だったが

「GOKUH」創刊号　1991年8月号
編集人：青木茂晴　表紙デザイン：山口了児　表紙撮影：西田幸樹　590円

若者向けの印象が強い英知出版としては、珍しく、やや上の読者層を目指して創刊したと思われるのが『GOKUH』だ。創刊号を見ると、『日本版PLAYBOY』と『ザ・ベストマガジン』の中間あたりを狙ったのでは、と推測される。

巻頭は18歳のイギリス人ファッションモデル、ヘレン・ナタリー・デニスの下着グラビア。さらに自己破産や転職時の税対策の記事、プロレスラー船木誠勝のインタビュー、新聞記者の裏事情、ブルーワーカーのドキュメント、そしてF3000、アロハシャツなどのエロとは関係ない記事がかなり多い。もちろん『デラべっぴん』でお馴染みの分解写真風のシチュエーションヌードや「ビデオアイドル上半期厳選25人総結集」といった、

『デラべっぴん』の「フォト激画」そのままのテイストの分解写真風ヌードグラビア。(1991年8月号)

英ファッションモデルによるセクシーグラビア。しっかりとヘアが透けて見えている。(1991年8月号)

メディア・クライス版『GOKUH』最終号。オークション雑誌に路線変更?(2008年7月号)

バウハウス版『GOKUH』最終号。実物大ポスター、デカマンポスは人気付録だった。(2006年9月号)

いかにも英知出版らしいお色気要素も充実しているのだが、全体的な印象としては総合男性誌だ。白と黒を活かしたシャープなデザインも、それまでのエロ雑誌に比べて、グッとスタイリッシュなイメージである。

　しかし、他の『日本版PLAYBOY』を目指した雑誌同様、『GOKUH』も号を重ねるにつれ、次第に普通のエロ雑誌へとシフトしていった。

　1997年には英知出版から分社化されたバウハウスに発行元が移り、2006年に休刊。2008年にバウハウスの業務を引き継いだメディア・クライスから復刊を果たすものの、わずか3号で再び休刊となってしまった。

ザ・ベストマガジンスペシャル 060

1992年創刊　KKベストセラーズ

最も売れるエロ本と呼ばれた王者

「ザ・ベストマガジンスペシャル」創刊号　1992年2月号
編集人：高橋伸幸　表紙デザイン：AKEBI DESIGN OFFICE　表紙撮影：立木義浩　650円

１９８４年創刊の『ザ・ベストマガジン』の特別増刊号として誕生。当初は不定期刊であったが、１９９３年４月号より月刊化する。この当時は『ザ・ベストマガジン』本誌は一応一般誌という姿勢であったが、この『スペシャル』はぐっとエロ本度が高い。創刊号などはエロ以外の要素は一切ないという潔さだ。

　月刊化以降も、撮り下ろしのヌードグラビアや測定器具を使った性感帯実験などの作り込んだ企画グラビア、ひたすら大股開きが続く素人ナンパ撮りなど、実用本位に徹した編集方針で本誌を超える人気となり、「最も売れているエロ本」と呼ばれるようになった。その制作費は１冊あたり１千万円以上と言われ、その豪華で充実した誌面には、他のエロ本出

資料的価値の高い特集も魅力だった。これは女性誌『微笑』の歴史。（1996年7月号）

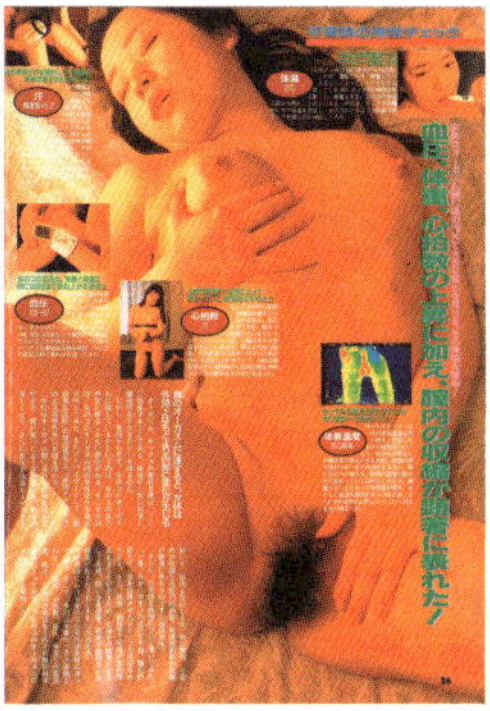

名物の性感帯実験企画。サーモグラフィーまで使用して絶頂を測定する。（1996年7月号）

別冊の『ランジェリー・ザ・ベスト』2011年1月号。もはや本は50ページで付録の下着の方がメインである。

初めてパンティが付録についた2008年8月号。これが大ヒットとなり下着付録がブームに。

版社は全く太刀打ちできなかった。

　その過剰なまでのサービス精神は、00年代になるとさらにエスカレート。24時間収録のDVDや、AV女優の愛液の成分を分析して再現した複製愛液を付録にするといった、冒険的な試みも多かった。中でも2008年以降に定番となったパンティ付録は大ヒット。他のエロ本が軒並み失速していく中、快進撃を続け、パンティ付録がメインの別冊『ランジェリー・ザ・ベスト』まで生まれた。

　本誌である『ザ・ベストマガジン』が休刊した後も『スペシャル』は2016年まで刊行された。しかしパンティ付録がメインの『ランジェリー・ザ・ベスト』はさらにその後も刊行。最も強いのはパンティだったのだ。

マガジン・ウォー

1992年創刊　マガジン・エンタテインメント／マガジン・マガジン

時代に合わせて
スタイルを変えるのが雑誌

「マガジン・ウォー」創刊号　1992年5月号
編集人：宮坂五十四　表紙デザイン：野村高志　表紙撮影：薮下修　550円

90年代以降のマガジン・マガジン＝サン出版の旗艦とも言える雑誌。本誌に加えて、『A組』『B組』『C組』『狼』『JK』『48』など『マガジン・ウォー』(WOoooo!)の誌名を持つ派生誌をたくさん持っているという意味では『ザ・ベストマガジン』と似たスタンスの雑誌かもしれない。コンビニ販売中心の総合エロ本という意味でも近い。ただし、『ウォー』の方が『ベスト』に比べると対象年齢はだいぶ若い感じで、誌面作りもポップだ。

創刊号は、表紙が岡本夏生で、巻頭グラビアが西野妙子、板谷祐三子、キューティー鈴木、細川ふみえと芸能人オンパレードでヌードもそれほど多くない。記事も一般ネタが多く、なぜか政治評論家時代の高市早苗のインタビューも掲載。

「才色兼備」と言われた政治評論家時代の高市早苗のインタビュー。問題発言の連発だ。（1992年5月号）

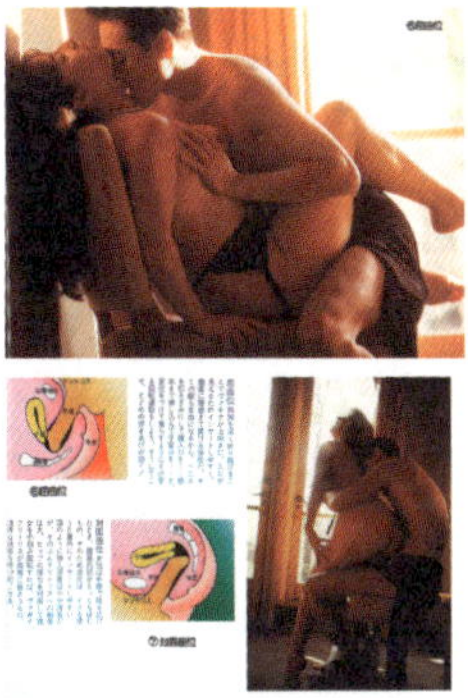

挿入角度についての考察企画。こうした図解イラストを使った解説は当時の定番だった。（1992年5月号）

派生誌のひとつ『マガジン・ウォー・狼』（2007年5月号）グラビア＆コミック誌。

休刊号となる2011年5月号。「女子校生コミック＆激ハメＤＶＤマガジン」となっている。

「女の子を押し倒せない男はだらしない」と今なら炎上必至の発言をしている。それ以上にすごいのが問題発言のオンパレードの安部譲二のエイズ検査体験談。「エイズにかかったら機関銃を買って嫌いなやつをみな殺しにする」「（ＨＩＶ感染の）マジック・ジョンソンを試合に出すなんてとんでもない」「若いやつはみんなエイズになって死んじまえ」。寛容な時代だったのだ。

　明らかに総合一般誌のラインを狙っていた『ウォー』だが多くのこうした雑誌と同じく、次第にエロ濃度を高めて、普通のエロ本になり、その後も時流に合わせてスタイルを変えながら２０１１年まで刊行された。

クリーム

1992年創刊　ミリオン出版

一世を風靡した お菓子系雑誌の元祖

「クリーム」創刊号　1992年７月号
編集人：織田竹蔵　表紙撮影：中村誠作　500円

10代美少女のセーラー服やブルマー姿を中心とした、いわゆるブルセラ誌のひとつとして創刊されたが、編集部では「ブルセラという言葉は一切使わないようにしよう」という取り決めがあったらしい。とはいえ創刊号の時点では、まだブルセラ誌的な生々しいムードが強いが、次第にポップで爽やかな独自のカラーを打ち出すようになり人気を集める。

1997年以降には『ラッキークレープ』(バウハウス)、『ワッフル』(ぶんか社)といった類似誌が急増する。これはこの時期にコンビニがエロ雑誌の販売を制限したため、非ヌードのグラビア誌が必要とされたからと言われている。これらの雑誌はスイーツに関する誌名が多かったため、「お菓子系」というジャンルで呼

『クリーム』らしさが確立していた1996年6月号。浅川千裕は同誌の看板娘であった。

創刊号のナンパ企画に登場した角川慶子。後でKei-Teeをグラビアで見て編集長が驚いた。

メディアックスに移籍した2019年4月号。お菓子系雑誌が壊滅しても元祖は健在だ。

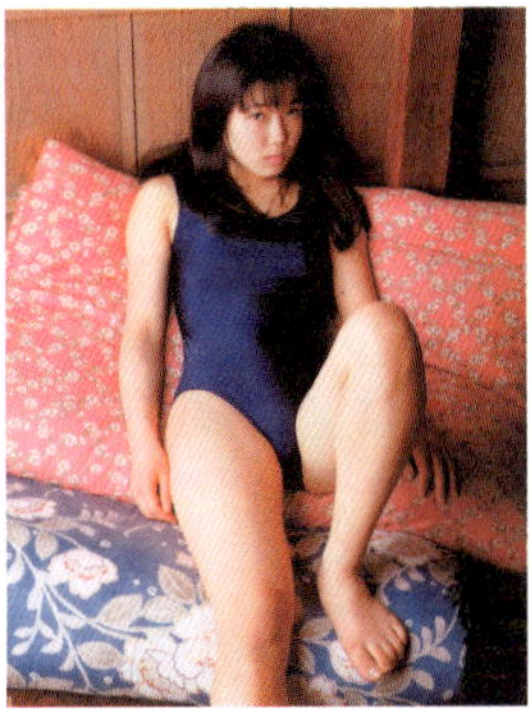

1996年6月号の浅川千裕の水着グラビア。あえて露出は少なめというのがお菓子系だ。

ばれるようになり、ここから巣立ったアイドルやタレント、AV女優も数多い。

お菓子系雑誌の中でも元祖である『クリーム』は、一色ページの特集記事（岡山らくだ名義の永江朗が執筆）やコラムが充実しており、グラビア以外の読み応えもあった。

ちなみに創刊号では、ストリートナンパのコーナーに、角川春樹の娘として知られる角川慶子（元Kei-Tee）が登場しており、その写真は裏表紙にも使われているが、本当に偶然カメラマンにナンパされたらしい。

１９９８年には分社化されたワイレア出版に、さらに２０１５年からはメディアックスへと発行元は移動するものの現在も刊行中。

BIG4

063

1992年創刊　竹書房

4人のカメラマンによる競作写真雑誌

「BIG4」創刊号　1992年8月号
編集人：藤田亨一　表紙デザイン：立川淳＋K2　表紙撮影：野村誠一　980円

篠山紀信が『water fruit』と『Santa Fe』によって扉を開いたヘアヌードという金の鉱脈に、多くの出版社がなだれ込んだ。女性を撮るカメラマンの存在が突然クローズアップされ、写真集や雑誌のグラビアが注目された。そうした熱気を象徴するのがこの『BIG4』だ。

「『オンナを撮らせたら俺がいちばん』という男が4人いる」というキャッチフレーズのもと、野村誠一、清水清太郎、渡辺達生、小沢忠恭の4人のカメラマンが隔月刊で毎号20ページずつ発表するという異色の写真雑誌。4人の他にも「ゲスト」として金沢靖や遠藤正なども撮っている。

ほとんどのページが全面写真で構成され、テキストは最小限に抑えられている

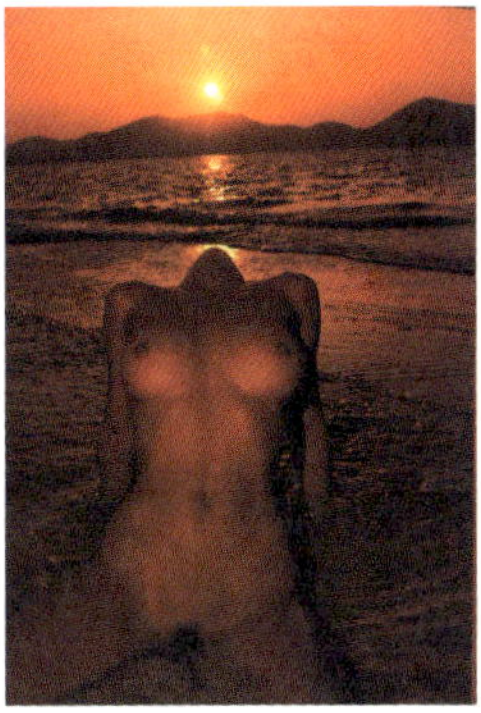

清水清太郎撮影による樹マリ子。「ザ・ポルノ」のタイトル通りに徹底的に猥褻さを追求。

野村誠一撮影による本田理沙。カラフルな画作りでコケティッシュな魅力を引き出す。

渡辺達生撮影による星遥子。ハワイロケで女優である彼女の素顔に迫っている。

小沢忠恭撮影によるAprilとWiesje。2人の外国人ダンサーによるオールヌードの躍動。

が、間に挟まれている島田雅彦らのコラムは逆にテキストのみという長友啓典とK2による大胆なアートディレクションが素晴らしい。

　創刊号の時点では、まだヘア表現にはおっかなびっくりという感じで、半分は本田理沙や細川ふみえなどのタレントのセミヌード。ヌードでもヘアはチラリと写っているという程度に抑えられている。

　1994年からは野村、清水、渡辺、小沢以外のカメラマンによる別冊『ENDLESS』も発売。さらに『NoWoN』（ワニブックス）や『アネックス』（スコラ）といった類似誌もうまれ、ヘアヌードブームが終息する1995年までに19号まで発刊された。

熟女クラブ

1992年創刊　三和出版

いち早く「熟女」の魅力に気づいた雑誌

「熟女クラブ」創刊号　1992年9月号
編集人：麻生慶彦　1300円

00年代以降、AVでもエロ本でも最も活気あるジャンルとなった「熟女」だが、その歴史は意外に浅い。熟女専門誌第1号として『熟女クラブ』が創刊されたのが1992年。さらに『人妻熟女報告』(司書房)や『熱烈熟女画報』(英和出版)といった他の熟女専門誌が出揃うのは90年代も半ばになってからだ。しかも、これらの出版社がSMなどのマニア系に強い会社ばかりというところからも、この当時、熟女趣味はマニアックな性癖だと考えられていたことがわかるだろう。80年代から90年代にかけてのアダルトメディアにおいては、女性は若ければ若いほどいいという価値観が圧倒的だったのだ。

この『熟女クラブ』創刊号でも、熟女にセーラー服を着せてみたり、赤ちゃん

36歳の栗原世津子が不倫相手の青年と赤ちゃんプレイ。セックスやオナニーシーンも。

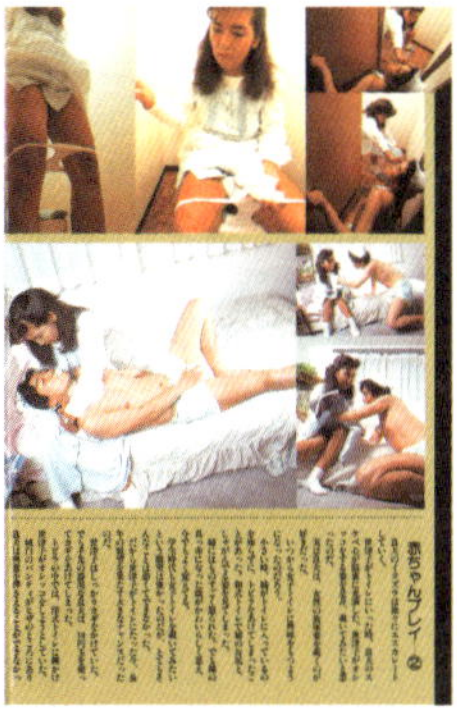

人妻の藤沢麗子（年齢不詳）が公園でパンチラを見せたりブルセラに身を包んだり…。

2001年4月発行のVol.45。表紙はずいぶん派手になっている。ナンパ記事が多いのも特色。

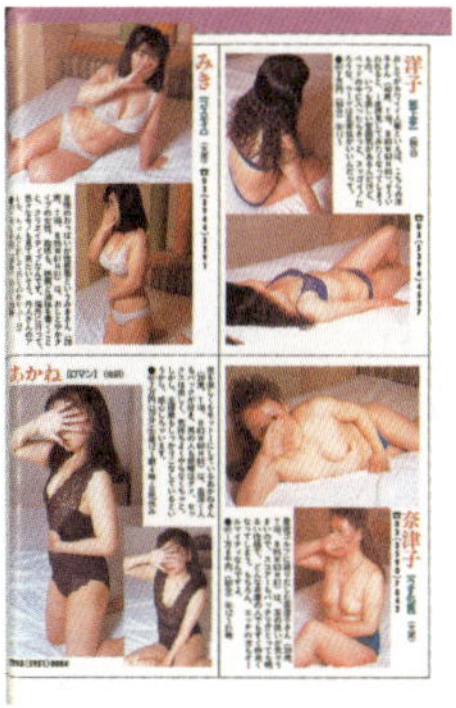

当時既に増えていた熟女デートクラブ紹介。巣鴨、駒込、大塚あたりの店が多かった。

プレイをさせてみたりと、フェチ的なアプローチが目立つ。まだ、熟女をどう扱っていいのか、作り手側が掴みきれていなかったのだろう。

「芸能人熟女録」というコーナーでは、吉永小百合、三田佳子、松尾嘉代、坂口良子が紹介されており、「こういう人って、セックスの時、やけによがり声をあげたり、積極的に嫌らしいことを好んだりするのではないだろうか」と勝手な妄想を展開している。

また、とある茶道流派が売春組織となっているという告発文は、細部の描写や、顧客リストまで掲載されているなど、やたらとリアリティがあって読ませるものとなっている。

お尻倶楽部

1993年創刊　三和出版

ひたすらお尻にこだわったディープマニア誌

「お尻倶楽部」創刊号　1993年1月号
編集人：東本満　表紙撮影：杉浦則夫　1300円

AVアイドル森下あみいがにっこり微笑む愛らしい表紙からは想像もつかないほどディープなアナル&スカトロ専門誌。

SM誌『マニア倶楽部』や投稿誌『アップル写真館』で、こうしたジャンルは人気があると手応えをつかんだ東本満編集長が満を持して創刊。表紙や巻頭グラビアは、スカトロとは関係ない人気AV女優を起用することでメジャー感を出すという戦略が見事に当たり、マニア誌とは思えないほどの売上げを記録した。最盛期には発行部数7万部に至ったと言う。

とはいえ、巻頭グラビア以外は、女性の排便シーンのオンパレードというハードコアなマニア向けの内容である。

同じ三和出版の『アップル通信』の名物企画「女体解剖実験室」を同誌用にア

ムックにもまとめられた人気グラビア「スカトロ耽美館」。ウエディングドレスで排便。

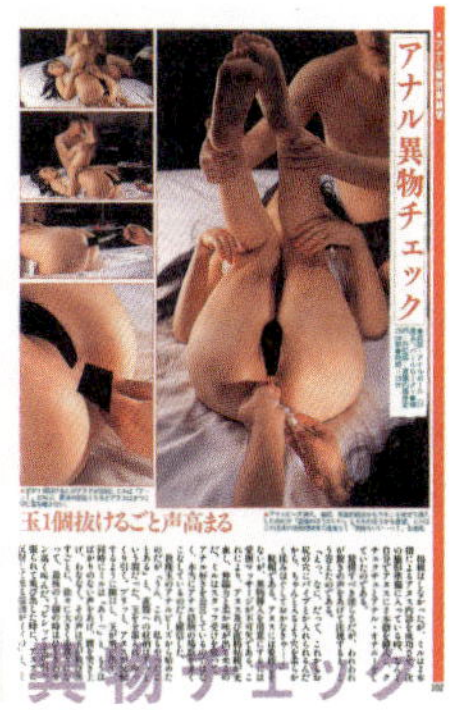

モデルのアナルをひたすら責める「アナル解剖実験室」。男優は編集者が務めるのが伝統。

22年の歴史に幕を下ろした2014年11月号。多くのマニアがその終焉を惜しんだ。

レンジし、徹底的にモデルの肛門を測定し、責めまくる「アナル解剖実験室」も人気コーナーとして長寿連載となった。

　浣腸は使用せずに自然便にこだわるといった編集長以下スタッフの深い思い入れと同好の士への愛情が誌面のはしばしから感じられ、マニア誌の鏡ともいうべき、その編集姿勢には頭が下がる。

『お尻倶楽部』のヒットをきっかけに90年代のエロ本業界にはマニア誌ブームが巻き起こり、フェチ系の専門誌が次々と作られた。

『お尻倶楽部』は2014年に休刊するが、その後も『お尻倶楽部DX』として不定期に刊行されている。

Kirei（綺麗）

066

1993年創刊　笠倉出版社

女性も自分たちのためのエロ本が欲しかった

「綺麗」創刊号　1993年3月号
編集人：加藤健次　表紙デザイン：組田真　表紙撮影：ユニフォト　480円

90年代初頭に大きな盛り上がりを見せたレディースコミック誌の延長として1993年に誕生したのが、本格的女性向けエロ雑誌『綺麗（Kirei）』だった。創刊時のキャッチフレーズは「ちょっとHなおとなの女性誌」。

創刊号には、「快楽的SMプレイ」「お尻でするHが超気持ちE」「究極の3P」プレイなど刺激的な企画が並ぶ。メイルヌードや、エロ雑誌の定番企画のパロディともいえる「男体解剖実験室」など、まさに女性版エロ本と呼ぶにふさわしいラインナップ。

その中でも目を引くのは、素人カップルがシティホテルのスイートルームでセックスする過程を見せる「私たちのSEX」。ギャラ10万円で出演者を募集して

素人女性3人がAV男優の体をいじくりまわす。正に「女体解剖実験室」の男性版だ。（1993年3月号）

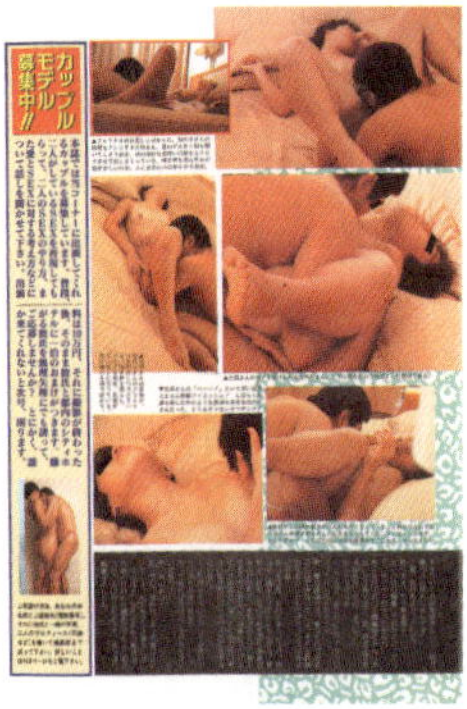

21歳女性と26歳男性の素人カップルがカメラの前でセックスする。出演料は10万円だ。（1993年3月号）

2003年年9月号表紙。「読者参加型の10年の歴史を誇る女性のための雑誌です」

憧れの男優・チョコボール向井と夢のシチュエーションでセックス。（1995年1月号）

いるが、この発展形とも言えるのが、「あなたもレディコミヒロイン」だ。プロのAV男優と希望のシチュエーションでセックスできるという読者参加企画。その他にもAV男優との一日デートや、SM的な調教、乱交パーティ、レズなどへの読者参加コーナーもある。ページをめくっていくと、女性の性欲も男性の性欲も激しさにおいては変わらないのだと思い知らされる。

90年代には、『fuu』（マガジンボックス）、『パンプス』（ダイアプレス）、『HIMITU』（スポーツアイ）といった同傾向の雑誌が続々創刊し、実写の女性向けエロ雑誌という新しいジャンルが確立したかに見えたが00年代に入ると、全て休刊してしまい、市場ごと消失した。

THE tenmei

067

1993年創刊　竹書房

ヘアヌードブームを象徴する異色の月刊誌

「THE tenmei」創刊号　1993年4月号
編集人：藤田亨一　表紙デザイン：立川淳＋K2　表紙撮影：加納典明　390円

『BIG4』を成功させた竹書房は、その方法論をさらに推し進め、今度はカメラマン加納典明ひとりの撮り下ろしで月刊誌を1冊作ってしまうという大胆な試みに挑んだ。

まだアート色が強かった『BIG4』に比べ、ひたすら大股開きと接写、そして生々しさにこだわったその写真はエロ本としての実用性も非常に高く、実売60万部という凄まじいヒットを記録する。最も売れたのが自衛隊の売店だったという噂も囁かれた。

実は創刊号の段階では、ヘア露出も大股開きも、それほど多くないのだが、次第にエスカレートし、遂には1995年には猥褻図画販売の疑いで摘発（実際は『THE tenmei』総集編の『きク

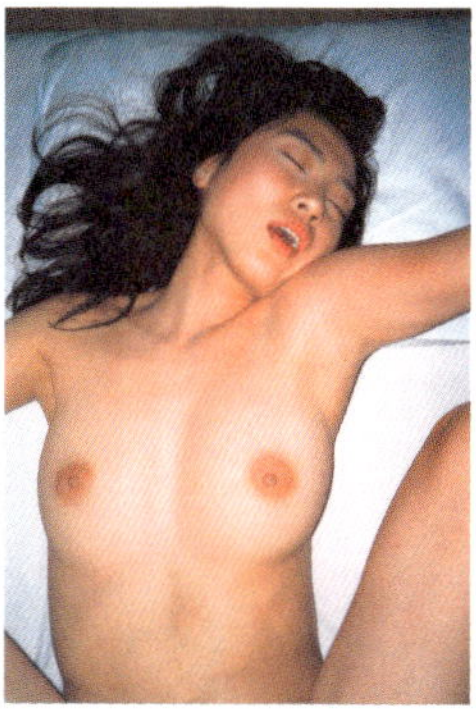

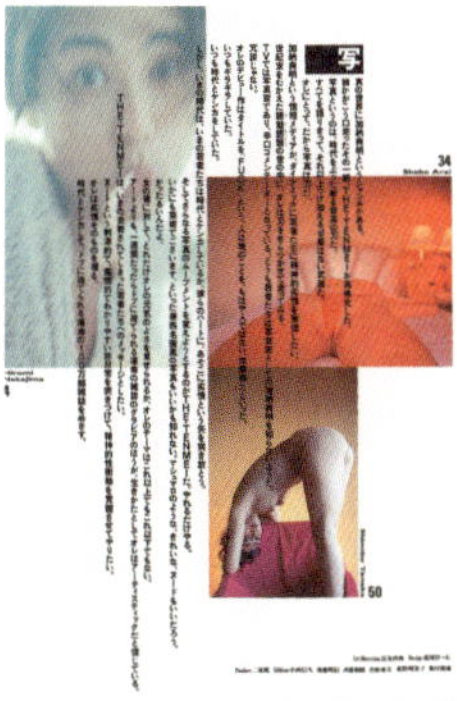

もはやハメ撮りそのもの。モデルは田中忍。それでも創刊号はまだヘアの露出は少ない。

「写真の世界に加納典明というジャンルがある」から始まり「時代とケンカして、ドブに捨てられる運命の100万部雑誌をめざす」で終わる創刊の言葉。

ヌードの印象が強い『THE tenmei』だが、創刊号の巻頭は女優・中島宏海の水着グラビアだった。

危ないタマ、マタ、投げています。
(1994年10月号)

無事に年越し、荒木よスマン。
(1994年2月号)

典明に、そろそろオリの用意を!!
(1993年12月号)

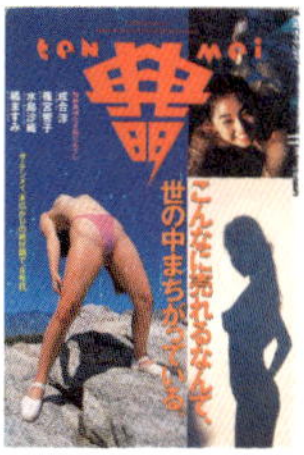

こんなに売れるなんて、世の中まちがっている。
(1993年11月号)

毎号、表紙のキャッチコピーのインパクトが強烈だった。

他に「買うのも、勇気。見るのも、勇気」「ナメたらアハン。」

「ナニがあっても、かくさないでね。」

「好きなのは、ぶっきら棒でカタイ人」「先っぽって、おいしい。」など。

リゾート地と青空など、極彩色を活かした画作りが鮮烈な印象だった。1993年10月号の河合あすか。

潔いまでの大股開きの連発はアートを超えて痛快だった。1994年1月号の沢田杏奈。

「とにかく大股開きを見せるのだ」という強い意志を感じる。1994年3月号の桑野智美。

摘発の対象となった総集編『きクぜ！2』。加納の逮捕により『THE tenmei』も休刊に。

顔をばっさり切って下半身だけのオブジェのように撮った大胆な写真も多かった。1994年10月号の山川小春。

ライバル視していた荒木経惟や、北野武、伊集院静をゲストに招いての別冊、『Super Tenmei』。（1994年10月号）

ぜ！2』が摘発）され、加納典明自身も逮捕されることに。それまで挑発的な言動を繰り返していた加納典明だが、逮捕されるとあっさりと謝罪。この事件を機にヘアヌードブームは沈静化する。

『BIG4』と同じくアートディレクターは長友啓典。そして「買うのも、勇気。見るのも勇気。」「無事に年越し、荒木よスマン。」などの、ぶっとんだ表紙のコピーも秀逸だ。9号のコピー、「典明に、そろそろオリの用意を‼」は後の展開を考えると、なんとも皮肉だが…。

「アートよりも、一週間たったらドブに捨てられる運命の雑誌のグラビアのほうが、生き方としてはオレはアーティスティックだと信じている」という創刊の言葉通りの雑誌だった。

TOPAZ

1993年創刊　英知出版

先鋭的すぎたボンデージ&ビザール誌

「TOPAZ」創刊号　1993年4月号
編集人：木村弘之　表紙デザイン：長野剛　表紙撮影：前場輝夫　1000円

映画化もされた村上龍の小説『トパーズ』が巻き起こしたボンデージブームに呼応する形で、そのまま剽窃した誌名で創刊された。とはいえ、安易な便乗本ではなくボンデージ、ビザール、SMの世界をサブカルチャーとして解釈したユニークな雑誌となっている。

従来のSM雑誌とは一線を画するスタイリッシュなグラビアや、海外のボンデージシーンの紹介から秋田昌美による日本緊縛の歴史解説、志摩紫光vs町田町蔵（町田康）や天野小夜子vs佐川一政の対談など読み応えのある記事が多いが、それ以上にインパクトがあるのが野田大和のアートディレクションだ。アバンギャルドかつ端正な野田のデザインによる誌面は、日本のエロ本史の中でもベストに

AV監督ゴールドマンとのコラボによるデザイナー野田大和撮影のボンデージグラビア。(1993年4月号)

藤岡未玖と滝口あさ美によるボンデージヌード。創刊号の巻頭グラビアがいきなりこれだ。

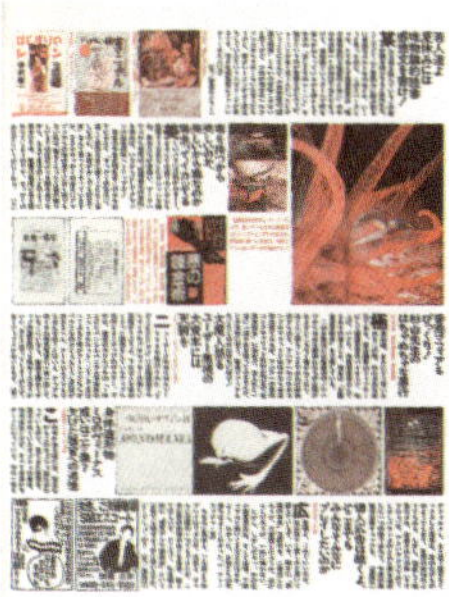

マニアックな情報コラム「FUCKtheFACT!!」。玉石混交なネタのごった煮。(1994年8月号)

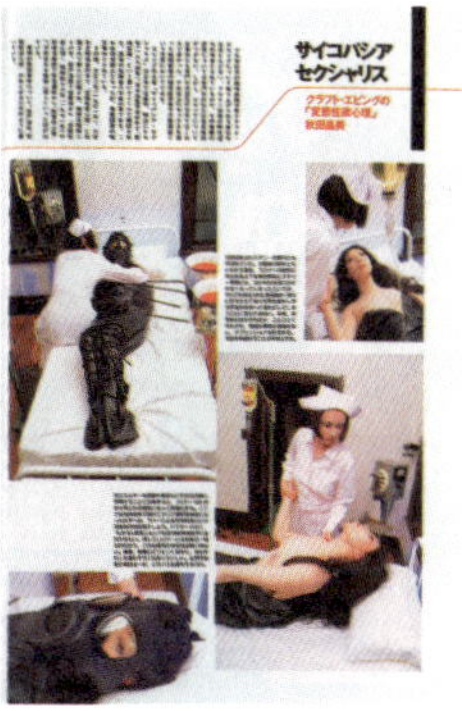

最終号の1994年10月号の特集「サイコSM」より。メディカル系を取り上げることが多かった。

数えられるほどの完成度だと言えよう。

しかし、そのあまりにアグレッシブな内容は、読者に受け入れられることはなく、『TOPAZ』は9号と総集編1冊という短命に終わってしまう。なぜか5号だけが判型が小さくなっている点にも、営業的な試行錯誤が見て取れるが、内容に関しては最後までほとんどブレはなかった。

特集もモダン・プリミティブやトランスセクシャル、メディカルアート、ボンデージ・ジャパネスクといった先鋭的なものが多く、中でも7号の『HEAVENS HEAVEN』は、あの伝説の雑誌『HEAVEN』(『Jam』の発展誌)を大々的にリスペクトした特集で、一部で大きな話題を呼んだ。

Sexy Dolls

1994年創刊　宝島社

エロ本にもニューメディアの波が

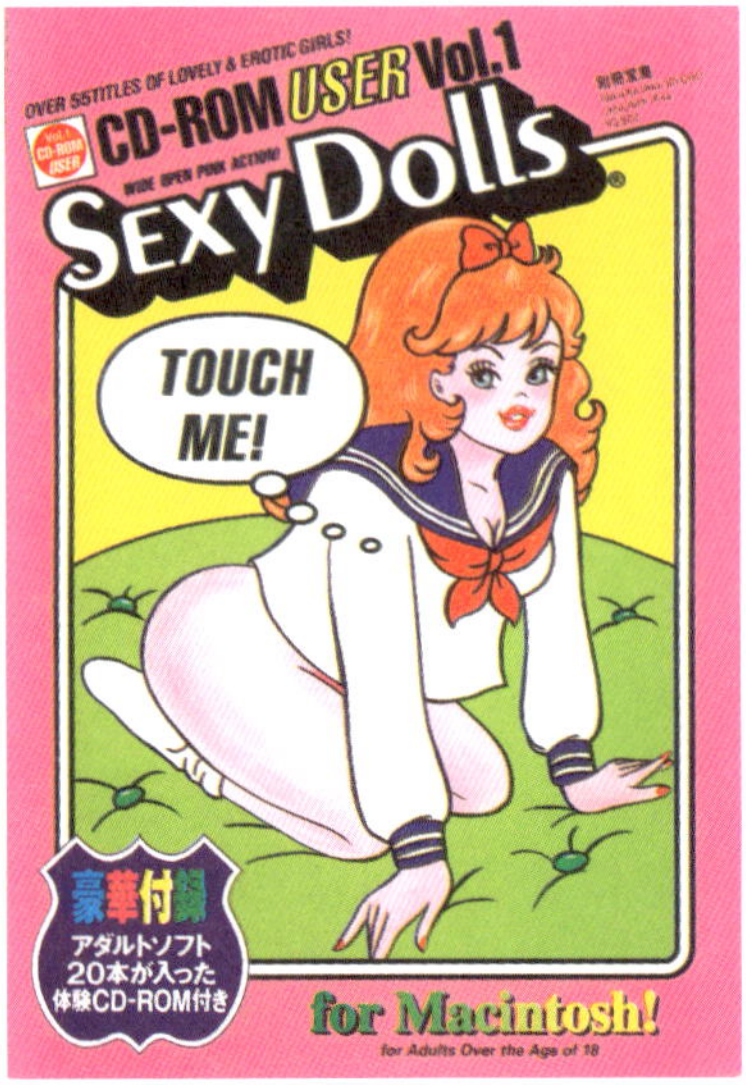

「Sexy Dolls」創刊号　1994年1月号
表紙デザイン：BILLY BROWN　表紙画：湯村タラ　2800円

1993年に国産第1号「ハイパーAV」（ステップス）が発売されてから、新しい形のエロメディアとして、一気にブームとなったアダルトCD－ROMから、当時発売されていた50タイトルを紹介したカタログ的なムック。そのうち20タイトルの体験ソフトが付録のCD－ROMに収録されている。

ムービーの画質も荒く、ゲームも単純であったり、単なるデジタル写真集であったりと、まだまだ稚拙なレベルのソフトばかりであったが、当時は「AVに変わる次世代のエロ」と大いに期待されていた。

90年代半ばには、AVメーカーを中心とする多くのメーカーがアダルトCD－ROMをリリース。それにつれてアダル

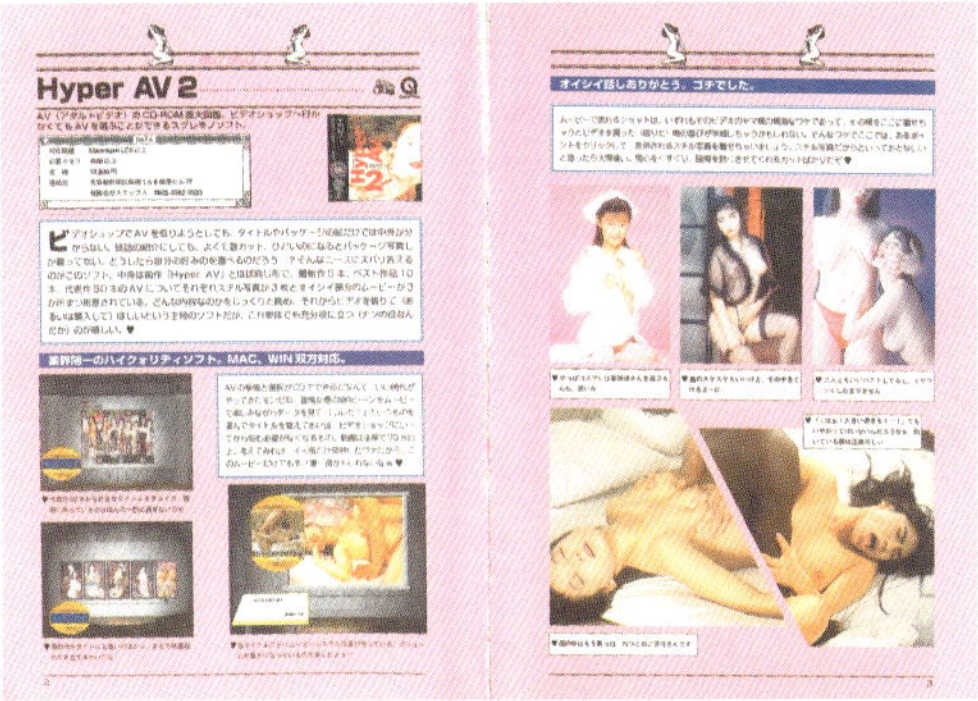

アダルトCD-ROMソフトの紹介がメイン記事。当時はマックのみ対応のソフトも多かった。（1994年1月号）

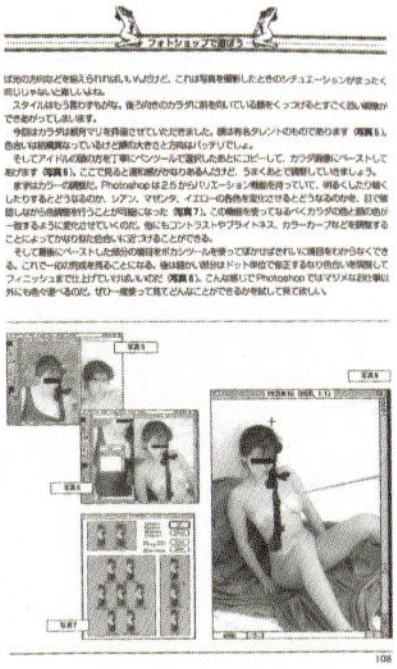

「フォトショップで遊ぼう」というコーナーも。アイコラの作り方などを解説している。（1994年1月号）

1995年2月号では、当時人気だったAV女優、日吉亜衣を起用したオリジナルソフトも。

トCD－ROMを紹介する雑誌や、CD－ROMを付録につける雑誌なども増えていった。

本誌は創刊当初の正式名称は『CD－ROM USER Sexy Dolls』だったが、後に『Sexy Dolls』になり、付録のCD－ROMにも、体験ソフトだけではなく、オリジナルのアダルトソフトが収録されるようになっていった。

しかし、インターネットやDVDが普及するに従って、アダルトCD－ROMの存在意義は失われ、90年代後半には急速に衰退していった。本誌をはじめとするアダルトCD－ROM雑誌も姿を消すことになるが、それは00年代に到来するDVD付雑誌時代の伏線とも言えた。

桃クリーム

1994年創刊　ミリオン出版／大洋図書

これは「ぼくの考えた最強のエロ本」か？

「桃クリーム」創刊号　1994年4月号
編集人：織田竹蔵　表紙撮影：中村誠作　700円

可愛いセーラー服美少女のグラビアを打ち出し「お菓子系」と呼ばれるジャンルを築いた『クリーム』よりも、エロ度をアップさせたのが、この別冊の『桃クリーム』だ。創刊号の編集後記には「本誌クリームが新日プロで、この桃クリはU系の団体」と書かれている。とはいえ、創刊号の時点では、セーラー服のグラビアがメインであり、ややナンパハメ撮り記事が多い程度で、本誌と内容的にはそれほど変わらない印象だった。

しかし、号が進むにつれ、グラビアのエロ度が増していき、クーロン黒沢、目森一喜らによる連載コラムも充実。ブルセラから投稿、盗撮、風俗、ナンパハメ撮り、裏本、AVとエロ本のあらゆる要素を兼ね備えた雑誌へと変貌していった。

謎のカメラマン、プリンス・マグのナンパハメ撮りは、『桃クリーム』の看板企画。(1996年3月号)

創刊号はセーラー服パンチラの写真がやたらと多い。「街角下着調査隊」は本誌の人気企画。(1994年4月号)

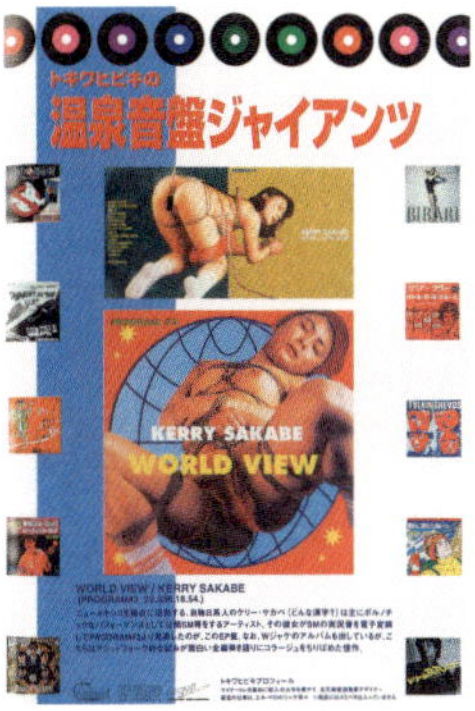

写真家、デザイナーの常盤響が毎回架空のレコードを紹介する連載。コラージュが秀逸。(1997年9月号)

筆者も風俗記事を連載していた。エッセイ風の構成で当時最も力をいれていた連載だった。(1997年1月号)

常盤響の架空レコード紹介や、「オナマイド」で知られるデザイナーほうとうひろしの印刷技術を駆使したパロディ記事、東ノボルのテレクラルポなども印象深い。読んで面白く、写真も過激でエロ度も極めて高く、そのバランスが秀逸。まるで理想の「エロ本」をシミュレートしたかのような内容になっている。

ちなみにやたらと風俗嬢が誌面に登場しているのは、お店の紹介扱いのため、モデル代が不要で済むという裏事情もあったが、それ以上にこの時期の風俗業界の異常なまでの盛り上がりも大きかっただろう。

末期は判型も小さくなり、投稿写真の割合が増え、姉妹誌であった『投稿キング』へ吸収される形で2000年に休刊。

ナイトウォーカー

071

1994年創刊　サン出版

そして風俗情報誌戦国時代が到来

「ナイトウォーカー」創刊号　1994年7月号
編集人：大石英一　700円

グラビア撮影に力を入れた初めての風俗誌『シティプレス』（東京三世社）が1986年に創刊。そして90年代初頭から始まる平成風俗ブームに合わせるように『夜遊び隊』、『マンゾク』（笠倉出版社）、『ヤンナイ』（大橋書店）といった風俗誌が乱立する。

1994年に創刊した『ナイトウォーカー』もそのひとつ。当時全盛だったイメージクラブを中心にソープランド、ファッションヘルス、SMクラブ、性感マッサージ、ピンクサロンまでを網羅。首都圏だけではなく、京都や名古屋、札幌、大阪、神戸の店まで紹介している。

創刊号は、先行誌の『シティプレス』そっくりの誌面であまり独自性を感じられないのだが、リリー・フランキーが風

風俗誌のメインコンテンツとも言える典型的なカタログページ。これはセーラー服特集だ。

創刊記念半額サービス券プレゼント特集。池袋の「ワンショット」在籍嬢の集合写真。

リリー・フランキーが撮影と詩を担当する巻頭グラビア「白線流星群」。(2000年5月号)

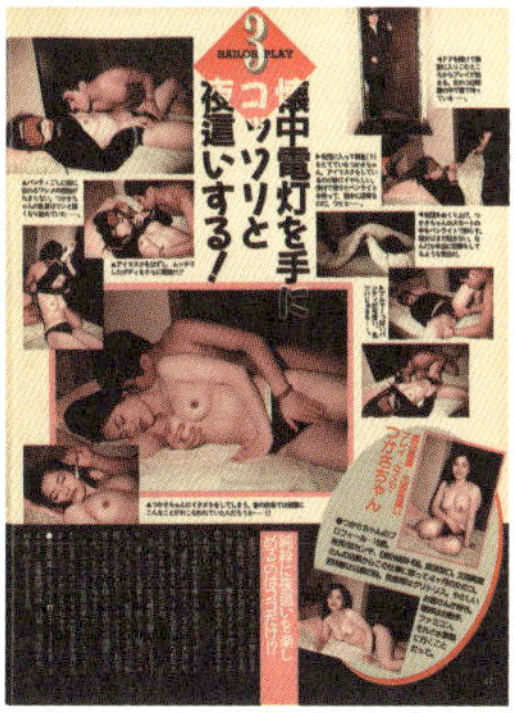

プレイを撮影する体験取材も風俗誌の定番企画。高田馬場「さくら」の夜這いプレイ。

俗嬢を撮影し、詩を添えた「白線流星群」を巻頭にしたり、ターザン山本が連載をするなど読み物や企画に力を入れ、次第に『ナイトウォーカー』ならではのスタンスを築いていった。

90年代末の最盛期には30誌以上が発行されていた風俗誌だが、2004年の風俗店一斉摘発、そして風俗客もインターネットでの情報収集が一般化するようになると、衰退を余儀なくされてしまう。ほとんどの風俗誌は休刊し、現在首都圏で発行されているのは『マンゾク』（現プレジャー・パブリッシング）と『シティヘブン』（ジーノット）だけになってしまった。

ペントハウスジャパン　072

1995年創刊　ぶんか社

もはや提携する意味はなかった

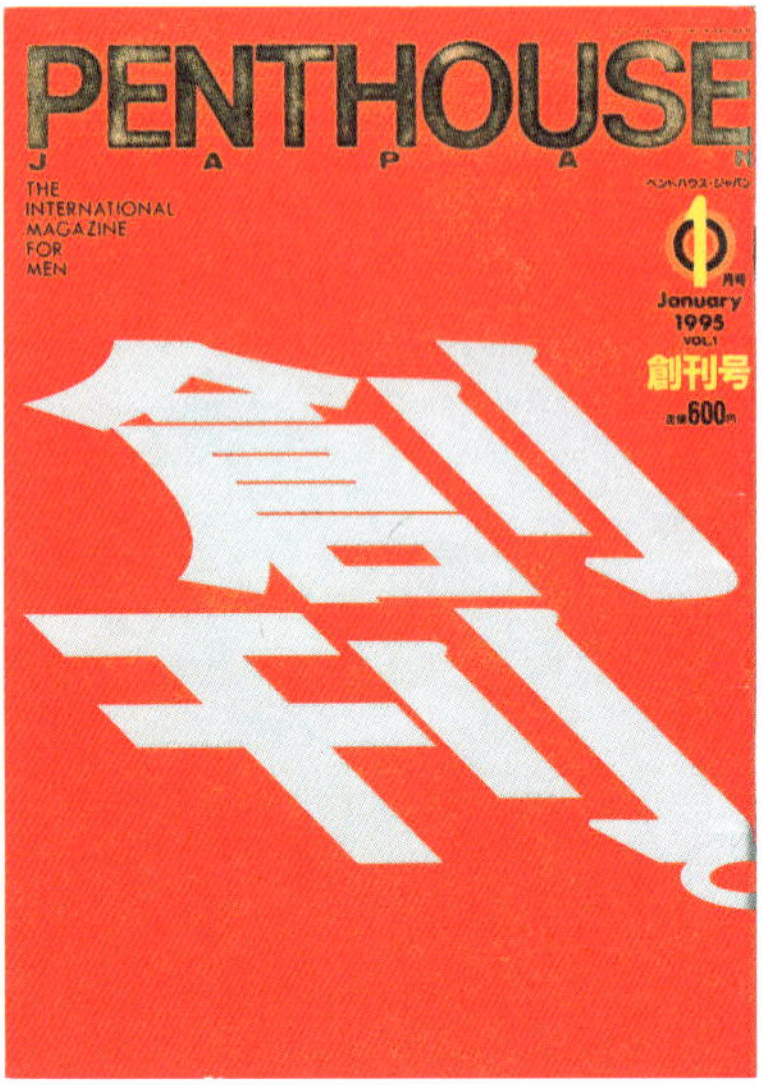

「ペントハウスジャパン」創刊号　1995年1月号
編集人：日暮哲也　600円

1983年に創刊し、1988年に休刊した講談社の『日本版ペントハウス』とは全く別に、ぶんか社が新規に米ペントハウスと契約して創刊させた日本版。

創刊号の目玉は「独占スクープ　南果歩　衝撃の全裸シーン」だが、映画「ルビーフルーツ」のワンシーンの画面撮影、しかも後ろ姿のみという肩透かし。

他には、元桜っ子クラブの安井小径（安藤小径）やビビアン・スー（シー・ロー・セン名義）、沢田和美、元セイントフォーのNORIKO（濱田のり子）といった面々のスクープヌードなどもある。特集は「ザケンナ！一夫一妻制」。インタビューに吉田拓郎、糸井重里。コラムに辰巳琢郎や元サディスティック・ミカ・バンドのミカ、モーリー・ロバートソン

創刊号の独占スクープと名打って、この後姿だけというのは、どうにも肩透かしである。

素人女性4人が自宅でヌードになる「東京いい娘一人部屋」。撮影は塔下智士。

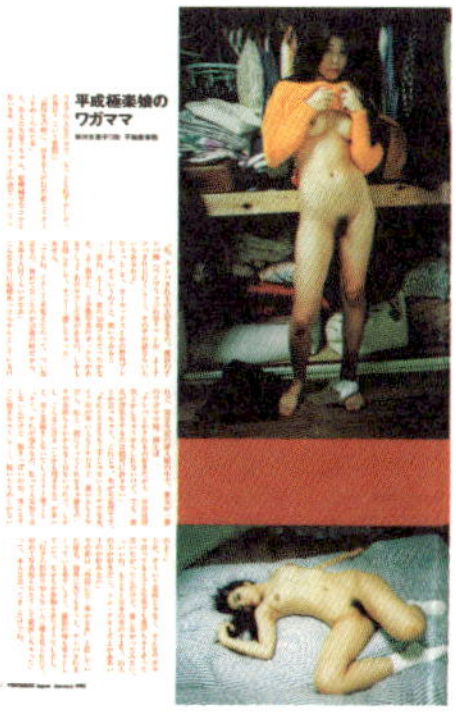

『ペントジャパン』に改名後、2006年10月号で休刊。創刊号とは似ても似つかない雑誌に。

など。

　さらに袋綴じの中には、スバルのレガシィ・ツーリングワゴンGTなどの創刊記念読者プレゼント。

　全体的になんとか高級感を出そうと頑張っている意気込みはあるものの、講談社版にくらべると安っぽさが感じられる。

　結局、この路線はセールスが振るわなかったようで、少しずつエロ本化が進んでいった。

　2004年には米ペントハウスと契約を終了し、『ペントジャパン』に誌名変更。完全なエロ本となる。

　2006年に熟女路線に移行した後に、休刊を迎えた。

ビージーン(ビージーンズ)　073

1995年創刊　英知出版

あの『ベッピン』が生まれ変わった

「ビージーンズ」創刊号　1995年2月15日号
編集人：国寺二十八　表紙撮影：藤田健五　550円

『ベッピン』が摘発による休刊を迎え、誌名を変更しての新創刊。表紙のデザインや内容も、ほぼ『ベッピン』のままで、マンガなどの連載も引き継がれているので、誌名が変更したのも気づかないままに買っていた読者もいたのではないだろうか。

「ヘアばかりの男性誌にはもう飽きた」という表紙のキャッチコピーは、摘発の経緯を考えると複雑な気持ちになる。

創刊時は『Bejeans』で「ビージーンズ」と読ませる誌名だったが、間もなくSが取れて「ビージーン」表記となる（「ビジン」と読ませていた時期もあった）。

創刊号では、この後、宇宙企画からAVデビューする18歳の池上美沙の初脱ぎグラビアが巻頭を飾っている。この「初

創刊号の言葉として、やたらと男を強調。表紙でもなぜか最も大きい名前は薬師寺保栄。

池上美沙の初脱ぎ。平田友二撮影による北海道ロケでいかにも英知出版的な巻頭グラビア。（1995年2月15日号）

ジーオーティーに移っての休刊号。「さよならエロ本…」のキャッチが哀しい。（2014年10月号）

創刊10周年記念の2005年4月号。既に英知出版は厳しい状況だったが誌面は充実している。

脱ぎ」は、以降も『ビージーン』の売りとなった。

2006年には、英知出版からジーオーティーへと版元が変わり、2011年にはそれまで790円だった価格を290円へと大幅な値下げに踏み切った。しかもDVD付でこの価格である。このジーオーティーの値下げ路線がエロ本業界崩壊の引き金になったとも言われた。

しかし綺麗で爽やかな撮り下ろしグラビアと読み物のある一色ページという80年代に確立されたエロ雑誌の典型的な構成は、2014年の休刊時まで大きくは変わらず、『ビージーン』の休刊をもって、「エロ雑誌の終焉」とするという見方もある。

Dr.ピカソ

1995年創刊　英知出版

「Dr.ピカソ」創刊号　1995年8月11日号
編集人：高橋正幸　表紙デザイン：MAN-RAY　表紙撮影：横須賀功光　460円

打倒『週プレ』の意気込みは感じられた

宮沢りえを表紙に起用し、鳴り物入りで創刊された英知出版の新雑誌。あからさまに『週刊プレイボーイ』を意識した誌面だが、メジャーな一般誌を作るんだという意欲が伝わってくる。創刊時のキャッチコピーは「考えるよりも、まず、感じることを取り戻せ！　感性を直撃する、新男性総合誌！」。誌名は、日本有数の絵画コレクターでもあった英知出版のオーナー、山崎紀雄の趣味によるものであろう。創刊号には、ピカソの生涯についての記事も掲載されている。

　創刊号の巻頭グラビアは一卵性双生児タレントだという、ちなつ&なつみの双子ヘアヌード。さらに野々ゆりか、有賀みほのヌードに加えて、まだ17歳の鈴木紗理奈、元オールナイターズの堀尾つば

まだ現役女子高生17歳の鈴木紗理奈の初々しい水着グラビア。撮影は平田友二。(1995年8月11日号)

創刊号の巻頭グラビアを飾ったのは、ちなつ＆なつみの双子ヘアヌード。撮影は橋本雅司。

休刊号となった2008年4月号。創刊時の面影はない。発行はメディア・クライスに移っていた。

2001年9月号。『週プレ』よりも、ヘアヌード路線で成功していた時期の『宝島』に近い。

さ、白鳥智恵子などの水着やセミヌードと当然ながらグラビアは充実しているが、オウム事件報道への警鐘記事やキアヌ・リーブス来日の密着ルポ、乗用車やスポーツの情報、大林宣彦の映画コラム、林葉直子の官能小説など、読み物にもかなり力を入れている。それでも一般誌としては、今ひとつ独自性に欠ける感は拭えなかった。

1997年に英知出版の一般誌部門としてバウハウスが分社化されてからは同社の旗艦誌的な位置づけとなる。

しかし00年代に入ると号を追うごとにエロ要素が増していき、2008年の休刊時には、ゴシップ・裏モノ色の強い完全なエロ本となっていた。

フィンガープレス

075

1995年創刊　笠倉出版社

「フィンガープレス」創刊号　1995年12月号
編集人：川端清継　780円

世界初にして唯一の痴漢専門誌

あの時代だから許されたけれど、今では絶対に出版は無理という雑誌は多いが、その筆頭がこの『フィンガープレス』だろう。

『お尻倶楽部』のヒット以降、エロ雑誌業界ではマニアックな専門誌が数多く作られたが、『フィンガープレス』は、なんと痴漢専門誌である。巻頭ページにいきなり大きく「痴漢は犯罪です」と書かれているし、よく見ると表紙にも「(前略)痴漢を奨励するものでは決してありません。(中略)この雑誌を読んで実際に行為はせずに願望を満たしてほしいと、そういう気持ちから作ったわけです。いわば犯罪防止雑誌ってとこですか。(後略)」と小さく書かれている。

とは言え当時、自らの痴漢体験を綴っ

痴漢と痴漢被害者との座談会。痴漢が初心者だったため、女性にやりこめられる結末に。

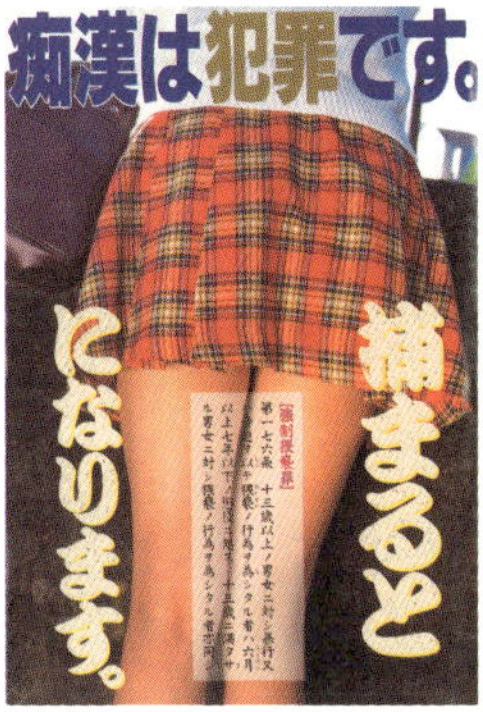

表紙をめくると、いきなり「痴漢は犯罪です」の警告。本気で言ってるとは思えないが。

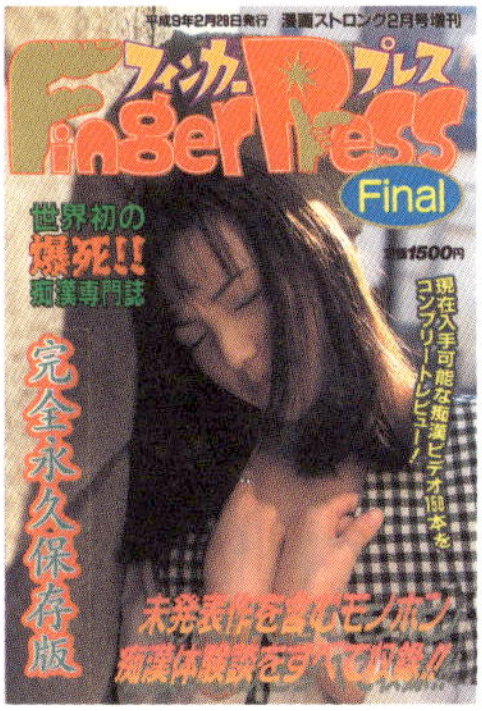

終刊号となった1997年2月号。制作費もないのか、痴漢AV紹介記事と体験手記が大半。

路線別痴漢攻略法という犯罪幇助以外の何物でもない連載記事。妄想だという言い訳付。

た「痴漢日記」がベストセラーとなった山本さむをアドバイザーに迎え、実際の痴漢（創刊号では「山手線のゴンさん」が登場）と対談させるなど、スター扱い。さらに「満員電車徹底攻略　山手線内回り編」「場所別痴漢考」といった実践的なハウトゥ記事や「痴漢自慢」の投稿など、どう見ても実際の痴漢を肯定しているとしか思えない誌面である。

　構想3年、「世界初の痴漢専門誌」と勢いよくスタートしたものの、隔月刊で8号、わずか1年ちょっとで休刊を迎えることとなるが、特に抗議があったわけではなく、単に売上げが振るわなかっただけのようだ。

　その後、その名はネットに引き継がれ、マニアたちが情報交換をしていた。

ペントハウススペシャル

1996年創刊　ぶんか社

いち早く熟女路線に移行し確固たる地位を築く

「ペントハウススペシャル」創刊号　1996年1月号
編集人：日暮哲也　表紙デザイン：則武弥　表紙撮影：木村晴　680円

1995年に創刊した『ペントハウスジャパン』の増刊として誕生。巻頭グラビアは青田典子のセミヌード、特集は「あなたのモリマン見せてください！」。他の記事も「彼女をフェラ達人にする方法」「AVギャル'95総決算」「三行広告のお店に突撃取材」など、全てがお色気ネタだ。意識しているのは、同じく本誌よりもエロ度を増したことで成功した『ザ・ベストマガジンスペシャル』だろう。結果的に本誌よりも長続きすることになったことも同じだ。

以降も「ぶっかけ」「生パン」「フェラ顔」といった刺激的なキーワードを大きく表紙に打ち、エロ本路線を貫いたが、それでも当初はそれなりの高級感を保っていた。

「極上締まりの性感ツボ秘術」。『ザ・ベストマガジンスペシャル』テイストが、かなり強い。

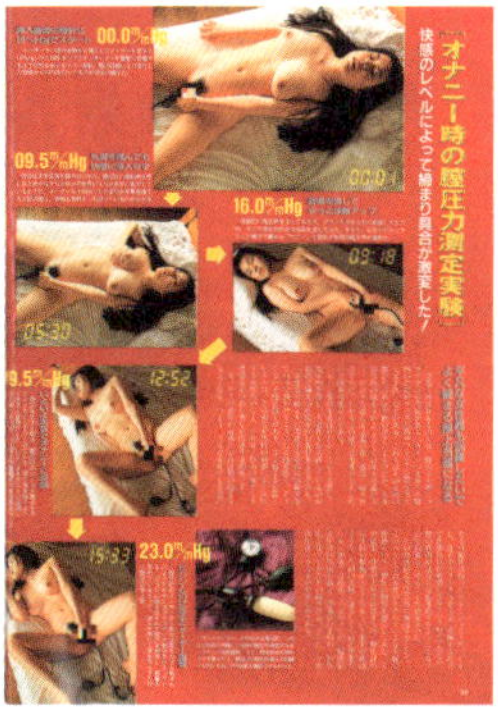

創刊号の特集「あなたのモリマン見せてください！」 ナンパした女性の股間を撮影。

『ペントジャパンスペシャル』休刊号となった2014年10月号。約20年の歴史に幕。

業界でも注目された「ペンスペ熟女アワード」。業界関係者の投票によって決定。(2007年1月号)

２００４年に本誌とともに『ペントジャパンスペシャル』と誌名変更。ハメ撮りを中心とした下世話なエロ本となっていたものの、それでもデザインはポップな路線をキープしていた。ところが２００６年に突然、熟女・人妻専門誌へとリニューアル。同誌が毎年行う「ペンスペ熟女アワード」は業界でも権威となるなど、熟女誌として確固たる地位を築いた。この路線変更が吉と出たことで、『ペントジャパン』を発行していたぶんか社は全てのエロ雑誌を熟女・人妻雑誌へとリニューアルさせた。その後、他社でも同じように路線変更する雑誌が相次ぎ、10年代にはエロ雑誌の半数以上が熟女・人妻路線という状況となったのである。

ララダス

077

1996年創刊　メディアックス

野外露出にまで専門誌がうまれた

「ララダス」創刊号　1996年7月号
編集人：子尾新　680円

90年代半ばに創刊ラッシュが起こったマニア専門誌のひとつが、この『ララダス』だ。誌名は「裸々出す」の意味から。つまり野外露出専門誌である。

90年代後半には、インディーズAV（セルAV）で野外露出ブームがおこり、白昼のオフィス街や電車内、飲食店の店内などで裸を露出したり性行為を行ったりする過激な露出プレイの作品が数多く撮影された。さながらそれは度胸試しのチキンレースのようでもあった。そしてそれはエロ本にも波及したのだ。

井の頭公園のボートで放尿、都庁をバックに下着を降ろしてヘア露出、たくさんの車が通っている交差点の真ん中で全裸で座り込む、お台場の砂浜で大開脚放尿といった撮影を決行しているグラビア

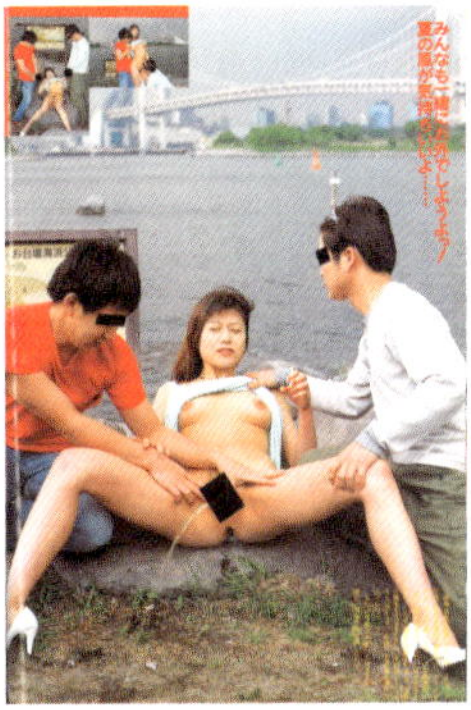

白昼のレインボーブリッジ前で大股開きで放尿。さらに原宿の明治通りでも全裸で放尿している。

夫婦で露出プレイにハマっているという若妻が調教志願。新宿の公園や街角で大胆露出。

素人投稿もハードな野外露出が多い。19歳の女子大生が子供も遊ぶ公園の中で立ち小便。

白昼の銀座歌舞伎座前での露出プレイ。多くの通行人の視線にも全く動じない大胆さ。

もすごいが、素人投稿写真も負けじと街中や観光地などで脱ぎまくる。さすがは野外露出専門誌と唸らせるほどの大胆な露出プレイが目白押しだ。

しかしさすがにやりすぎたのか、90年代末には摘発も相次ぎ、インディーズAVでの露出ブームも沈静化し、『ララダス』も休刊に追い込まれてしまう。それでも素人投稿写真の世界では、今なお野外露出は人気ジャンルであり、大胆な撮影が行われている。

ちなみに編集のネオ出版は、東京三世社で『SMセレクト』などを手がけてSM雑誌ブームを巻き起こした仙田弘が同社退社後に設立した編集プロダクションだ。

お宝ガールズ

1996年創刊　コアマガジン

お宝発掘は
エロ本のレア・グルーヴだ

「お宝ガールズ」創刊号　1996年9月号
編集人：VERY-NUDE　表紙デザイン：大黒秀一　表紙撮影：上野いさむ　800円

90年代後半にエロ雑誌のみならず一般誌でも盛り上がったのが、お宝発掘ブームだ。人気タレントの過去の「隠された恥ずかしい仕事」を発掘して再掲載するというもので、『宝島』や『BUBKA』などの雑誌で人気企画となっていた。それを1冊の雑誌にしてしまったのが、この『お宝ガールズ』である。

創刊号では内田有紀のダイエットモデル時代のパンフレット、お宝の定番である坂井泉水（ZARD）のレースクイーンショット、なんと25ページにもわたる森高千里レアグッズ完全ガイドなどが掲載。それまでに発掘された有名お宝写真の総集編とも言える「プレミア雑誌永久欠番」も圧巻だ。

編集後記によれば、お宝雑誌は、古い

アナログ盤から雑誌表紙、販促物に至るまで森高千里グッズを全て集めた驚異的な特集。

休刊号となった2013年1月号。お宝ブームが去った後もしっかりと生き延びていた。

坂井泉水のセミヌード写真集『NOCTURNE』はお宝ブームの発火点のひとつとなった。

お宝＝レア・グルーヴ説を裏付けるようにソウルネタの連載もあった。（1997年7月号）

レコードをミックスさせて蘇らせたDJと同じなのだという。「今の高校生が70年代のナイキのスニーカーをウォントするように、浅野ゆう子の写真集を古本屋でゲットする光景を見るまで、この本は終われない」。お宝発掘はエロ本におけるレア・グルーヴなのだ。

『お宝ガールズ』のヒットを追うように、最盛期は20冊以上のお宝雑誌が出版されたが、2002年に藤原紀香、深田恭子ら人気タレント14人が『ブブカスペシャル7』に写真を無断使用されたとして発行元のコアマガジンを訴えるという事件により、ブームは終息を迎えた。

ただし『お宝ガールズ』自体はその後も刊行を続け、2013年1月号で休刊するまで息の長い雑誌として愛された。

チョベリグ!!

1997年創刊　東京三世社

コギャルのエロさにいち早く気づいた雑誌

「チェベリグ!!」創刊号　1997年1月号
編集人：染宮正人　表紙デザイン：EGOMANIA　650円

90年代前半、コギャルと呼ばれた少女たちが街に現れた。彼女たちは、茶髪に焼いた肌、ミニスカなどの露出度が高い派手な服装と派手なメイクというファッションに身を包み、それまでの「可愛い女子高生」や「不良の女子高生」とは全く違ったタイプの人種だった。

そんな彼女たちをテーマにしたエロ雑誌が『チョベリグ!!』だ。

前年にレイプをテーマにした『オーケイ!』を創刊させ、オールカラー100ページ以下で記事はほとんどなく、ビニ本のような大胆な写真レイアウトというスタイルを成功させていた染宮正人編集長が新たに手がけた雑誌であり、その読者のニーズに応えたストレートな編集方針は拍手を持って受け入れられた。そし

アート性など完全無視した実用本位の大胆な写真使いは、むしろ新鮮ですらあった。

コギャルのキャラを活かしたユニークな言語センスも『チョベリグ!!』の魅力だった。

プリクラ、ベル番など、この時代ならではのキーワードも多く、今読むと懐かしい。

て、よくも悪くも00年代以降のエロ本は、彼の生み出したスタイルがベースとなっていったのだ。

　フェラや大股開きを多用したハメ撮り風カット（実際にはカランでいない）のオンパレードは、セックスに積極的なコギャルのキャラクターとうまくマッチングしている。

　しかし、コギャルを扱ったエロ本やAVが出揃うのは、彼女たちがギャルと呼ばれるようになった21世紀に入ってからのことである。当時は、まだまだコギャルはキワモノ扱いされていたのだ。そういう意味でもいちはやく『チョベリグ!!』を手がけた染宮編集長の先見の明には感心する。彼のその後の展開を見ると、単に自分の趣味だった気もするが…。

クラブ・アフター

1998年創刊　ジェイ・ディ・ピー／高須企画

初のキャバクラ専門情報誌

「クラブ・アフター」創刊号　1998年１月号
編集人：藤本初美　表紙デザイン：臼田忠彦　表紙撮影：大館貴浩　800円＋税

　風俗雑誌は数多く発刊されていたが、非ヌキ系の水商売店を紹介する雑誌は、この『クラブ・アフター』が初めてであった。表紙には誇らしげに「業界初‼ナイトクラブマガジン」と書かれている。80年代半ばに登場し、たちまち水商売のメインストリームへと成長したキャバクラの専門誌だ。

　巻頭に人気キャバクラ嬢をそれぞれ撮影したグラビアがあり、新宿・渋谷・自由が丘・六本木・赤坂・大阪・京都・東海とエリア別にキャバクラ嬢を多数掲載したカタログ（創刊号では224人）、さらにコラムなどの読み物があるというのは、風俗誌と同じ構成。

「山田ゴメスのガチンコデート」「赤木太陽のキャバ手バカ一代」「キャバクラ

メインコンテンツとも言えるキャバクラ嬢カタログ。首都圏以外にも関西、東海まで網羅。

キャバクラ嬢の私服グラビア「Sifuku de Escort」。創刊号では８人が登場している。

『週刊SPA!』でキャバクラ漫画「Only You ビバ！キャバクラ」連載中だった藤波俊彦のインタビュー。

山田ゴメスがキャバクラ嬢と店外デートをする企画コラム。キャバクラ嬢からの判定は35点。

人間図鑑」「文豪が愛した原始キャバクラ」と連載コラムも充実しているし、キャバクラ嬢２００人アンケート調査や人気キャバクラ嬢の人生相談、当時『週刊ＳＰＡ！』でキャバクラ漫画を連載していた藤波俊彦のインタビュー、キャバクラ嬢の水着グラビアなど、多方面からの切り口でキャバクラにこだわった誌面は、なかなか読み応えがある。

　その後、『ベストクラブ』（ナイタイ出版）などの競合誌も登場したが、本家の強みを活かし２０１０年まで刊行された。

　その後、キャバクラ嬢雑誌としては『小悪魔ａｇｅｈａ』（インフォレスト）が有名になるが、こちらは客ではなくキャバクラ嬢が読者の雑誌である。

おとこGON!

1998年創刊　ミリオン出版

エロ本の嘘を自ら暴いたエロ本

「おとこGON!」創刊号　1998年9月号
編集人：島田うどん　表紙デザイン：林久美子　表紙撮影：山岡龍孔　420円

1994年に創刊された『GON!』はB級ニュースを詰め込み、エロ雑誌の一色ページを凝縮したような雑誌だった。その別冊としてエロネタを中心に編集されたのが『おとこGON!』である。

創刊号では「日本じゃ買えない合法ドラッグを人気フードルに飲ませちゃいました」や獣姦AVの特集、早世した飲尿男優・小林誠の回想記事といった記事も読ませるが、圧巻なのが人気漫画「BOYS BE…」の表紙でトレースしたと思われるグラビアの元ネタを26点も探し出すという企画。その恐ろしいまでの労力を考えると頭が下がる。

その後、半年の休刊をはさみ、3号からは『おとこGON!パワーズ』と誌名が変わり、エロ本に登場する素人は本物

素人ヌードの真意を検証。暴露された出版社からクレームも入ったという。(1999年10月号)

「BOYS BE…」トレース疑惑を徹底的に調査。その加工におけるテクニックまでも指摘する。

誌名変更後の休刊号となった『別冊GON!』2006年2月号。充実したアダルトメディア史だ。

名誉毀損で社長が逮捕される事件にも発展したアイコラ特集が掲載された2000年10月号。

か、エロ本のハウトゥセックスは本当に役に立つのか、など各誌を実名で検証するといった攻撃的な記事を連発。ちゃんと自社の雑誌までも対象にしていたのも面白かった。

しかし2000年10月号「モーニング娘。をまっぱだかにさせてもらいます。」などのアイコラが名誉毀損にあたるとして出版社の社長が逮捕されてしまう事件を起こしてしまう。

その影響もあり、2001年に『別冊GON!』と誌名変更。2006年に休刊となるが、その最終号は、ほぼ全ページを駆使したエロ本の歴史を総括した資料性の高い大特集。それは、まもなくエロ本の時代が終わることを意識したものであった。

ヴァッカ!

1999年創刊　バウハウス

エンタメ誌から実話誌に路線変更して成功

「ヴァッカ!」創刊号　1999年7月号
編集人:森原直樹　表紙撮影:水谷充　390円

「サラリーマンの365日を刺激する国民的バカ雑誌」というキャッチコピーで登場した『ヴァッカ!』。誌名はイタリア語で雌牛の意味だが、もちろん「バカ」とかけている。

創刊号は、島田沙羅、嶋村かおり、津山登志子のスクープヌード。さらにハリウッド女優のお宝ヌード、素人ヘア出しなどヌードも多いが、ビートたけし&志村けん、坂田利夫、爆笑問題などが登場したり、梶原一騎の特集をしたりと、若者向けエンターテイメント雑誌を狙っている。

ところが、やはり売上げが振るわなかったのか、第6号から誌名ロゴを英文字から筆文字のカタカナに変更し、実話誌的なテイストを打ち出す。この路線変更

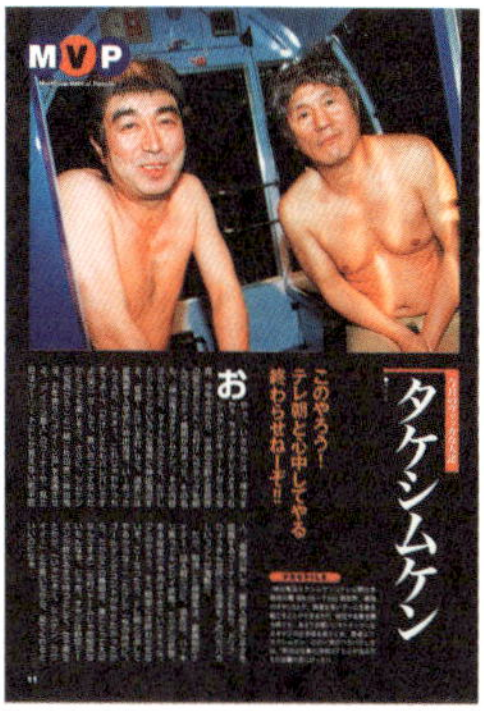

初期のタレントなどのニュースを扱うコーナーには大物芸能人も多数登場していた。

ミュージカル版「セーラームーン」に出演した島田沙羅の初ヘアヌード。写真集版元の強み。

休刊号となった2008年2月号。版元はバウハウスからメディア・クライスに移っている。

実話誌路線になってからの表紙。意識的にオヤジ的エロセンスを強調。（2004年2月号）

は見事成功し、00年代初頭の「ネオ実話誌」ブームの代表的な雑誌のひとつとなった。

タレント写真集を多数出版していたバウハウスの雑誌ということもあり、路線変更後もタレントやアイドルを扱う割合は高く、後のメジャーになるタレントがブレイク前にグラビアに登場することも多かった。またタレントのテレホンカードの相場を紹介する「アイドルテレカ収集屋」など、マニアックなアイドル情報コーナーも人気があった。

2008年に約9年の歴史に幕を下ろす。末期は裏風俗とハメ撮りが中心というかなり露骨なエロ本となっており、休刊号の目玉企画は「若奥様10名が中出しセフレ100人大募集！」であった。

ガツン!

1999年創刊　KKベストセラーズ

コンビニを席巻したネオ実話誌のひとつ

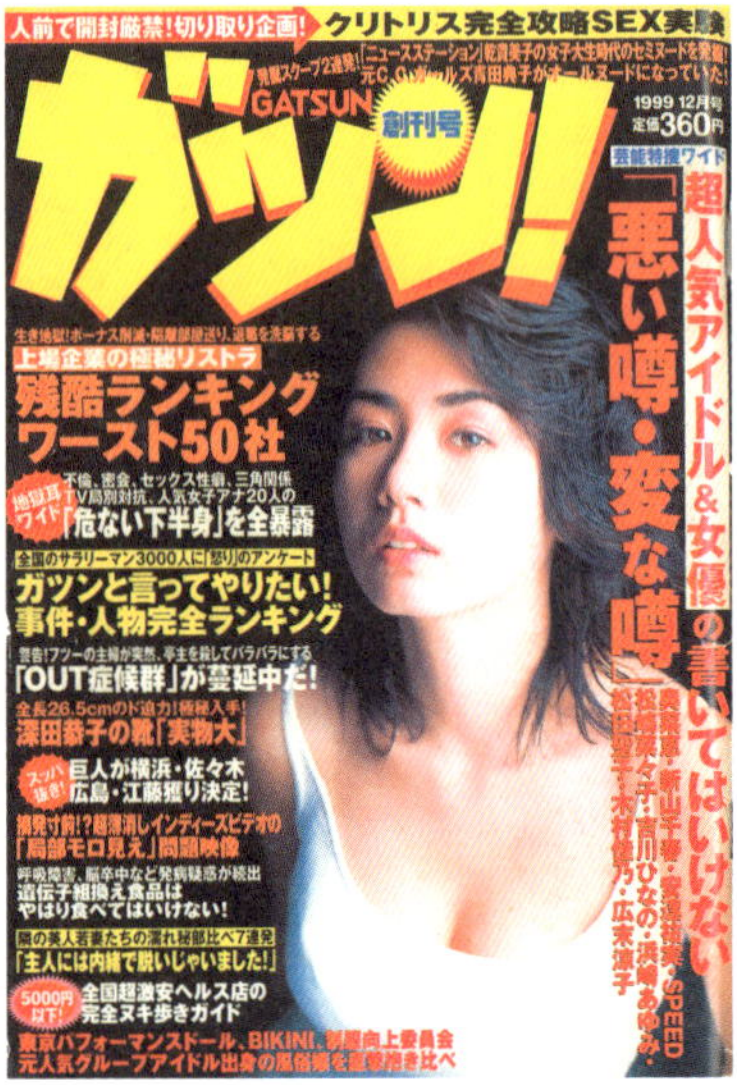

「ガツン！」創刊号　1999年12月号
編集人：高橋伸幸　表紙デザイン：野村高志　表紙撮影：野村誠一　360円

１９９７年に青少年条例による不健全図書指定が厳しくなったことからコンビニがストレートなエロ本を置くことを避けるようになった。そこで台頭したのが実話誌だった。内容的にはエロ本そのものなのだが、一般誌のように見えるところがよかったのだろう。また、３００円から４００円という低価格もデフレ時代にフィットした。

ただし実話誌といっても、既存の実話誌とは違い、ヤクザ業界の記事や社会的なニュースは少なく、アイドルのお宝発掘や風俗記事が多く、いわばネオ実話誌とでもいうべき新しいジャンルの雑誌であった。カタカナの誌名が多いのも特色である。

『ガツン！』もそうしたネオ実話誌ブー

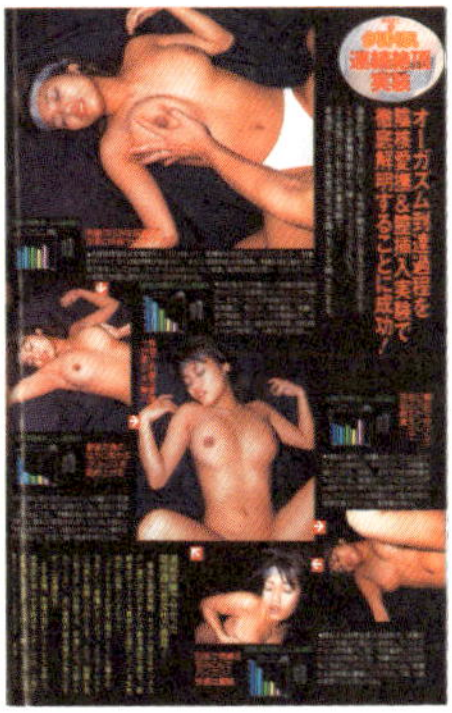

脳波測定のグラフで感度を計測するというのも『ベストスペシャル』の十八番企画。

「隣の美人若妻たちの濡れ秘部比べ」は、いかにも『ベストスペシャル』っぽい企画だ。

イメクラや性感ヘルス全盛の時期ということもあり、風俗記事は実話誌の重要な要素だ。

当時の芸能ゴシップ欄での人気ナンバーワンは広末涼子だった。様々な噂が飛び交った。

ムの中で創刊された雑誌のひとつだ。KKベストセラーズの雑誌ということもあり、「隣の美人若妻たちの濡れ秘部比べ」や、「街角美人ギャルのパンティ痴態17連発」、袋綴じの「クリトリス完全攻略SEX実験」などの企画記事は『ザ・ベストマガジンスペシャル』そのままだが、全体的に露骨なエロ企画の要素は少なめ。むしろ「大発掘!ブレイク前のアイドルたちの仰天ナマ素顔8連発!」「超人気アイドル&女優の悪い噂・変な噂」、そして「深田恭子の靴　実物大」といった芸能人ゴシップ記事や乾貴美子のセミヌード発掘や青田典子のデビュー前のオールヌード発掘といったお宝記事の方が目を引くのもネオ実話誌らしい。2004年2月号で休刊した。

第五章

00〜10年代

模索を繰り返しながら、エロ本は衰退に向かっていった。

00年代に入ると、有名雑誌のリニューアルが相次いだ。お菓子系の元祖とも言える『すっぴん』も10代少女の水着中心の誌面から素人ハメ撮り誌『Suppin EVOLUTION』へと180度方向転換。スタイリッシュなグラビアとデザインで一時代を築いた『ウレッコ』もハメ撮りなどの企画グラビア中心の誌面に、B級ニュース雑誌だった『GON!』も普通のエロ雑誌に……と、個性的だった各誌が、一斉にエロ度の高い普通のエロ本へとリニューアルしていった。特に制作費が安くすむハメ撮りを中心に据えるようになった雑誌が多かった。

しかし、『アクションカメラ』や『デラべっぴん』、『トップスピード』（元『投稿写真』）といった老舗のエロ雑誌がリニューアルを繰り返したあげくに次々と休刊。エロ本が厳しい状況にあることは、誰の目にも明らかだった。

この時期に目立ったのが実話誌の台頭

だった。『週刊大衆』（双葉社）や『アサヒ芸能』（徳間書店）、『週刊実話』（日本ジャーナル社）といった、いわば「B級週刊誌」のスタンスを狙った雑誌が次々と創刊されたのだ。『週刊大衆』の弟分的な存在だった『パパラッチ』（双葉社）がその筆頭で、『特冊新選組』（竹書房）や『ガツン！』なども人気を集め、最初は『週刊プレイボーイ』のラインを狙っていたはずの『ヴァッカ！』や、お宝雑誌だった『お宝ワイドショー』（コアマガジン）なども、実話誌スタイルへとリニューアルした。

芸能スキャンダルや下半身関係の事件、そして風俗記事中心という下世話な路線を意識的に狙ったこうした雑誌は、従来の実話誌よりも少し若い読者層を狙った、いわば「ネオ実話誌」とも呼ぶべき存在で、とにかく安く作れて、安く売れるというのが売りだった。定価は300円台から400円台。コンビニで缶ビールと弁当と一緒に買って千円以内に収まる値段設定なのだと言われた。

90年代後半からコンビニからのエロ本締め出しの動きが見られたため、「露骨にエロ本ではなく、アダルト要素は強いが一般誌のような雑誌」だという実

『パパラッチ』2000年2月15日号（双葉社）週刊大衆増刊として創刊。ネオ実話誌ブームの代表的な存在だが、末期は人妻誌へと移行。

話誌が脚光を浴びたのである。

この動きが、やがて『フラッシュ・エキサイティング』、『フライデー・ダイナマイト』（講談社）、『EX大衆』（双葉社）などに代表される「EX系雑誌」ブームへとつながっていく。こちらはA4判変形とネオ実話誌に比べて判型が大きくカラーページも多いなど、ビジュアル面を強化した誌面となっている。またアイドルやアニメ、懐かしネタなどオタク、サブカルチャー方面の記事が多いのも特色だ。

このようにコンビニでは一般誌とエロ本の中間的な位置にある雑誌が主流となっていったが、その一方で書店売りの雑誌は、よりエロ度を高めたものが人気を集めていた。『千人斬り』に代表されるようなオールカラーで露骨なハメ撮り写真が全ページを埋めつくし、修正も最小限に抑えられた過激な雑誌が数多く作られた。

21世紀のエロ本は、よりエロ色を強めたものと、一般誌に近づいたものへとはっきり分化していったのだ。

この動きの中で、「個性的なエロ本」「面白いエロ本」は消える、もしくは方向転換を迫られることとなったのである。

『EX大衆』2006年6月号（双葉社）EX誌ブームの代表的な存在だったが、現在はアイドル雑誌となっている。

エロ本が売れなくなった要因としては、やはりインターネットの普及が大きかったと言えるだろう。わざわざ書店やコンビニで恥ずかしい思いをしなくても、パソコンや携帯電話で手軽にアダルトコンテンツを楽しむことができるのだ。しかも市販のエロ本では絶対に不可能な無修正の画像もネットにはあふれているのだ。

特に若い世代は、ネットに飛びついた。90年代前半にパソコンで楽しむアダルトCD－ROMが登場した時には、「パソコンの画面を見てオナニーする奴なんているわけないだろう」などと言われていたのだが、若い世代にとっては「印刷物でオナニーする」ことの方が珍しく思えるようになっていったのだ。

00年代初頭に、DVDを付録に付けたエロ雑誌やムックが登場し、2004年頃から急速に増えだした。その2年後には、もうDVDが付いていないエロ本を探す方が難しいという状況になっていた。エロ本側のインターネットに対抗する手段のひとつがDVDだった。

それでもこの時期は、付録のDVDも自社で撮り下ろしたコンテンツが多く、AVとは違うエロ本編集者ならではの視点で制作されたものが多かった。

さらにエロ本に大きな打撃を与えたのが規制である。まず1999年の児童ポルノ禁止法（児童買春、児童ポルノに係る行為等の規制及び処罰並びに児童の保護等に関する法律）の施行だ。

児ポ法の施行を受けて、エロ雑誌業界

は一気に過剰な自主規制に走る。それまでもヌードからみのカットの場合は18歳以上のモデルに制服を着せて「なんちゃって女子高生」を演じさせていたのだが、そうした企画も姿を消した。

　また着衣であろうと水着であろうと18歳未満のモデルは一切使わなくなった。街で見かけた可愛いコギャルのスナップといった企画も中止になった。

　極端な例では20歳であろうと、童顔のモデルは避けるなどという話まであったほどだ。

　この法律の巧みなところは、流通まで処罰の対象に含めたことである。問屋や書店、そしてコンビニに拒否されたら、雑誌を販売することはできない。出版社自体の存続に関わる問題となるのだ。

　以降、エロ雑誌に関する規制は、常に流通が視野におかれたものとなったため、かつてのように「ワイセツとは何かを問いかけながらお上と戦う」といった格好のいい戦い方はできなくなってしまった。

　そして２００４年には、青少年健全育成条例が改正される。有害図書が青少年の目に触れることを防ぐ目的によるもので、２００１年にも同条例によりコンビニや書店などで有害図書を成人コーナーに隔離する区分販売が義務付けられていたが、２００４年には、さらに中身が閲覧できないようにテープどめすることが決められたのだ。

　テープどめが施行された際には、立ち読みができないため、余計に中身が見たくなったユーザーが購入するという動きがあり、売上増加につながるなどの意外な効果があった。見えないと見たくなるという「袋綴じ」記事と同じである。このテープどめ特需により、エロ雑誌市場は1割程度売上が上がったといわれる。

　しかし、これはあくまでも一時的な現象に過ぎず、やがて売上は元に戻り低迷。さらに2005年11月からは、テープを2ヶ所どめにすることが決められた。テープを貼るコストは1冊あたり20円程度。そのために定価を値上げするわけにもいかず、出版社は20円値下げをしたことと同じ打撃を受けた。

　そして立ち読みができなくなったため、エロ雑誌は表紙に内容を全て表記するようなデザインへ変わって行った。

　そのためコンビニの成人雑誌コーナーは、直接的な文言にあふれた表紙ばかりが並ぶこととなり、より下品な光景となってしまった。テープどめ施行による思わぬ副作用であった。

　00年代半ば以降のエロ本業界での目立った動きといえば、熟女ジャンルの急成長だ。1992年に日本初の熟女専門誌である『熟女クラブ』が創刊されると、熟女ジャンルは、すこしずつ支持を広げていったが、90年代はアダルトの中でもマニアックな趣味だとされていた。

　しかし90年代末から、AVでは川奈まり子、牧原れい子を中心とする美熟女ブームが起こり、すこしずつ「熟女」はメインストリームへと進出していった。

　そうした動きはエロ本にも反映される。

いや、むしろエロ本業界の方が熟女ジャンルの拡大は大きかった。

00年代に入って、多くの雑誌が熟女路線へとシフトを切った。アイドル雑誌の『ザ・シュガー』がリニューアルした素人ナンパ雑誌『ストリート・シュガー』（サン出版）も、どちらかといえばロリ系の印象の強かった投稿雑誌の雄『スーパー写真塾』も、『ペントハウスジャパン』を前身とする『ペントジャパンスペシャル』も、そしてあのスタイリッシュなビジュアルの『ウレッコ』も、揃って熟女雑誌になっていったのである。どの雑誌にも、「熟女」「人妻」の文字が誌名ロゴよりも大きく表紙に書かれた。

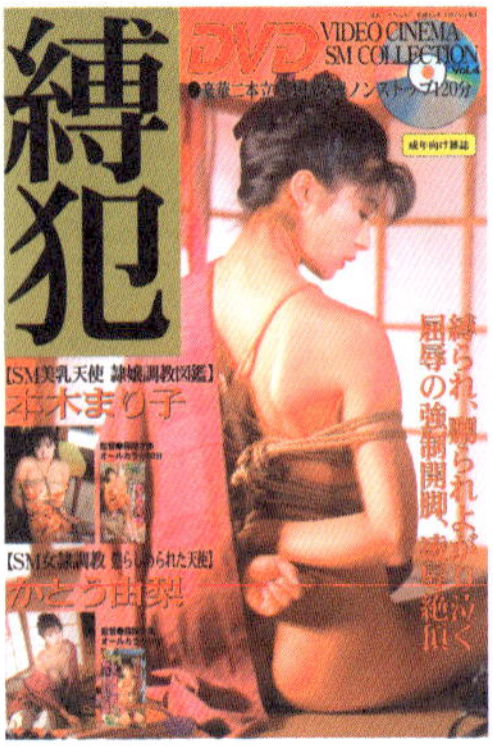

『縛犯』2001年（司書房）
自社で発売していたAVをDVD化して付録に付けたムック。DVD付エロ本としては最初期の試みである。

2006年頃から急速に増えたのが、AVメーカーから提供された映像や画像だけで1冊まるまる作ってしまうムック本だ。その初期に『一冊まるごとプレステージ』など、プレステージというメーカーの作品を使った本が多かったため、こうした本は「プレステージ本」などと呼ばれたこともあった。

　メーカーとしてはパブリシティ効果が期待でき、出版社としては撮り下ろしを

『NAO DVD』2006年11月号（三和出版）DVD付で350円という破格の価格を実現。販売は三和出版だが、そのバックには大手AVメーカーのKMPがついていた。

するよりも制作費をずっと抑えることができる。そしてユーザーとしては、AVよりも安い価格でDVD（プレステージ作品のダイジェスト動画を収録）を楽しむことができる。プレステージ本は好調に売上げを伸ばし、2008年の段階ではプレステージ本だけで10シリーズ以上が発売されていた。窮地のエロ本出版社にとって、利幅の大きなプレステージ本は救世主のような存在だったのだ。もちろんプレステージ以外のAVメーカーも提供を始め、コンビニのエロ本コーナーには、こうしたDVD付ムックがあふれることとなった。

「プレステージ本」において、メインはあくまでもDVDであり、本誌は付属のブックレットに過ぎなかった。

そして、その後、こうしたスタイルがエロ本の主流となっていったのだ。

デフレ時代、低価格化の波はエロ本にも押し寄せた。2006年に『NAO DVD』（三和出版）がDVD付で350円という超低価格を打ち出したのを追うように、『ビージーン』や『DMM』、『ソフト・オン・デマンドDVD』などの雑誌も、DVD付で200円台、300円台という価格に値下げしてきたのだ。

実はこれらの雑誌は、バックに大手AVメーカーがついているために、こうした値段をつけることができた。しかし、従来のエロ本出版社では、どう工夫したところで、そんな値段で出版することはできない。700円、あるいは1000円以上という金額になってしまう。ここで多くのエロ本出版社は勝負から降りてしまった。

そんな中で気を吐いたのは2008年からパンティを付録に付けた『ザ・ベストマガジンスペシャル』であった。パンティ付録の号は好調な売上げを記録し、パンティ付録がメインの別冊『ランジェリー・ザ・ベスト』も創刊された。パンティ付録はエロ本業界に久々にさした一筋の光とまで言われ、もちろん他誌も追随した。

DVDにしろパンティにしろ、既にエロ本が本誌だけでは戦えないという現実がそこにあった。

しかし、2010年にコンビニがパンティ付録を問題視するようになり、それを控えると『ザ・ベストマガジンスペシャル』も失速。2016年に休刊を迎えることとなる。

10年代に入ると、エロ本は完全に終焉を迎えることとなった。2010年に老

『ランジェリー・ザ・ベスト』2010年12月号（KKベストセラーズ）『ザ・ベストマガジンスペシャル』のパンティ付録の人気を受けて、パンティやコスチュームなどの付録をメインとした本誌が登場。

舗エロ出版社である東京三世社が廃業する。倒産ではなく、余力を残しての廃業は、今考えれば実に懸命な選択だったと言える。既に2007年に英知出版、そして桃園書房とその子会社である司書房が倒産していた。

またワニマガジン社のように、実写系エロ本から手を引き、美少女漫画誌やファッション誌などの一般誌へと主力を移す出版社が増えていく。

気がつけば、かつて名をはせたエロ本出版社で、今でもエロ本を主力にしているのは三和出版くらいになっていた。

2014年の『ビージーン』の休刊はエロ雑誌の歴史のひとつの区切りだったと言える。『ビージーン』は1984年に英知出版から創刊された『ベッピン』が1995年に改題された雑誌だ。『ビージーン』だけでも20年、『ベッピン』時代から数えれば30年という歴史を持っていた。2006年には英知出版からジーオーティーに版元が変わるという出来事もあったが、誌面に大きな変更はなかった。

『ベッピン』時代は約30万部という発行部数を誇った超人気雑誌であり、綺麗な撮り下ろしグラビアとユニークな企画グラビア、そして読み応えのある一色ページという80年代〜90年代のエロ本のフォーマットを00年代でも続けていた雑誌だった。それが、遂に息絶えた。

ジーオーティーから関係者に送られた「休刊のお知らせ」には、こんな文面がある。

「現状としては大きな赤字もなくなんとか発行を続けられるものの、昨今のアダルト雑誌の急激な落ち込みと社会的な状況を踏まえ、長期的経営判断として『Bejean』を含めコンビニアダルト誌を3誌休刊するという決断に至りました」

『ビージーン』休刊号の表紙には、大きく「さよならエロ本…」というキャッチコピーが書かれていた。

そして平成最後の年である2019年、1年後に東京で開催されるオリンピックで訪れる外国人観光客への配慮を理由に、大手コンビニが成人向け雑誌の販売を中止する方針を発表した。書店以上に大きな売上げを誇っていたコンビニという市場が完全に消えるということだ。そしてそれはコンビニ向けエロ本の消滅を意味していた。

以降、エロ本は書店売りを中心に販売することとなるが、その書店は毎年全国で500店ずつ減っているという状況だ。しかも近年主流の大型書店はエロ本を扱っていないことが多い。売ろうにも売り場がないというのが、エロ本の置かれた現状である。

もうひとつの問題が読者の高齢化だ。現在のエロ本の読者は40代から60代が中心と言われている。エロ本が血気盛んな若者のものというイメージを未だに持っている人からは驚かれるが、これが現実だ。かつての読者がそのまま年齢を重ねており、新規の若い読者は、ほとんど入ってこない。

これはエロ本に限らず雑誌全体に言えることだが、基本的に現在の読者はネットをやらない人なのである。特にエロ本にはその傾向が強い。ある意味で、ネットができない人の救済措置として、エロ本は存在しているのだ。

今後、スマートフォンなどがさらに普及していけば、その分読者は離れていくだろう。また高齢化による性への興味の減少もあるだろう。

そして、エロ本は付録のＤＶＤが主体であり、本誌はオマケに過ぎないという状況になっている。読者の目当てもＤＶＤなのだ。もはや現在のエロ本はブックレット付ＤＶＤと呼ぶ方が正しいのかもしれない。

少なくとも現在のエロ本は、90年代までのような先鋭的な存在ではなくなっている。

エロ本は、その役割を終えたのだ。

超熟ラプソディー

2000年創刊　ユニ報創

熟しきった女性の魅力を伝えた雑誌

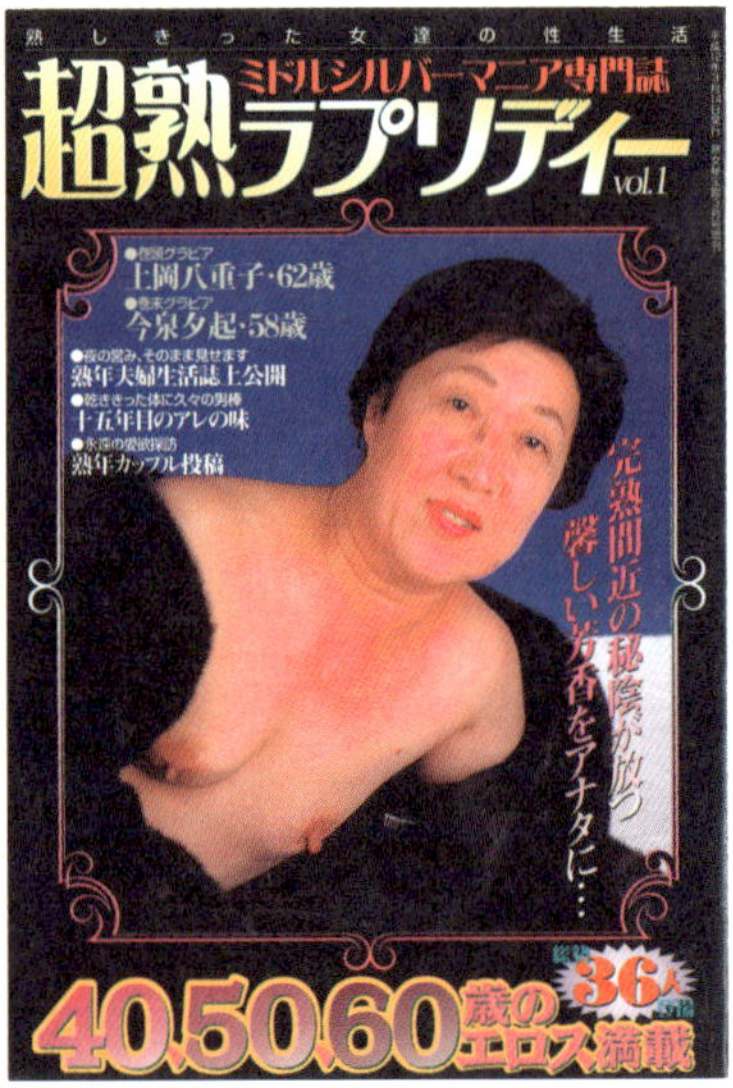

「超熟ラプソディー」創刊号　2000年3月号
編集人：斎藤泉　1800円

90年代後半、熟女専門誌が次々と創刊されていたが、そんな中でも一際異彩を放っていたのが、『超熟ラプソディー』であった。

ミドルシルバーマニア専門誌を標榜し、キャッチコピーは「熟しきった女たちの性生活」「40、50、60歳のエロス満載」。今の目からすれば40代を「超熟」の範疇に入れるのは、少し違和感を感じるが、おそらく高年齢のモデルを集めるのが、まだ困難だったのであろう。実際6号からは「50、60、70歳」に、さらに最終的には「50~80歳」へと年齢が上がっていった。

表紙と巻頭グラビアは編集長が会った途端に「表紙は彼女だ」と心に決めたという上岡八重子62歳。男優とセックスまで披露している。さらに放尿姿まで見せ

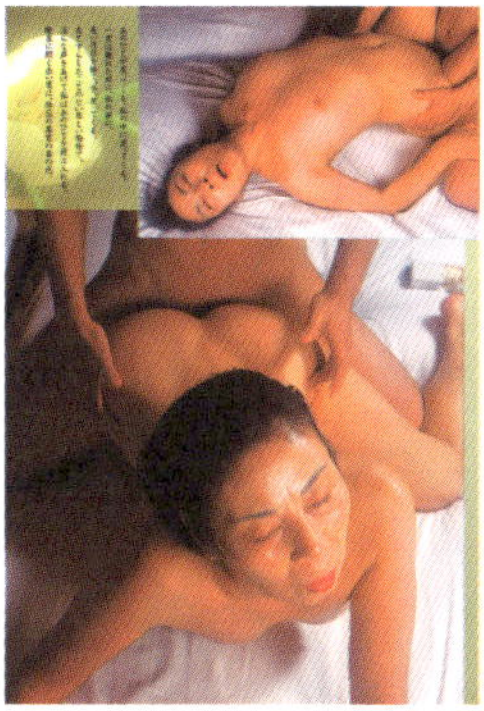

息子ほど年齢の離れた男優に激しく突かれる今泉夕起58歳。和服姿も披露している。

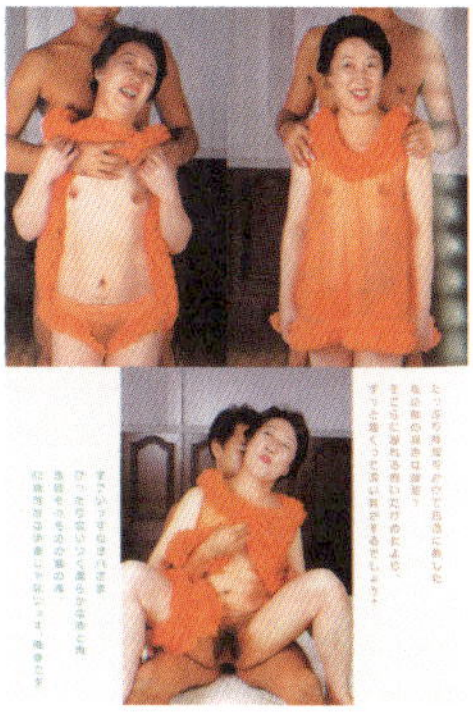

嬉しそうな笑顔で男優とからむ上岡八重子62歳。「女は灰になるまで現役なのよ」

休刊号となった2008年7月号。通巻51号。創刊号よりも出演モデルの年齢層もアップ。

夫婦で応募してきたという51歳の素人熟女。夫が見守る前で編集者と過激なプレイを披露。

る篠田敏江62歳、野外露出にも挑戦する藤本志津子51歳と続き、巻末では和服姿の今泉夕起58歳も登場。

海外の超熟雑誌紹介や、熟女情報満載の「たれちち新聞」、告白手記や投稿写真、官能小説など、熟女にまつわる記事も満載だ。後に『人間仮免中』でブレイクする卯月妙子もイラストや「鬼龍院花子の老後」なる漫画を寄稿している。

当時の熟女誌にありがちな、キワモノ感を若干意識した構成ではあるが、超熟の魅力に迫ろうという姿勢はマニアに支持されたようで2008年まで刊行された。

現在では、50代女性を扱ったエロ本はコンビニでも人気を集めるほど一般化している。

千人斬り

2000年創刊　東京三世社

ある意味でエロ雑誌の完成形

「千人斬り」創刊号　2000年6月号
編集人：染宮正人　表紙デザイン：Pons.D　表紙撮影：HAYATO　550円

『チョベリグ!!』を成功させた染宮正人編集長がその手法をさらに推し進めた完成形とも言うべき雑誌が『千人斬り』だ。毎号6~8人の女の子をハメ撮り。テキストはプロフィールとアンケートのデータのみ。写真も、大股開きで自ら陰唇を広げていたり、挿入した局部をアップで撮影したりと、まるで裏本のような即物的なものばかり。さらに修正も最小限と、あまりにストレートなその編集方針は、画期的でもあった。

モデルがほとんどギャル系であり、編集長自ら男優を務めているため「ただ自分がやりたいだけなのでは」とも言われたが、その欲望と直結した姿勢こそがエロ本の本道といってもよいのではないだろうか。「メンズドリーム誌上実践マガ

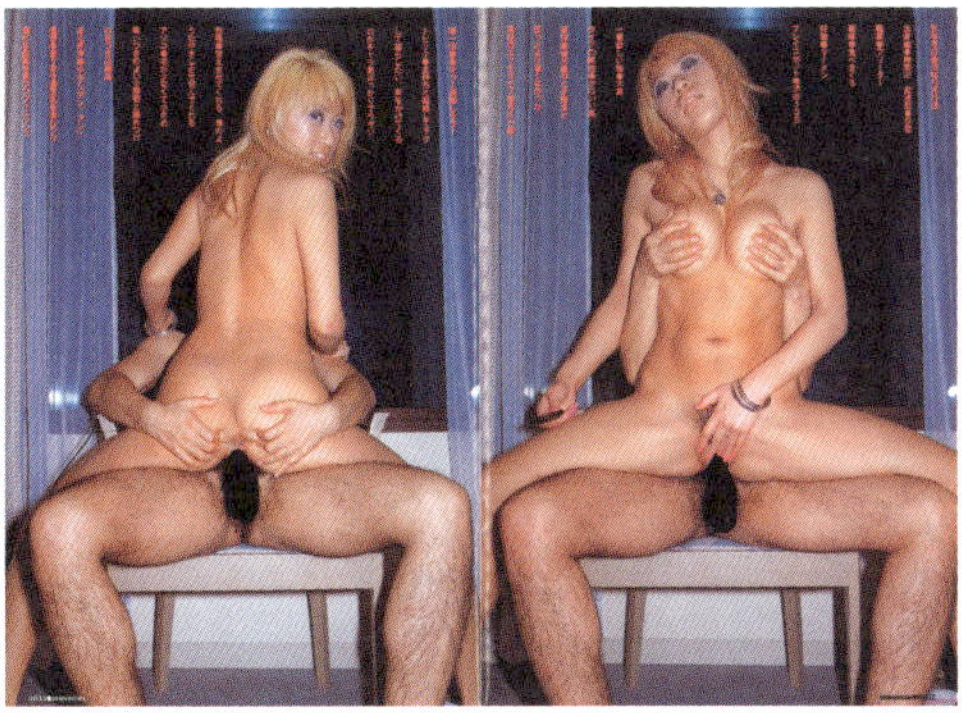

まるで裏本のように即物的なポーズとレイアウトは有無を言わせない迫力に満ちている。

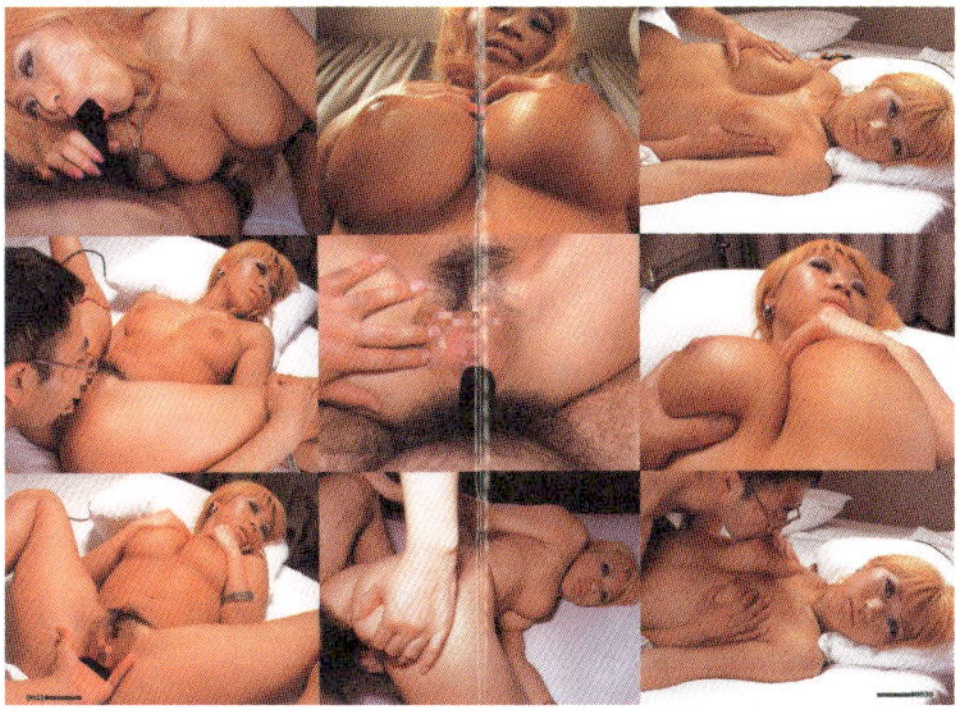

セックスをしているのに女の子は無表情で醒めた目をしているのもリアルで新鮮だった。

ジン!!」というキャッチコピーそのままである。しかも、いざセックスになると、女の子たちが揃って嫌そうな表情になっているのも、リアルな援交感があり、そこが読者に受けた。

『ハメパラ』（司書房）など、コンセプトをそっくり真似た類似誌も乱立し、本誌からも『千人斬りインターナショナル』『千人斬りハイスクール』などの別冊も作られた。

表紙に「千人斬りまであと○○○人」と、カウントダウンで残り人数が書かれているが、残念ながら2008年2月号で休刊。残り748人であった。その後『千人斬りハイスクール』にカウントは引き継がれたが、最終的に708人でこちらも力つきた。

DMM

2000年創刊　ジーオーティー

遅れてやってきた新時代AV誌の覇者

「DMM」創刊号　2000年7月号
編集人：葉月耕市郎　490円

日本最大のアダルト配信・通販サイトとなったDMM（現FANZA）が創刊したAV情報誌。ただし創刊当時は、まだDMM自体にそれほど知名度はなく「インターネット業界では知る人ぞ知る有名サイト」と編集後記に書かれている。

AV雑誌としては、かなり後発であり、当時盛り上がりを見せていたとはいえ、まだまだマニアックな存在だったインディーズビデオ（セルAV）中心の誌面のため、マイナー色が強く、全体的に安っぽさは否めない。

非合法スレスレのグレーな存在であった薄消しビデオの記事が多いのも、今では考えられないだろう。しかし、サイトのDMMが成長していくにつれ、『DMM』もAV情報誌として充実していった。

全ページカラー。150本に及ぶビデオレビューも全てカラーというのは新鮮だった。

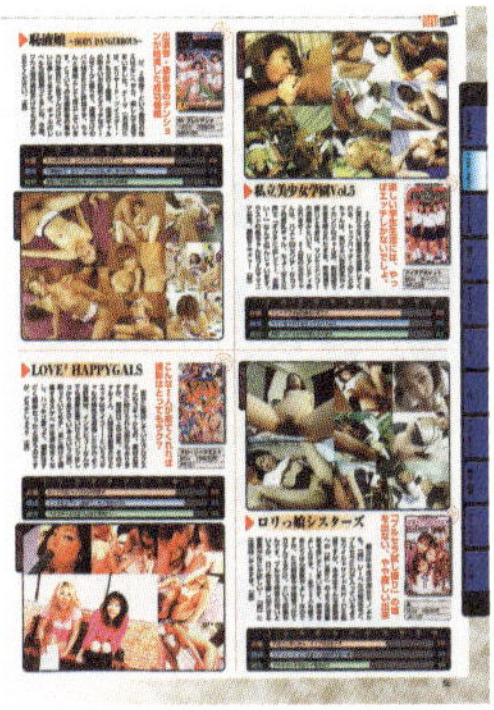

当時人気の薄消しビデオの記事。修正が薄すぎて摘発されるというグレーゾーンのAVだ。

定価290円据え置きのままDVDが付録に付くというのは衝撃だった。(2006年11月号)

新作タイトルを網羅したリスト「新作サクサク」は今でも続く密かな人気コーナーだ。

さらに創刊3号にして、290円という破格の値下げを断行。他のAV情報誌に大きく差をつける。

そして2006年には、290円という値段はそのままに付録にDVDを付けるというとんでもない価格破壊に踏み切る。これは多くのAVメーカーをグループ内に持ち、膨大な広告を掲載（誌面の半分近くが広告）できる営業力・組織力を持っているからこそ可能な価格であり、他の出版社がこれに追随することは無理だった。

こうして90年代には20誌以上が乱立していたAV情報誌は『DMM』に駆逐されていったのである。

ファイヤー

2000年創刊　洋泉社

サブカルチャー誌が実話誌へと変化する過程

「ファイヤー」創刊号　2000年8月号
編集人：種義則　表紙デザイン：妹尾善史　表紙撮影：木村晴　480円

70年代に植草甚一によって創刊され、以降サブカルチャー誌として知られていた『宝島』（JICC出版局／宝島社）だが、90年代に入ると突如アダルト色を強めていった。しかし2000年に週刊化にあたって、ビジネス誌へと再び大幅な路線変更。その際に従来のアダルト路線の誌面で新たに創刊されたのが『ファイヤー』である。

判型もデザインも、それまでの『宝島』を踏襲しているが、当然ながらアダルト色は増しており、それ以外の記事は「日本全国旨い！回転寿司」くらいである。

巻頭は川村ひかるや眞鍋かをりなどの水着グラビア。『宝島』の人気企画であった「あなたの巨乳見せて下さい！」や「キャバクラ探検」、さらにヘアヌードに

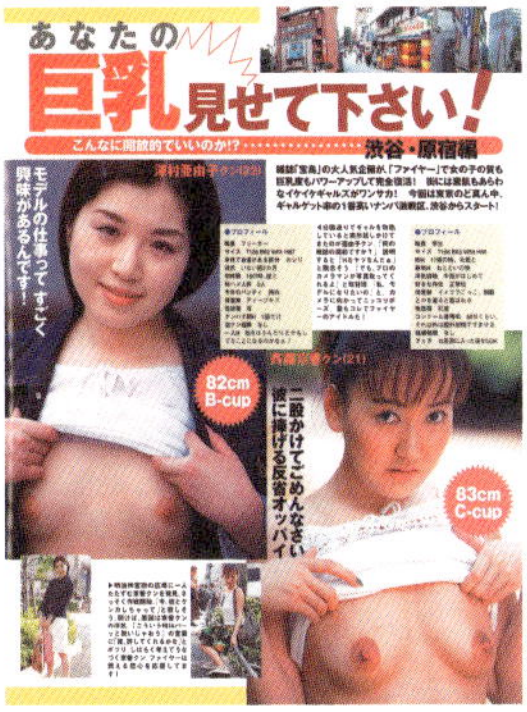

アダルト路線期の『宝島』1999年2月17日号。既に表紙に踊る言葉がエロ本そのものだ。

「風俗遊び快楽ガイド」。あまりに普通の風俗嬢カタログで独自性は全く感じられない。

「あなたの巨乳見せて下さい！」。『宝島』時代の総集編も同時掲載されている。

リニューアルした『週刊特報』。こちらもまた特に特色のない凡庸な実話誌であった。

風俗記事、エロ業界人インタビューなど、エロ雑誌としては、あまり独自性のない企画が続く。

アダルト路線期の『宝島』は40万部を突破する勢いだったが、それを受け継いだ『ファイヤー』は、完全に失速してしまい、2002年には完全に実話誌である『週刊特報』へとリニューアル。あのサブカルチャー誌の雄である『宝島』が全く正反対の位置にあった実話誌へと変わっていったという事実はなんとも興味深い。

結局『週刊特報』も2004年に休刊という短い運命であった。ちなみに本家である『宝島』もビジネス誌から裏モノ雑誌へと移行し、2015年に休刊している。

YO!

2000年創刊　大洋図書

読むだけではなくセックスできる雑誌

「YO!」創刊号　2000年11月号
編集人：桟大輔　表紙デザイン：OFFICE　Namaプロ　表紙撮影：MAKOTO　730円

誌名は「イヨウ！」と読む。創刊号の時点では「イケメン養成・ナンパHOWTO&実践マガジン」と称して、ナンパテクやナンパハメ撮りが中心であったが、次第に読者参加、つまり読者が男優として出演する雑誌へと変わっていく。

毎号、「素人モデルエントリーカタログ」として、エントリーされた女の子数十人が掲載され、応募すれば、その中の気に入った女の子と撮影でセックスできるかもしれないというシステムになっている。まるでプレイする風俗嬢を指名するかのようだ。

原寸大のポスターになっている女の子に「この娘とHしたい人は応募下さい」と書かれているのもあまりに即物的ですごい。この雑誌は、自分がセックスした創刊号の時点でも、既に野外乱交企画が。全裸でバーベキュー、さらに旅館で大乱交。

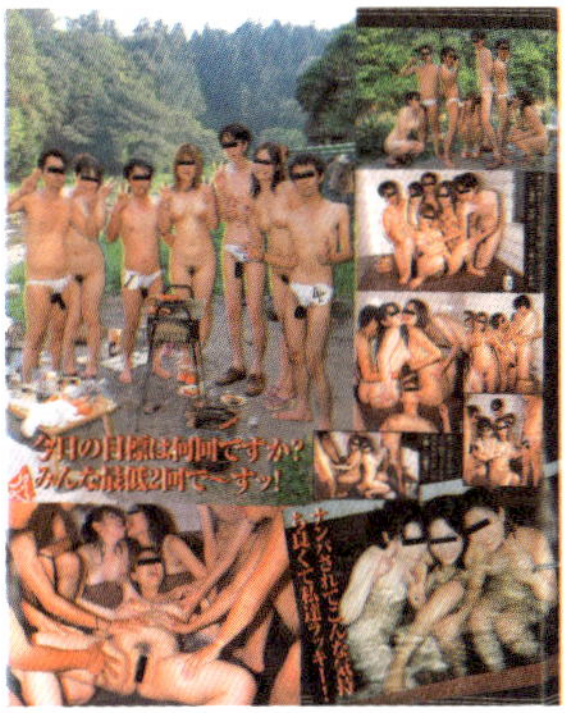

読者59人と女性3人が野外で乱交するというドすけべだらけの大艶会。(2006年7月号)

湘南の浜辺で4人の読者が水着の女の子たちにアタックするというナンパ師養成企画。(2000年11月号)

全国の読者の元へ届けるデリバリーマンコ。日本最南端の無人駅まで！(2003年3月号)

い女の子を選ぶカタログでもあるのだ。

さらにその撮影も砂漠や富士山、無人島、日本最南端の無人駅など、とんでもない場所で行うものが多い。また乱交も多く、女の子3人に読者59人が野外でくんずほぐれつという恐ろしい企画もある。

とにかくオールカラーの全ページにわたって、女の子が股を開きまくり、しゃぶりまくり、ハメまくっている。女の子たちも、そして参加している読者たちも楽しそうだ。

00年代を迎えて、多くのエロ本が失速していく中で、ひたすら欲望のままに暴走するその姿勢は感動的ですらあった。2009年に休刊するが、その勢いは最後まで健在だった。

アイドロイド

089

2000年創刊　コアマガジン

最初にして最後のラブドール専門誌

「アイドロイド」創刊号　2000年12月号
編集人：河村親弘　表紙デザイン：おおぐろしゅういち　表紙CG：詩逢良　1800円

「仮想愛玩人造美人専門誌」、すなわち3DCGの美少女キャラクターと等身大人形の専門誌だ。創刊号では大半がCGの記事だったが、次第に等身大人形＝ラブドールの比重が大きくなっていった。

おりしもラブドールが注目され、ブームになる寸前の時期に創刊されたということもあり、唯一の専門誌として愛好者からの支持も厚かった。

号を重ねるごとに、メーカーも増えていき、新製品紹介の点数もどんどん多くなっていった。今、まさにラブドール業界が盛り上がっているのだというシーンの熱気が毎号の『アイドロイド』の誌面からも伝わってきた。

その世界での有名マニアであるta-boをメインライターとして起用し、ラブド

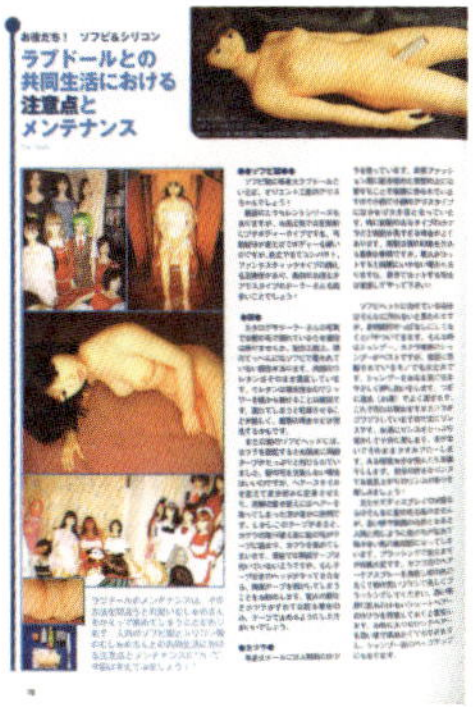

アメリカ製のリアルドールだが、オーダーの仕方でかなり日本人好みにカスタムできる。

本物かと見間違えそうにリアルなラブドールグラビア。『アイドロイドプチ』Vol.7より。

ta-boによるラブドールとの共同生活の注意点とメンテナンス解説。『アイドロイドプチ』Vol.1より。

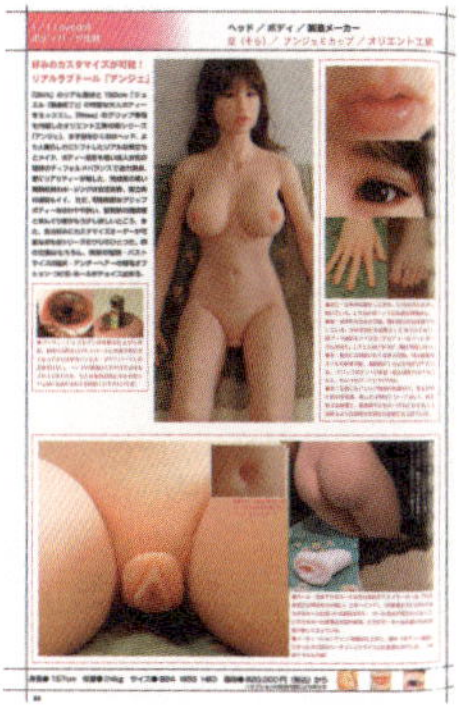

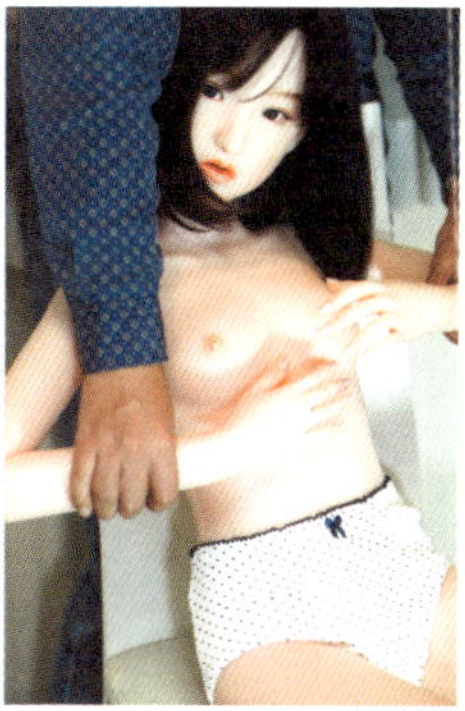

現行ラブドールたちの各部パーツを細かくチェック。『アイドロイドビスタ』Vol.8より。

ール（愛好者はむしゅめさんと呼ぶ）を自宅に迎えるにあたっての準備から、手入れの方法、さらには改造まで、実用的な記事も多い。

　しかし、なんといっても本誌のメインコンテンツはラブドールのグラビアだろう。スタジオを使い（時には屋外で）、しっかりとライティングされて撮影されたラブドールの写真は、まるで本物の女性のように見えた。

　それは児童ポルノ禁止法によって、掲載不可能となってしまったロリータヌードの代用として見られていたという側面もあっただろう。

『アイドロイド』は、その後『アイドロイドプチ』『アイドロイドビスタ』と誌名を替えつつ２００９年まで発刊された。

平口広美のフーゾク魂　090

2001年創刊　イースト・プレス

漫画家の名前を冠した幻の風俗誌

「平口広美のフーゾク魂」創刊号　2001年1月号
編集人：是安宏昭　表紙デザイン：ADセカンド　表紙画：平口広美　590円

平口広美が1983年から『ビート』『スパーク』（共に白夜書房）で連載していた風俗体験漫画をまとめた『フーゾク魂』（1998年　イースト・プレス）がヒットしたことから、平口広美責任編集の月刊風俗誌として創刊。平口はもちろん東陽片岡、しゅりんぷ小林、もりいくすおの風俗体験漫画、さらにハニー白熊、ラッシャーみよし、安田理央の風俗体験ルポなど、アポなし潜入取材をメインとした異色の風俗誌だ。この他、快楽亭ブラック、唐沢俊一、風吹晏名、山口みずかなどもコラムを連載。

創刊号の巻頭は、もちろん平口広美の漫画。創刊記念ということで吉原の総額10万円の超高級ソープランドを体験している。

東陽片岡の体験漫画。現在と全く変わらない作風であり、行くのもいつも熟女ホテトル。

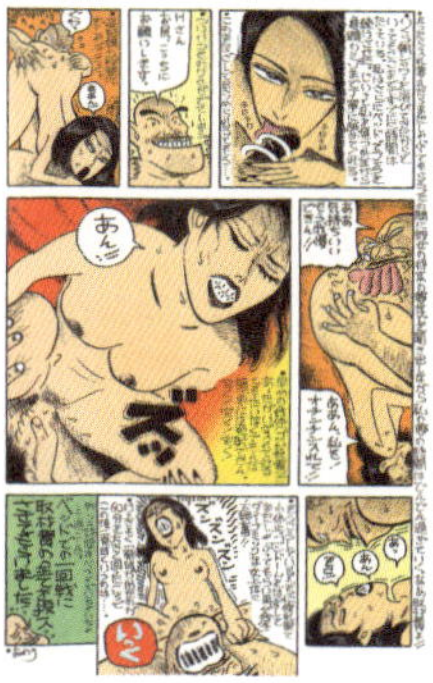

初めての超高級ソープ体験に緊張する平口広美。毎号巻頭にカラーで漫画が掲載された。

最終号となった2001年7月号。目次のページに休刊のお知らせが挟み込んであった。

リニューアル以降は表紙をめくると必ず平口広美本人が登場するというのも異色であった。(2001年6月号)

体験取材中心の風俗誌という狙いは悪くなかったように思えるが、既に風俗情報誌市場は飽和状態であり、写真や印刷のクオリティも低かったことから売上は振るわず、4号目に早くもリニューアルで判型が小さくなるも、7号であえなく休刊となる。

休刊に至る顛末は『新・フーゾク魂 壱ノ巻』（青林工藝舎）で平口自身が漫画に描いているが、創刊号が出た時点で社長が「平口さん、大変だァ、600万の赤字ですよ！ リニューアル！ リニューアル！」と叫び、8号の準備中に一方的に休刊を決めたという。怒った平口はイースト・プレスから全ての著作の版権を引き上げ、新たに青林工藝舎から単行本『フーゾク魂』を出すこととなった。

シャッフル!

2001年創刊　晋遊舎

修正をどこまで小さくできるのか限界に挑む

「シャッフル!」創刊号　2001年1月号
編集人：井内一博　表紙デザイン：ダイナマイト巨人　1000円

00年代に入ると、コンビニ向けエロ雑誌と書店売りエロ雑誌の乖離が激しくなっていった。コンビニ向けが規制にあわせてソフトになっていくのに対し、「成人向け雑誌」のマークを付けた書店売りはより過激にマニアックにエスカレートしていったのだ。

過激派エロ雑誌の代表とも言えるのが、この『シャッフル!』である。「全ページ採れたて新鮮素人娘がぐちょマンおっぴろげてアナタの肉棒をお待ちしております!」という、あまりに直接的なキャッチコピーそのままに、挿入シーンのアップのオンパレード。しかも修正されている範囲が非常に狭い。肛門はもちろん、大陰唇までもが丸見えになっているのだ。性器というのは、いったいどこからどこ

フィニッシュは当然顔射。わかりやすいエロこそがこの雑誌のモットーである。

ひたすら大股開きと接合部が続く即物的な過激さの極北。あまりに修正が小さすぎて、ほとんどのページが掲載できない。

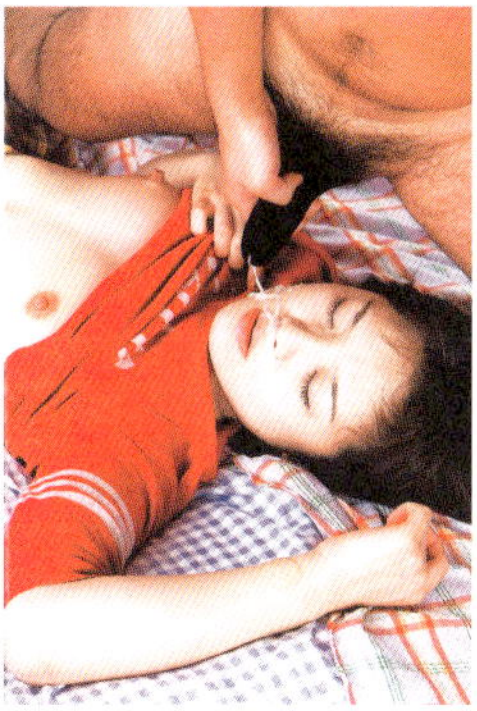

『シャッフル！』に負けず劣らずの露出度を誇ったマックスコーポレーションの『do-up!』。（2001年8月号）

までを指すのかという命題を見る者に突きつけるような強烈な誌面だ。『チョベリグ‼』『千人斬り』などの路線をさらに推し進めたスタイルである。インターネットにつなげば、無修正の画像がいくらでも見られるという状況に対してのエロ本側からの最後の抵抗だったとも言える。この時期には他にも『超天然素人娘』（雄出版）、『ドアップ』（マックスコーポレーション）などの同種のエロ雑誌が次々と現れ、チキンレースのように修正の過激さを競っていた。

　こうした雑誌はエログラビアのみというのが普通なのだが、『シャッフル！』は巻末でかなりのページをコラムに割いているのが面白い。そこに編集者のこだわりがあったのだろうか？

スマートガールズ

092

2001年創刊　宝島社

「スマートガールズ」創刊号　2001年7月号
編集人：高田秀之　表紙デザイン：store inc.　表紙撮影：KENNY　933円+税

おしゃれヌードは女性には受けたが

男性ファッション誌『スマート』（宝島社）で連載されている、内藤啓介撮影によるヌードグラビア「ちんかめ」や、常盤響の『Sloppy Girls』（新潮社）などのヒットで、ファッション写真的なスタンスで撮影されたおしゃれヌードが流行。女の子にも評判がよく、「こういうヌードなら脱いでもいい」という子が続出した。

その「ちんかめ」のコンセプトを推し進めた形で創刊された『スマートガールズ』は、内藤啓介をはじめとする7人のカメラマンに加え、永瀬正敏も撮影に参加。キュートでポップな「おしゃれヌード」の世界を作り出している。女の子の日常的な生活を切り取ったようなKENNYやカラフルでパワフルなテイストの

「コミック系パンツを可愛く着こなす」をテーマにしたコムタカツジ。無防備なエロス。

内藤啓介による元祖「ちんかめ」。ギリギリで見せないかと思うとサッと見せたりもする。

英知出版が2000年に出した『FAKE/OFF』。かなりおしゃれだが、2号は出なかった。

アイスクリームを舐める素人女性25人のスナップを集めた永瀬正敏。彼女たちのアンケートも掲載。

蜷川実花、コミック系パンツいっちょうという姿を可愛く撮るコムタカツジ、Tシャツをモチーフにしたレイクタホなど、カメラマンたちは、それぞれが独自の世界を展開しているがオールヌードは少なく、可愛らしい衣服を組み合わせることで、ポップなテイストを演出している。この見えるか見えないかのギリギリの露出が、即物的な写真よりも、かえってエロく感じたりするのも、面白い。

ちなみに永瀬正敏は原宿で見つけた女の子25人にアイスクリームを舐めさせるという確信犯的なスナップ写真で参戦。

エロ本業界でも、こうしたテイストを取り入れようとする試みはあったが、00年代のエロ本読者には、全く受け入れられなかった。

サルシキ

2006年創刊　ワニマガジン社

全て撮り下ろしDVD付で390円の衝撃

「サルシキ」創刊号　2006年5月号
編集人：佐藤強志　表紙デザイン：小西秀司　表紙撮影：折居洋　390円

DVD付で当時としては破格の390円という価格。しかもそのDVDも、AV監督の二村ヒトシ、葵刀樹、写真家／デザイナーの常盤響、漫画家の山本直樹といったメンツが撮り下ろしたオリジナル映像ということで、業界の度肝を抜いた雑誌。

低価格を実現するため、あえてAV女優ではなくグラビアアイドルを起用しているのも面白い。新人グラビアアイドルは、ギャラが非常に安くすむからである。

本誌はA5判で64ページと極めてコンパクト。あくまでもDVDがメインであるというコンセプトを打ち出した初めてのエロ本だと言えるだろう。

編集者の三宅大介は当時、筆者のインタビューに対して「編集者だってオナニ

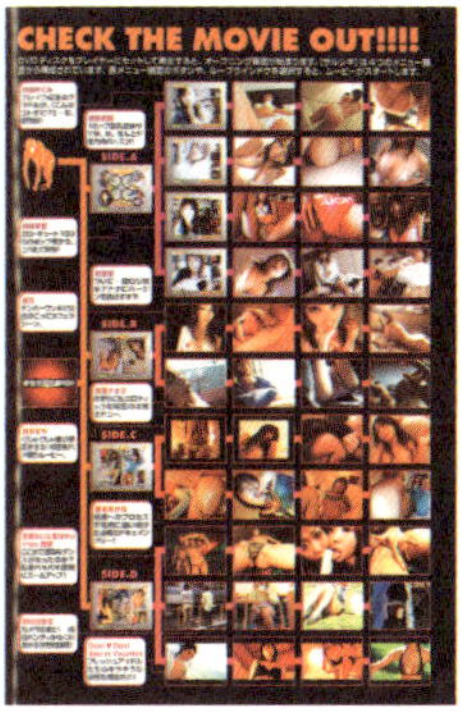

撮り下ろし10作品、2時間34分の動画を収録。ヌードはほとんどないがエロ度はかなり高い。

漫画家・山本直樹も動画初監督。AV女優の宮路ナオミの生々しいオナニーシーンを撮影。

写真家である常盤響は、もちろん動画だけではなくグラビアも撮影。モデルは相崎琴音。

3号まで出たが、最後は全撮り下ろしではなくなり、価格も500円に上がってしまった。

ーする時はAVを見ているのだからDVDに力を入れるのは自然だ」と答えている。ただし「DVDに『抜ける』要素を任せれば、誌面では『抜ける写真』よりも『いい写真』を使うことができる」と誌面の充実も目的であるとも表明している。確かに『サルシキ』はページが少ないながらも、写真にもテキストにもデザインにも、力が入っていることがわかる。『サルシキ』の成功により、それまでDVD付には様子見の姿勢だったワニマガジン社は全誌DVD付へと方針転換。他の出版社もそれに続いた。そして『サルシキ』的な作りが後のエロ本の主流となっていくのだが、それは表面的なスタイルの模倣に過ぎなかった。

一冊まるごとプレステージ　094

2006年創刊　ダイアプレス

その後のエロ本の方向性を決定づけた一冊

「一冊まるごとプレステージ」 2006年9月号
編集人：結城凜　2000円

２００２年設立と後発ながらも、00年代半ばからトップメーカーの仲間入りをしたＡＶメーカー、プレステージの人気シリーズ「Tokyo流儀」の１作目から20作目までをダイジェストで収録したＤＶＤを付録にしたムック。といっても本誌はわずか36ページのみで、ＤＶＤはトールケース入りと完全に主従が逆転している。そしてそれ以上に、タイトル通りに誌面もＤＶＤもプレステージというメーカーから提供された動画と写真だけで構成しているということが衝撃であった。

　これがヒットしたことで、他の出版社もプレステージの素材だけで構成した本、いやＤＶＤを次々と出版する。もちろん他のＡＶメーカーの同種の本も発売されたが、当初はプレステージが最も積極的収録されている「Tokyo流儀」全20作。そのパッケージのおしゃれさも人気の秘密だった。

分厚く見えるが実際は段ボールに包まれたDVDケースがその厚さの大半を占めている。

2008年から刊行されたコンビニ向けの『一冊まるごとプレステージ てんこ盛り』も人気。

それぞれの作品の紹介ページも、もちろんメーカーから提供された写真を使用している。

だったため、こうしたスタイルの本をひとくくりに「プレステージ本」と呼んでいたほどである。

「Tokyo流儀」は、今どきのファッションに身を包んだ女の子を登場させて、大ヒットしたシリーズ。本作はそのシリーズの紹介ムックであり、DVDに収録されているのも、それぞれのパートが5〜6分ずつと予告編の域を出ないダイジェストに過ぎないが、AVの総集編よりも安いというインパクトで、ユーザーからは歓迎された。2008年からはコンビニ向けの『一冊まるごとプレステージ てんこ盛り』シリーズも発売、これも大ヒットした。よくも悪くも、その後のエロ本の方向性を決定づけた1冊である。

DVDヨロシク!

2008年創刊　デジスタ／三和出版

最後までオリジナル撮り下ろしにこだわった

「DVDヨロシク!」創刊号　2008年12月号
編集人：木島富士雄　表紙デザイン：pmf　表紙撮影：小池伸一郎　980円

2008年に「不適切な場所における撮影、及び不謹慎な記事の掲載がありました」との理由で、毎日コミュニケーションズの子会社であるMCプレスは、それまで発行していた『DVD DELUX』『DVDデラデラ』『DVDヤッタネ!』『DVD人妻デラックス』という4誌のアダルト雑誌を突如休刊し、会社自体も解散してしまう。

その編集者たちが独立し、新会社「デジスタ」を設立。三和出版を発売元として、MCプレスの雑誌を引き継ぐ形で、新雑誌を創刊した。そのうちのひとつが『DVDヨロシク!』である。

創刊号の表紙には「あの素人DVD雑誌がパワーアップして帰ってきた!!」、誌面にも元の誌名には触れないものの、

前身の『DVDヤッタネ！』(MCプレス)。確かに毎日コミュニケーションズ（現マイナビ）の系列会社の発行物とは思えないほどにイケイケの内容だった。(2007年12月号)

メイン企画の「青春18きっす」。若い女の子へのこだわりは最終号まで変わらなかった。

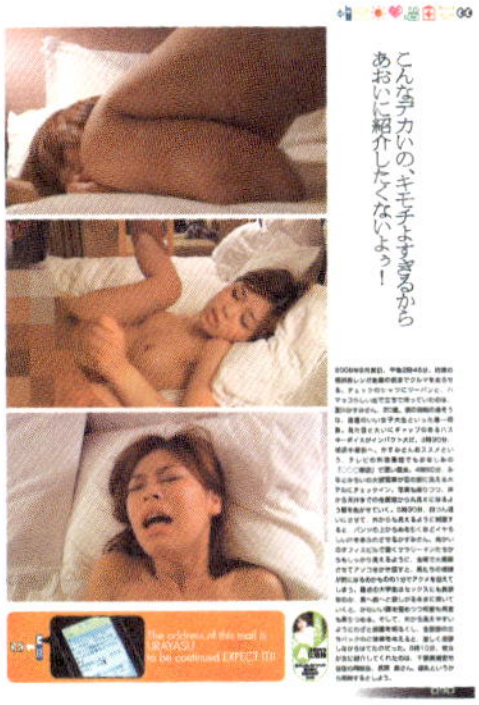

文章や写真はかなり露骨なのだが、誌面のデザインは上品というミスマッチも特色だ。

創刊号の付録DVDのメニュー画面。2枚組で6時間収録というボリューム。

2009年3月号の裏表紙。DVD3枚に収録されたコンテンツを表示。14コーナーに全20人も登場する。

値段据え置きでDVDを3枚に増量した2009年3月号。収録動画は、なんと全8時間にも及ぶ。

創刊80号記念の2015年7月号ではこれまでに登場した女の子79人をプレイバック。

新人女性編集者が急遽モデルをやらされる、という設定は同誌の定番だ。(2015年7月号)

コンビニ販売ということもあり、付録DVDのモザイクはAVに比べるとかなり大きい。(2009年3月号)

性器だけではなく、ローターや電マなどにもモザイクがかけられる。(2015年7月号)

とはいえ、しっかりとセックスは見せてくれるので、十分に実用的である。(2015年7月号)

コンビニのエロ本撤廃に伴い、2019年6月号にて休刊。書店売りに移行することはなかった。

DVDヨロシク!

休刊のご案内

2008年の創刊以来、読者の皆さまに並々ならぬご支持をいただいてまいりました
「DVDヨロシク!」ですが、今月号を持ちまして休刊させていただくことになりました。
10年以上もの期間にわたってご愛読いただきました皆さま、
また誌面制作にご協力いただきました多くの関係者の皆さまに、
この場をお借りして深い感謝を申し上げます。誠にありがとうございました。

DVDヨロシク!編集部

休刊のご案内。10年半の歴史に終止符が打たれた。同時にそれはコンビニエロ本の終焉でもある。

あきらかに『DVDヤッタネ!』の再創刊誌であることを匂わせている。2号の表紙には「復活第2号でヤッタネ!」の文字もある。創刊号では6時間に及ぶ16人の撮り下ろしハメ撮り映像をDVDに収録するなど内容も充実。

10年代に入り、ほとんどのエロ雑誌が編集部での撮り下ろしをあきらめ、AVメーカーの素材のみで作るという状況になっても『DVDヨロシク!』は、オリジナルの撮り下ろしにこだわる数少ない雑誌であった。

しかし、2019年に大手コンビニ3社が成人向け雑誌撤廃の方針を発表すると、コンビニ販売に重きを置いていた同誌は休刊を余儀なくされてしまった。

オトコノコ倶楽部

2009年創刊　三和出版

男の娘《こ》という新しいジャンルの専門誌

「オトコノコ倶楽部」創刊号　2009年6月号
編集人：高井明人　表紙撮影：橋本成喜　3000円

1992年創刊の『シーメール白書』（光彩書房）など、90年代には数多くのニューハーフ雑誌が創刊され、マニア誌の中でも確固としたジャンルを築いていたが、2009年に創刊された『オトコノコ倶楽部』は、ニューハーフやゲイとは違う、男の娘（女装美少年）という新しいジャンルの専門誌である。

男の娘が教室で女教師や男子生徒に調教されてしまう「女装高生の悲劇」や緊縛もある「スカートからはみ出たペニクリを食べてください」といった過激なグラビアだけでなく、モノクロページの読み物も充実している。

初の専門誌ということで、男の娘というジャンルについて詳細に解説されているのは初心者や部外者にはありがたい。

ＳＭ好き変態女装子からの自画撮り投稿告白。DVDにはオナニー映像も収録されている。

調教され、教師や生徒の性奴隷にされてしまう男の娘というストーリー仕立てのグラビア。

2011年創刊の『オトコノコ時代』（マイウェイ出版）。2014年までに10号刊行された。

漫画家・上手詩織による「女装文化の歴史」。女装・ニューハーフ雑誌についての貴重な解説。

女装文化の歴史から始まり、「女性声を手に入れるためのトランスボイストレーニング講座」などの実践的なハウトゥ、有名女装アイドルである「しょうこちゃん」の紹介記事、イベントレポート、漫画など男の娘に関するありとあらゆる切り口のコンテンツが詰まっており、かなり読み応えがある。

またDVDには男の娘からの自画撮り投稿映像や、女装子AVを撮り続けているAV監督の二村ヒトシ撮影による「女装オナニズム」も収録されている。

編集長の井戸隆明（高井明人）は、三和出版退社後はマイウェイ出版で『オトコノコ時代』を創刊。また男の娘AVを監督・制作するなどシーンの牽引役となっている。

ソフト・オン・デマンドDVD

2011年創刊　ソフト・オン・デマンド

「ソフト・オン・デマンドDVD」創刊号　2011年6月号
編集人：竹本俊彦　表紙デザイン：島恭平　表紙撮影：KIYO　650円

大手AVメーカーが出版するAV情報誌

大手AVメーカー、ソフト・オン・デマンドが自社グループの作品を紹介するカタログ的な冊子『出るまで待てない!!』を2003年に創刊。「480円で新作が発売前に見られるDVD」がキャッチフレーズで、付録のDVDがメインという作りだった。当初はセルビデオショップで販売されていたが、2009年に書店でも販売するために『ソフト・オン・デマンド』に改題。さらに2011年にコンビニ向けとして『ソフト・オン・デマンドDVD』も創刊。一時期はこの2誌が並行して発売されていたが、2012年に『ソフト・オン・デマンドDVD』に統合される。

『ソフト・オン・デマンドDVD』としての創刊号では、エロ本業界の有名投稿メインコンテンツである新作紹介カタログ。グループ作品だけで104本もあることに驚く。

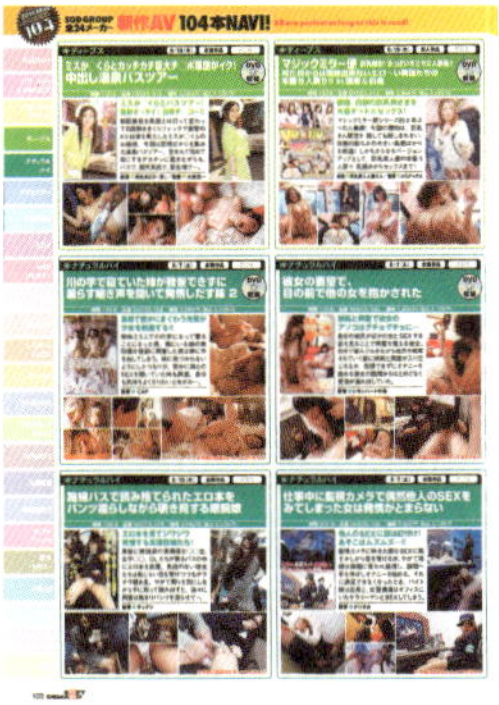

創刊号の巻頭グラビアはアイデアポケットからSODに移籍を発表したばかりの横山美雪。

2014年にリニューアルし、650円から370円へ大幅値下げ。スタイリッシュな表紙も話題に。

有名投稿者・三峯徹。新創刊時に彼の投稿があると雑誌が長続きすると言う都市伝説も。

者である三峯徹によるお祝いのイラストを掲載し、話題となった。

　タイトル通り、ソフト・オン・デマンドグループのメーカーの作品を紹介するのが目的の雑誌ではあるが、「敵ながら天晴れ！」というコーナーでは、他社の作品も紹介。さらに表紙はグループ専属の女優が飾るのが通常だが、（当時）MUTEKI専属の三上悠亜、企画単体女優（メーカー非専属）の上原亜衣など、他メーカーの女優が登場することもあり、記事も充実しているなど、ソフト・オン・デマンド・グループの広報誌という枠にはとどまっていない。

　しかしコンビニ中心の販売だったため２０１９年に休刊。通巻99号でその歴史を終えた。

ベストDVDスーパーライブ 098

2013年創刊　ブレインハウス／メディアソフト

最後に残った出版社系AV情報誌

「ベストＤＶＤスーパーライブ」創刊号　2013年12月号
編集人：石橋楨嗣　表紙デザイン：CLIP　780円

1986年創刊のAV情報誌『ベストビデオ』（三和出版）の増刊として2001年に創刊した『ベストビデオスーパードキュメント』が前身。現場取材写真をふんだんに使ったカラミ中心の誌面で人気を集め、本誌の『ベストビデオ』が2011年に休刊となった後も、『スーパードキュメント』は2013年まで刊行された。

その『スーパードキュメント』のスタッフが版元を三和出版からブレインハウスへと移して、わずか1ヶ月の空白の後に新創刊したのが『ベストDVDスーパーライブ』だ。表紙のロゴ、デザインなども『スーパードキュメント』を踏襲したもので、後継誌であることを表している。

カラミの写真が中心ということもあり、他のAV情報誌に比べると過激な誌面だ。

前身である『ベストビデオスーパードキュメント』休刊号。(2013年10月号)

休刊号まで続いた唯一の連載である吉沢明歩の手書きコラム「ネオとことんイッちゃう」。

女優のインタビューやコラム連載などは『スーパードキュメント』時代に比べるとだいぶ減ってしまったが、吉沢明歩の手書きコラムなどは継続していた。

この時期、AV情報誌は他に（当時）DMMグループの出版部門であるジーオーティーの『DMM』（現『FANZA』）とソフト・オン・デマンドの『ソフト・オン・デマンドDVD』のみとなっており、メーカーと関係のない出版社から発売されているAV情報誌はこの『スーパーライブ』が唯一の存在となっていた。しかし、この時期にDVDの付録無しで780円という価格は厳しいものがあった。

そうした状況の中でもかなり頑張ったが2019年に休刊となる。

新生ニャン2倶楽部

2016年創刊　マイウェイ出版

「新生ニャン2倶楽部」創刊号　2016年2月号
編集人：邪魔堕　1200円

投稿写真誌の火を絶やさないという情熱

２０１５年、コアマガジンのサイトにこんな文章が掲載された。

「株式会社コアマガジンは、２０１５年10月を持ちまして素人投稿写真雑誌から撤退いたしました。永い間ご愛顧いただき、ありがとうございました。」

この方針により『ニャン２倶楽部』（この時点では『ＤＶＤニャン２倶楽部』）は26年に及ぶ歴史に幕を下ろすことになるのだが、最後のページには「もしかすると、当編集部のスタッフが移籍し別の出版社から『新生ニャン２倶楽部』を発行するかもしれません。確率90％。その時はよろしくお願いいたします」と書かれていた。

その言葉通り、２ヶ月後にはマイウェイ出版から『新生ニャン２倶楽部』が創表紙と巻頭を飾るのはまだ20歳だという奴隷妻。『ニャン2』独特の言語感覚は健在だ。

休刊号となった『DVDニャン2倶楽部』2015年11月号。みうらじゅんが言葉を寄せている。

『ニャン2』のカリスマ編集長である夏岡彰は監修者として参加。彼が選んだコーナーも。

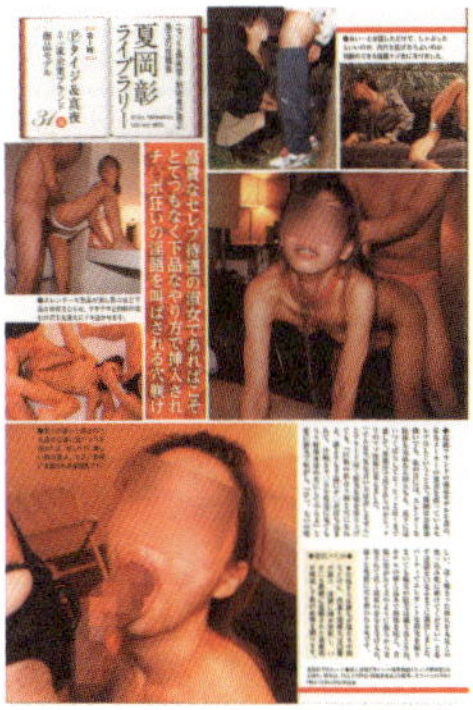

もちろん定番の野外露出も掲載。アブノーマルなプレイの数々が誌面を埋めつくしている。

刊された。それまでコアマガジンで『ニャン2倶楽部Z』の編集長であった邪魔《じゃま》堕《だ》がマイウェイ出版に移籍して『新生』を発行することになったのだ。

取り上げる写真の過激さも独特のテイストの文章も、デザインもほとんど変わっておらず、前『ニャン2』のカリスマ編集長であった夏岡彰も（コアマガジン在籍のまま）監修者として関わっている。

現在も投稿写真誌は、この『ニャン2』の他、『アップル写真館』（大洋図書）、『別冊投稿キング』（ワイレア出版）と3誌も継続している。投稿者にとっては雑誌に掲載されるということは、今なおステイタスなのだ。エロ雑誌の中でも意外に最もしぶといジャンルなのかもしれない。

FANZA

2018年創刊　ジーオーティー

「FANZA」創刊号　2018年10月号
編集人：大木浩一　350円

世界一のAVマガジンは伊達じゃない

通販・配信サイトであるDMMのアダルト部門DMM.R18が「FANZA」に名称変更となったことから、『DMM』も『FANZA』へと誌名変更となった。

とは言え、表紙も誌名ロゴはほとんど見えずデザインは同一。内容も全く変わっておらず、連載も引き継いでいるため、誌名変更に気づかないままに買い続けている読者もいるはずだ。

136作品のレビューを掲載し、付録のDVDには239作品のダイジェストを収録という圧倒的なボリュームで、「世界一のAVマガジン」というキャッチフレーズも頷ける。

インタビューや連載コラム、読者コーナーも充実しており、「エロ本を読んでいる」という実感を与えてくれる。

詰め込めるだけ詰め込んだような圧倒的な情報量。AVレビューも読み応えがある。

『DMM』としての最終号。誌名が変わったことに気づく人は少なかったのではないか。

恒例の人気企画「このAV女優がすごい」。各ライターが独断と偏見で女優をセレクト。

新人からベテランまで、AV女優のインタビューも毎号10人前後とボリュームあり。

また、記名原稿がほとんどなくなってしまっている現在のエロ本状況の中で、記名主義を貫いているのも嬉しいところだ。ライターの個性を重視した誌面はエロ本業界では、もはや貴重だと言えるだろう。

毎年上半期下半期と定期的に発表される「このAV女優がすごい」は、同誌で執筆している20人以上のライターが、完全に自分の好みで現在を代表するAV女優を選ぶという人気企画。売上や業界の都合などの影響を全く無視しているので、意外な結果が出ることが多く面白い。

2019年に他誌が軒並み休刊したために、唯一のAV情報誌となってしまった。

エロ本私史

自分が最初にエロ本に触れたのはいつのことだっただろうか。

小学生の頃までは、親の読んでいた週刊誌や中間小説誌のヌードグラビアをこっそり見たり、公園などに捨てられているエロ本を拾ったりというよくあるパターンでの接し方だった。むしろ永井豪などのエッチな漫画の方が大きな影響を受けたかもしれない。オナニーでの初射精を経験した時のオカズは永井豪の『イヤハヤ南友』であった。

自分でエロ本を買うようになったのは中学3年生からだった。初購入は地元の南浦和の小さな書店で買った『SMセレクト』1982年5月号だった。いや、『映画の友』の方が前であったか。それとも早朝に「マラソンしてくる」と言って家を出て、こっそりと購入した自販機本だったか……。

ともかく、中3くらいから、そうしたエロ本を買うようになり、御茶ノ水にあった高校に進学して神保町に通うようになると、そこでビニール本に出会うことになる。

その年、1983年は第二次ビニ本ブームであり、当時隆盛を極めていた非合法で無修正の裏本に対抗するように、露出度が極めて高い「ベール本」の時代だった。ほとんど透明な極薄布1枚で隠しただけで、性器は丸見え。表紙からそんな写真が大写しなのだ。ビニ本屋の店内で見たベール本の表紙が、筆者の女性器との最初の遭遇だったと思う。

当時は、そんなほぼ丸出しの表紙が普通に営業している店内に堂々と並べられていたのだ。考えてみればすごい光景である。無修正が珍しくなくなった現在でも、そんな店はあり得ない。

しかし、当時のビニ本は高価で高校生にはなかなか手が届かなかったので、表紙だけを眺めに、よくビニ本屋に通っていた。

買うのはもっぱら古本屋だった。今もまだ現存している浦和の調神社《つきのみや》近くの古本屋がホームグラウンドだった。30年以上前にも、十分古ぼけた店だったそこで、筆者は数多くのエロ本と出会った。

末井昭編集長の伝説の雑誌『ウイークエンド・スーパー』ともこの店で出会った。中学時代から好きだったヒカシューというバンドのセカンド・アルバム『夏』が、同誌の「愛情西瓜読本」という特集にヒントを得たものだという記事を読んで以来、ずっと気になっていたのだ。

既に『ウイークエンド・スーパー』は休刊となり、後継誌にあたる『写真時代』

が大ヒットしていた時期だったが、その古本屋で数号発見することができた。残念ながら「愛情西瓜読本」特集掲載号ではなかったが、ヒカシューの巻上公一が連載を持っていることもあって、購入して読みふけった。

『ウイークエンド・スーパー』はエロ本ではあったが、意外にヌードグラビアは少なく、しかしやたらと面白い文章がたくさん掲載されていた。今まで読んできた雑誌とは違う不思議な魅力に満ちた世界がそこにはあったのだ。世間の常識から解き放たれた人たちが、そこで自由に暴れまわっているように思えた。

中でも一番面白くて印象に残っていたのが「自宅で出来るルポ」なる連載をしていた赤瀬川原平だった。ここで赤瀬川原平の名前を知った筆者は、彼の著作を読み漁り、そして高校卒業後には彼が講師を務める美学校に通うことになる。

『ウイークエンド・スーパー』でエロ本の面白さに目覚めると、それから様々なエロ本を買い漁った。

そうした中で出会ったのが『ボディプレス』だった。奇しくも『ウイークエンド・スーパー』と同じ白夜書房の雑誌だった。いや、奇しくも何も、当時面白かったエロ本の大半が白夜書房から発売されたものだったのだが。

しかし、筆者が最初に『ボディプレス』を購入した理由は、単にその巻頭グラビアの「消し」が薄かったからだった。巻頭グラビアはベール本のような隠し方で、申し訳程度に半透明の「消し」が局部に乗せてある。そのため女性器の形状がはっきりとわかるのだ。

そんなグラビア目当てで購入した『ボディプレス』だったが、記事はそれ以上に面白かった。

『ボディプレス』は「エロ業界」の内側にスポットを当てた雑誌だった。ビニ本などで活躍していたモデルのインタビュー、ビニ本や自販機本を作っていた編集者の回顧録、そしてビニ本やAVの紹介も、まるでロック雑誌のレコードレビューのようだった。ライター一人ひとりのキャラクターをクローズアップしているのも新鮮だった。

それまでエロ本というものは、怖い世界のオジサンたちが作っているというイメージだったが、『ボディプレス』を読むと、自分とそう変わらない年代の「若者」たちが作っているのだということが伝わってきたのだ。

この世界は面白そうだ、自分もこの世界で働いてみたい……。

そんな意識を持つようになったのは、高校生の時にこの『ボディプレス』を読んだからだ。

そして、数年後に筆者は、本当にこの世界へ少しずつ足を踏み入れていくことになる。


高校を卒業した後、赤瀬川原平が講師を務める美学校・考現学教室に通った。

とはいっても、美学校の授業は週に1回、土曜の夕方から。ようはカルチャースクールのようなものだ。他の日は池袋の西武百貨店でバイトをしていた。つまりフリーターである。高校時代に始めたバンド活動に力を入れていたけれど、それで食っていこうなどと思っているわけもなく、将来のことなど全く考えていなかった。

とりあえず、埼玉の実家を出て、ひとり暮らしをすることを目標に貯金した。高校を卒業した年の夏から、江古田で念願のひとり暮らしを始めることができた。江古田を選んだのは、当時のバンドメンバーのほとんどが、この近くに住んでいたためで、風呂なしトイレ共同という凄まじくオンボロな木造アパートだったが、毎晩のように友だちが押しかけてきて、楽しい日々を過ごすことができた。

美学校での赤瀬川原平の授業は、奇妙なものだった。現代を考古学のように観察・研究してみるというのが考現学なのだが、当時『写真時代』で連載して話題になっていた「超芸術トマソン」に代表されるように、基本的には変なものを見てみんなで面白がる。しかも酒を飲みながら、という授業だった。授業が終わると、みんなで近所の居酒屋に移動して飲む。そしてさらにその後も河岸を変えつつ飲み続けた。

そんなある日、授業後に飲んでいるうちに、生徒のひとりが「白夜書房に遊びに行こう」と言い出した。『写真時代』の熱心な読者で、編集部にも出入りしている者がいたのだ。「行こう行こう」と数人で、高田馬場の白夜書房に押しかけた。土曜日の夜中だ。編集部にはひとりしかいなかった。社員でも関係者でもない人間が酔っ払って、夜中に突然会社に大勢で遊びに行くなんて、非常識極まりない話なのだが、そのひとりだけいた編集者は、別に驚くでもなく相手をしてくれた。

「じゃあ、ここの見出しとか書いてよ」

編集者は、この乱入者たちにいきなり仕事をさせた。僕らは、酔っ払ったままに、みんなで頭を捻って、原稿に見出しを書いていく作業を朝までやった。

　これが筆者の最初のエロ本仕事ということになる。いや、もちろんギャラなどはもらっていないし、自分でもどれを書いたのか、覚えていないのだが。

　この雑誌が『黄金王』創刊号（白夜書房　1986年）だった。特集は「アンチSEX宣言」で「セックスなんかすると人間はダメになる」というテーマで、森田健作に「若者よ、性に溺れるな！」というインタビューをするなどという無茶苦茶な内容だった。当然、2号は出なかった。

　それまで自分とは無縁の遠い世界だと思っていた「エロ本」編集部が、ちゃんとこうやって現実に存在しているのだな

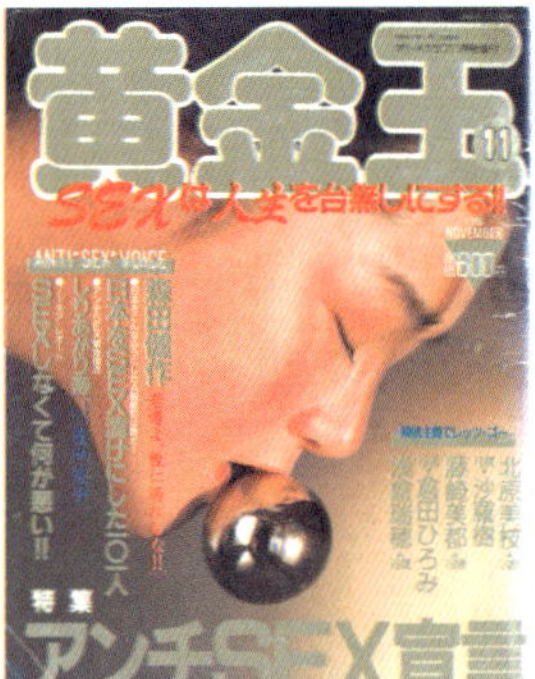

伝説の雑誌『黄金王』（白夜書房）。アンチSEXをテーマにした（？）異色のエロ本だった。

と、その時の筆者は酔った頭で考えていた。そこには、裸の女性などはいなかったけれど。

1年間の美学校の授業も終わった頃、バンドも空中分解してしまった。心機一転しようと、西武百貨店のバイトも止めて、新しいバイトを探した。当時、一番メジャーだった求人誌『フロムA』を見ていたら、「雑誌編集者」の募集を見つけた。「アイドル雑誌、新創刊につき編集者募集。未経験者可」というような文面だったと思う。

アイドルには全く興味はなかったが、雑誌の編集者は面白そうだ。市ヶ谷にあるその編集プロダクションに行ってみた。当時は「編プロ」という存在も知らず、こんなマンションの一室で雑誌を作るのかと驚いた。

アイドルに対する基礎知識を調べる簡単な筆記テストのようなものを受けさせられ、筆者はさっぱりわからず、ふざけた回答ばかりを並べていた。ああ、こりゃダメだろうと思った。

ところが、採用されてしまったのだ。どうやら、実質的に編集のメインとなるIさんという人が、そのふざけた回答を気に入ってくれたらしい。その時は、数人のバイトが採用されたのだが、筆者はIさんのアシスタント的な立場として働くことになった。

当時、アイドル雑誌は学研の『BOMB!』と集英社の『DUNK』などのB5判サイズ誌が人気を博していた。同じ判型で、もう少しマイナーでエロ寄りの『ザ・シュガー』や『投稿写真』もあり、新雑誌はその中間あたりを狙っていたようだ。

『The BOO!』というタイトルのその雑誌は版元は日本文芸社だが、編集はその編プロが丸々請け負っていた。

編集長となる編プロの社長はタレントの出演交渉などをメインにやっていたため、ページ作りのほとんどは副編集長であるIさんが担当した。そして筆者も大量のページを任された。高校時代にミニコミらしきものを作った経験がある程度の素人の19歳に、いきなり商業雑誌のページを任せるとは大胆な話だ。まぁ、昔のエロ雑誌も、だいたいそんな感じだったらしいが。

1987年6月28日に発売された『The BOO!』創刊号（8月号）を見てみると、表紙と巻頭特集は後藤久美子。斉藤由貴、おニャン子クラブ、佐野量子、杉浦幸、松本典子、坂上香織なんて名前が表紙に踊っている。そういう時代だ。

自分が書いた原稿が、印刷されて雑誌として全国で販売される。その喜びをこの時、知った。DTPやインターネット

『The Boo!』（日本文芸社）。アイドル冬の時代到来直前に創刊されるという、あまりに不運な雑誌だった。

が一般化した時代に育った人には、あの初めての快感はちょっとわかってもらえないだろう。

情報ページや読者投稿コーナー、そしてAV紹介コーナーなどを主に任された。このAVページを担当したことが、筆者がエロ本の世界に足を踏み入れるきっかけとなったのである。

「はたらくおねーさまはエライ！」というタイトルのそのAV紹介コーナーの第1回は桂木麻也子、沙羅樹、後藤沙貴、磯崎裕美というラインナップだった。

アイドル雑誌『The BOO！』の編集に明け暮れていた1987年の終わり頃。それまで編集のメインであった副編集長のIさんが、突然退社してしまい、20歳になったばかりの筆者が誌面の3分の1以上を担当しなければならなくなった。編集部に泊まり込む日々が続く。

風呂なしアパートに住んでいたので徹夜明けで帰っても銭湯に入れない。仕方なく早朝ソープランドに行くことを覚えてしまった。あとで考えてみれば、その料金で風呂付きアパートに引っ越しすればよかったような気もするが。

そして、編集部に出入りしていたライターに紹介してもらい、他の雑誌でこっそりとバイトで原稿を書くようになった。最初に書いたのは、東京三世社の『台風クラブ』の創刊号。池袋のマットヘルスの体験ルポだった。これが筆者がエロ本に書いて、初めて原稿料をもらった原稿となる。

その後は、同じく東京三世社の『ビデオアクティブ』でもAVレビューを書かせてもらったりした。ちなみにこの頃は会社に内緒ということもあって、別のペンネームを使っていた。

奮闘も虚しく、『The BOO!』はちょうど1年で休刊。筆者はその編プロを辞めて、いくつかの編プロを渡り歩くことになる。辞めてもすぐに働き口は見つかった。そんな時代だった。

1989年にレンタルショップ向けのビデオ業界誌の編集部で働き始めた。その雑誌ではAVも扱っていたので、好きなだけAVを見られるという状況に恵まれた。

ここぞとばかりにたくさんのAVを見たのだが、その中でいくつかの違和感のある作品に出会う。これまでのAVの文脈から外れたような、新しい感覚を持った監督たちが次々とデビューしている時期だったのだ。

バクシーシ山下、カンパニー松尾、平野勝之、そしてゴールドマン。自分とほぼ同世代の彼らのセンスに筆者は強く共鳴した。特にラジカルさ、シニカルさでは群を抜いていたゴールドマン監督の作品には衝撃を受け、インタビューにかこつけて会いに行った。

ゴールドマンとは意気投合し、筆者のやっていたバンドのPVを撮ってもらう話となり、やがて彼のブレーン的な役割で活動に協力するようになった。彼の仲間である平野、山下、松尾ら監督たちとの交流も始まった。

1990年頃のゴールドマン監督（右）と筆者。彼のプロデュースでCDをレコーディングした時のスナップ。

そんな半AV業界人のような立場になり、バイトでエロ雑誌に原稿を書きながらも、筆者はエロを本業にはしていなかった。アイドル雑誌を皮切りに、ファミコン雑誌やビデオ雑誌、アニメ雑誌などの編集者、そして広告代理店でコピーライターなどをしていた。自分の中で「エロを本業にする」ことへの抵抗があったのかもしれない。まだ、そこへ一歩踏み出す勇気がなかったのだ。

しかし、この時、イメージクラブや性感ヘルスなどを中心とする平成風俗、そして新しいメディアであるアダルトCD－ROMが盛り上がりを見せていた。コピーライターの仕事の合間をぬって、そうした動きを追った原稿を書いた。時には仕事をこっそりと抜けて、風俗の体験取材をして、ボディソープの匂いをプンプンさせながら職場に戻ったりもした。

この過熱するブームを追いかけたいと思った。少し目を離すと状況はどんどん変わる。仕事の片手間ではとても追い切れない。もっと、この現場にいたい。今、そこでどんなことが起こっているのか、文章にしたい。筆者は、そう思った。

1994年に、ようやく筆者はフリーライターとして独立することを決意した。26歳だった。

ライターとしてのメインテーマは、もちろん「エロ」だ。ずっと愛していた「エロ本」に書きたい。たくさん書きたい。そのためにフリーライターになったのだ。

とはいえ、独立してしばらくの間は、古巣の広告代理店からコピーライティングの仕事をもらったりもしていた。食っていくためには仕方がない。

だが、それよりも助かったのは、ゴールドマンやバクシーシ山下など知り合いの監督から回してもらったAV男優の仕事だった。現在のように男優に超絶的なスキルが求められてはいなかったし、疑似本番も多かったので、楽な仕事だった。それでその場で1～3万円の出演料がもらえるのだ。

原稿を書いてから、ギャラが実際に振り込まれるのが何ヶ月も先だというライターにとっては非常にありがたかった。男優としての稼ぎの方が、ライター仕事よりも上という月もずいぶんあった。

もっともライター仕事の方も、風俗の体験記事やハメ撮り撮影などが多かったので、あまり変わらない。原稿を書いているよりも、パンツを脱いでいる時間の方が長いんじゃないかというライター生活だった。

世間のバブルはとっくに弾けていたが、出版業界は景気がよかった。仕事がいくらでも来た。『SPA!』（扶桑社）や『スコラ』といったメジャーな雑誌から、『実話スーパー』（桃園書房）のような実話誌、『お尻倶楽部』のようなマニア誌まで書きまくった。とにかく、できるだけたくさんの雑誌に書きたいと思っていた。

フリーライターとして独立した時に得意分野のひとつとして力を入れていたアダルトＣＤ－ＲＯＭは、わずか数年で廃れてしまったが、その後、かわりに話題になったのがインターネットだった。アダルトＣＤ－ＲＯＭについての原稿をあちこちに書いていたため「デジタルに強いエロライター」というイメージがついたらしく、今度は「インターネットで無修正画像が丸見え！」などという記事を量産することになった。

当時、盛り上がっていたデジタルカルチャー方面の雑誌からもよく仕事をもらった。実際はそれほどデジタルに詳しいわけではないので、それがバレないかとヒヤヒヤしていたのだが。

そうした流れで、発売されたばかりのデジタルカメラにもいち早く飛びつき、デジタルカメラでハメ撮りする「デジハメ」を提唱する入門書『裏デジタルカメラの本』（１９９７年　秀和システム）や、風俗嬢１００人が大股開きでピースをしている写真を集めた『ＯＰＥＮ＆ＰＥＡＣＥ 風俗嬢ヴァイブス』（１９９９年　メディアックス）、デジタルカメラによるハメ撮り写真集『デジハメ娘。』（２００３年　二見書房）といった本も出すことになった。

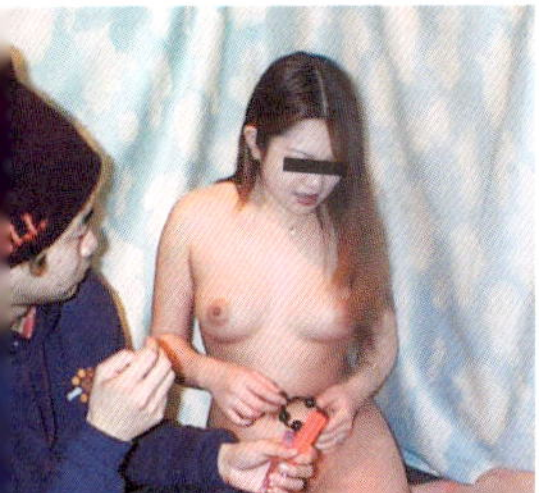

風俗嬢を取材する筆者。90年代から00年代の頭にかけては風俗関係の仕事がメインだった。当時の風俗業界の盛り上がりは凄まじかった。

また１９９８年からはＡＶ監督の仕事もするようになった。親しくしていたバクシーシ山下監督から電話がかかってきて「安田君、監督やらない？」と聞かれたので「やるやる」と答えた。それでいきなり監督デビューが決まったのだ。しかも老舗メーカーのｈ．ｍ．ｐでの仕事である。

依頼されたのは風俗モノの監督という仕事だった。当時は風俗ライターとしての仕事がメインだったため、業界にも顔がきいた。そのあたりを期待されて声をかけられたのだろう。

『巨乳風俗ギャルプライベートＳＥＸ』というタイトルがつけられたその作品はイメクラ嬢やピンサロ嬢、ＳＭ嬢など４人の風俗嬢と店外デートするという内容で、今、見直してみると当時の風俗業界の様子もわかり、なかなか面白いドキュメンタリーになっている。

この作品は筆者が編集まで手がけたのだが、プロデューサーは「ここを、こうやるとつながるから」と編集機（当時はまだアナログのリニア編集だった）の基本的な使い方だけを教えると「それじゃ、がんばってね！」と去っていってしまった。おかげで筆者は、編集のセオリーも手探りで覚えなければならなかった。そんな状況で監督になってしまう。ＡＶもまだまだ牧歌的で、それでいて無茶な時代であったのだ。

その後、ＡＶ監督の仕事も少しずつ増えていった。撮影のルポ的な原稿をエロ本に書くと、そこでまた原稿料がもらえ

1998年、二村ヒトシ監督のAV撮影現場にて。男優をしながら現場ルポも書くというような仕事も多かった。

る。この二毛作はなかなか都合がよかった。

新人AV監督としてTV番組の『トゥナイト2』に出演して、親バレするなんてこともあったが……。

雑誌のライターとAV監督との兼業で、忙しい日々が続いた。気がつけば、年間売上げは1千万円を超えていた。

出版業界全体で見れば、雑誌の売上は1997年をピークに、現在まで20年以上マイナスを記録している。つまり1998年以降、落ちっぱなしなのだ。それはエロ本においても同じである。90年代末からあちこちの編集部から、「売れない」という声が聞こえ始めていた。

筆者も2000年に『スコラ』11月号で「エロが危ない！」、2001年に『SPA！』1月17日号で「エッチ産業存亡の危機」という特集を自ら企画して書いている。もうこの時期に相当な危機感を感じていたのだろう。

そもそも、それを書いた『スコラ』も1999年に発行していた「スコラ」が倒産し、新会社「スコラマガジン」での発行に移っていた。

00年代に入ると、有名雑誌のリニューアルが相次いだ。個性的だった各誌が、一斉にエロ度の高い普通のエロ本へとリニューアルしていった。特に制作費が安くすむハメ撮りを中心に据えるようになった雑誌が多かった。

その一方で、コンビニ向けを意識して実話誌や裏モノ誌といったエロ度を弱め

（左）『ザ・ベストマガジンスペシャル』の企画グラビア撮影現場。（右）英知出版の編集部。神楽坂に豪華な本社ビルがあった頃だろう。

た読み物中心の雑誌も増えてきていた。

21世紀のエロ本は、よりエロ色を強めたものと、一般誌に近づいたものへとはっきり分化していったのだ。この動きの中で、「個性的なエロ本」「面白いエロ本」は消える、もしくは方向転換を迫られることとなった。

エロ雑誌の売上げが落ちてきた原因としては、やはりインターネットの普及が大きいだろう。店頭で購入の際に気まずい思いをしなくても、自宅で簡単に、しかも無料で無修正画像まで見られるインターネットの登場は、それまでエロ本を読んでいた読者にとって、よりニーズにあったものだったのだ。

エロ本業界がそんな危機を迎えていた時期であったが、筆者自身は最大のバブ

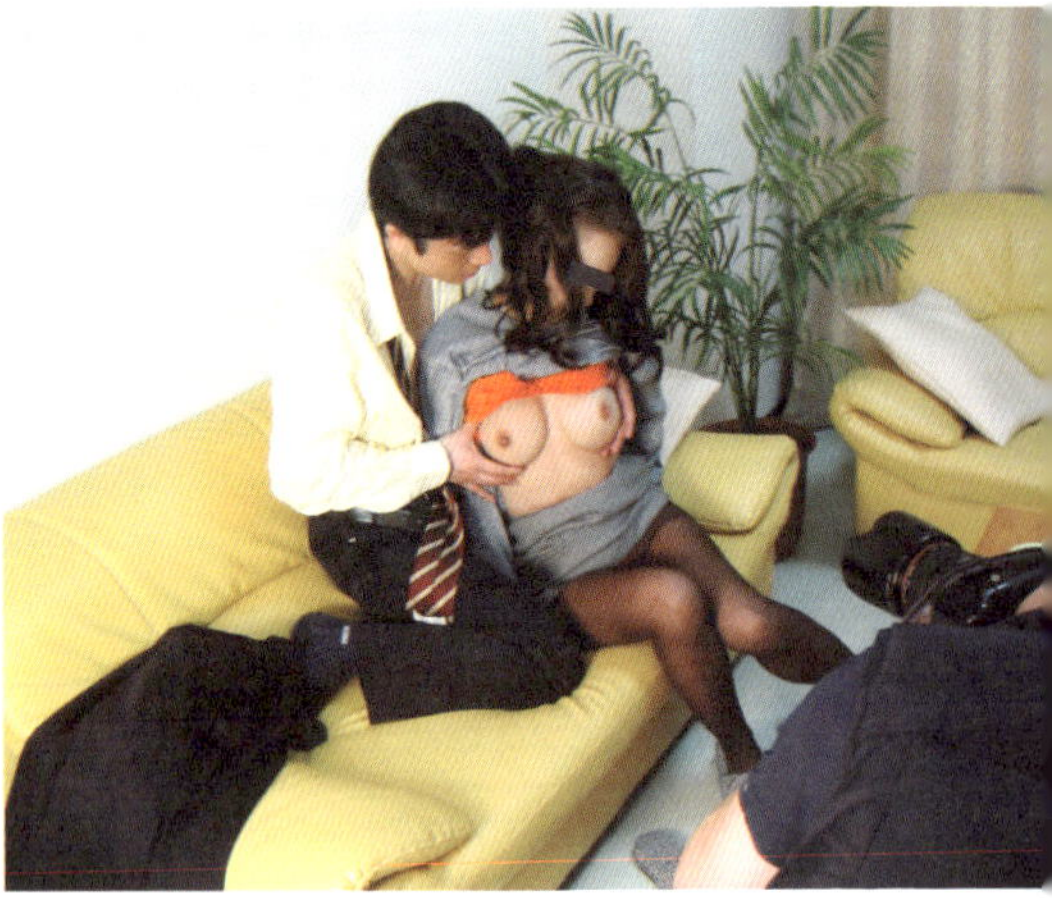

某週刊誌の袋綴じ企画の撮影。男優役はいつも編集者や筆者の友達がやっていた。

ルを迎えていた。エロ本の敵であるネットでも仕事をするようになっていたのだ。当時は撮り下ろしの会員制有料ハメ撮りサイトの全盛期で、筆者もいくつかのサイトを手がけた。サイトで連載するコラムの仕事も多かった。この時期は、ネットも雑誌並みのギャラと制作費を払ってくれていたのだ。

さらにAV監督の仕事も忙しくなっていた。特に2003年に監督した『月刊日本全国オススメ風俗MAP』シリーズ（h.m.p）は大仕事だった。関西からスタートし、九州、関東、北海道、東海、東北、四国と全国の風俗地をルポするという全9本のシリーズだ。これは筆者の風俗ライターとしての総決算とも言える仕事にもなり、この旅の様子は『日本縦断フーゾクの旅』（二見書房）という本にもまとめた。

そう、この頃の筆者はネットやAVで撮影したネタをエロ本などにもフィードバックして仕事にしていた。ひとつの仕事で何度も美味しいわけで、効率もよかった。

雑誌の仕事もどんどん増えていて、連載やレギュラーの仕事だけで月に20本を超えていた。そこに単発の特集や撮影の

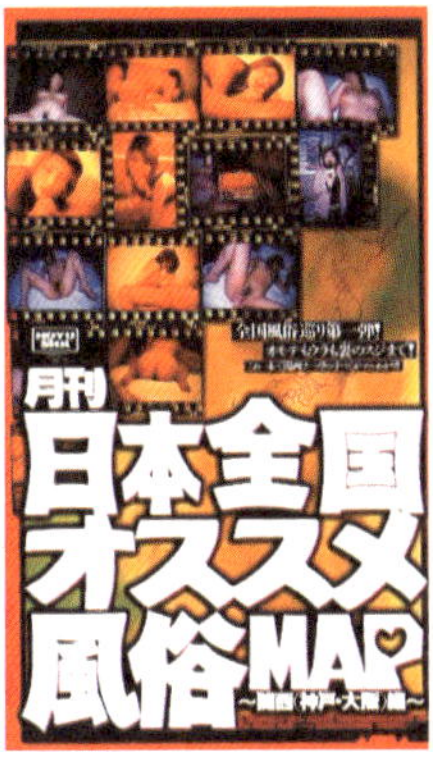

2003年に筆者が監督した『月刊日本全国オススメ風俗MAP』シリーズ（h.m.p）の第一作「関西 神戸・大阪編」。

仕事も加わるのだ。2003年には、年間の売上げは2千万円を突破した。

ところが2005年に入って、仕事がいきなり減少したのだ。当時の記録を見ると、1年で収入が700万円も落ちている。そこからは、もう下がりっぱなしだ。

その原因は、まずネットの有料アダルトコンテンツの失速だった。無料で見られるコンテンツが広まりすぎたため、わざわざ会費を払うユーザーが激減したのだ。

またAVの方でも、ストレートなエロ以外の「余計な」要素を入れることが敬遠されるようになっていた。エロ本でも、どちらかというと「余計な」ページを得意としていた筆者としては、出番がなくなっていく。

そしてエロ本が、凄まじい勢いで休刊、もしくはリニューアルが続いていた。新しい誌面には「余計な」ページはなくなっていた。書きたくても、その場がどんどん失われていくのだ。

危機感を覚えた筆者は、エロ業界が現在おかれている状況をレポートした『エロの敵　今、アダルトメディアに起こりつつあること』(2006年　翔泳社)という本を書き下ろした。「消えゆくエロ本文化」『進化』するアダルトビデオ」「インターネットの影響と次世代アダルトメディア」の三部構成でAV編は雨宮まみが担当し、共著となっている。当初は単著の予定だったのだが、エロ本編を書いているうちに、筆者があまりのその状況の厳しさに鬱々とした気分になり、書くのが辛くなってしまったために、AV編のみ雨宮に手伝ってもらったという実情があった。

　調べれば調べるほど、どう考えても、この先にエロ本に未来がないことがわかってきたのだ。しかし、なんとかかろうじて、当時増え始めたDVD付雑誌という形態に光明を感じさせる形で、『エロの敵』エロ本編を締めくくっている。

筆者の５冊目の単行本（雨宮まみと共著だが）『エロの敵』（翔泳社）。

　00年代初頭に、DVDを付録に付けたエロ雑誌やムックが登場し、2004年頃から急速に増えだした。『エロの敵』を書いた2006年の時点では、もうDVDが付いていないエロ本を探す方が難しいという状況だった。

　しかし、AVとは違うエロ本編集者ならではの視点で制作されるDVDならば、そこにはまた面白い可能性があるのではないか、筆者はそこにエロ本の希望を託したのだ。

　しかし、そんな考えは全く甘い物であったことをこの数年後に思い知らされた。そしてエロ本はDVDを付録につけたことで、完全に息絶えるのだった。

筆者個人の話で言えば、『エロの敵』を書く上でエロ本などの歴史を調べることの面白さに目覚め、この頃から「アダルトメディア研究家」を名乗り、アダルトメディアの歴史をまとめる仕事を意識的に増やしていくことになる。


10年代に入ると、エロ本は完全に終焉を迎えることとなった。多くのエロ本出版社が倒産、もしくはエロ本から手を引いていった。残ったエロ本も、本そのものよりもDVDがメインであり、付録のブックレットのようなその誌面もAVメーカーから提供された写真だけで編集され、ライターが原稿を書くスペースはそこには無かった。


もはや、エロ本にライターは不要な存在となってしまったのだ。同時に撮り下ろしのグラビアも無くなったため、カメラマンもエロ本を追われている。多くの編集者も会社を去っていった。かつてのエロ本編集者が長年にわたって磨いてきたスキルは、なんの役にも立たなくなっていた。

プロダクションから企画に合うモデルをキャスティングして、スタジオを押さえ、カメラマンやヘアメイク、スタイリストを決めて、当日は撮影現場を滞りなく進行させる。そんなスキルは、もはや不要なのだ。なにしろ写真も動画も、AVメーカーから提供してもらったものをまとめるだけなのだから。

90年代からエロ本という戦場で一緒に

戦っていた戦友たちの多くは、消息不明になっていた。

では、筆者を含む「エロライター」はどこで仕事をしているのかといえば、ネットのアダルトニュースサイト、そして一般誌である。筆者は週刊誌や実話誌の仕事が増えている。以前なら、エロ本でやっていたような内容の記事は、現在は一般誌に掲載されることが多い。エロ本のDNAはネットや一般誌の中に引き継がれていると言ってもいいだろう。

80年代までのエロ本はB級サブカルチャーの受け皿としての役割もあったが、90年代にサブカルチャー誌や裏モノ雑誌などが生まれ、00年代にネットがメディアとしての力を持ってくると、エロ本でそうしたコンテンツを扱う必要はなくなっていき、どんどんエロ以外の要素は失われていった。そのエロに純化していった先にあったのは、AVメーカーに全ての素材を頼り切るというスタイルだったのだ。それは合理的な進化だったのか、退化だったのか、わからない。いずれにせよ、もう筆者のようなライターは、そこに居場所はなくなった。

ライターとして仕事が増えていき、一般誌でも書くようになってくると「なにもうエロ本で書かなくても」などと言われることがあった。エロはステップ、あるいは食うために仕方なく仕事をする場だという考えもあるのだろう。

しかし、筆者が書きたかったのは、あくまでもエロ本だった。10代の頃に憧れていたのはエロ本だった。しかし、今はもうそこに筆者は必要とされなくなってしまった。いや、筆者の憧れていたエロ本は、もうどこにも無くなってしまったのだ。

戦後のカストリ雑誌をエロ本の黎明と位置づけるならば、すでに70歳を超えていることになる。メディアとしての寿命で考えれば、仕方のないことなのかもしれない。

平成という時代の終わりと共に、ひとつの文化が、その幕を下ろしたのである。

NYLON 100%
girls

おわりに

10代の頃からエロ本に親しみ、憧れ、そして20歳からエロ本に原稿を書くようになった。それから30年、筆者はずっとエロ本と共に生きてきた。

本書で紹介した１００冊の雑誌のうち、30誌で仕事をした。もちろん紹介できなかった雑誌もたくさんあるので、いったいどれくらいのエロ本と関わってきたのか、自分でも把握できない。

そして、そのほとんどが現存していない。出版社もずいぶん無くなった。担当の編集者も、みんないなくなってしまった。

ああ、エロ本は過去のものになってしまったのだな、と思うことがある。もちろん、まだいくつかのエロ本は残っているけれど、かつてのような刺激的な存在ではなくなっている。残念ではあるが、それは事実だ。

ずいぶん前から、エロ本の歴史を残しておきたいという強い気持ちがあった。

過去のエロ本についての書籍は、いくつかあったけれど、いずれも80年代までしか触れていない。だから自分が本格的に関わるようになった90年代以降も含めた歴史をまとめておきたかった。確かにエロ本の黄金時代は80年代かもしれないけれど、90年代も面白かったし、そして00年代以降に没落していく過程も記録しておかなければいけないだろうと考えていた。

笑われるかもしれないけれど、エロ本はやっぱりひとつの文化だと思うのだ。そこで生み出されたものも、そこで育てられたものも、数限りなくあるのだ。

エロ本業界にとってエポックメイキングな存在となった雑誌の創刊号100冊を取り上げよう、と考えたものの、実際にそれを集めるのは、なかなか大変だった。既にかなりの冊数をコレクションしていたものの、構成していくと、あれも入れたい、あれも欲しい、と必要な本がどんどん増えていった。

古本屋好きとしては、それまで基本的にネットオークションには手を出さないポリシーでいたのだが、やはり背に腹は代えられない。ネットオークションで、ひたすら「アダルト　創刊号」を検索する日々が続いた。

どうしても入手できず、数誌は編集部や知人からお借りすることになった。それでも重要だと考えているのに、どうしても入れることのできなかった雑誌がいくつかある。いずれ、そこまで含めた完全版も出せればいいのだが……。

これまでにも週刊誌などではエロ本の歴史をまとめた特集などは何度か手がけているのだが、本格的にまとめた書籍となると、著作権的にも難しいものがあるのかと考えていたのだけれど、今回は日本で最も著作権に強いと言われる（あのロバート・フリップに裁判で勝利した！）虎ノ門総合法律事務所の雪丸真吾先生に監修いただくことで、なんとか実現することができた。雪丸先生に深く感謝いたします。


本書は、都築響一さんの会員制メールマガジン『ROADSIDERS' weekly』の2018年7月11日号から6回にわたって連載された『日本エロ雑誌創刊号コレクション』をベースに大幅に加筆したものだ。

対談もしていただいた都築響一さん、連載時の担当であり、以降も色々と手伝ってくれた編集者の臼井悠さん、正に「それだよ！」という推薦文を書いてくれた旧友の石野卓球君、素晴らしいデザインをしてくれたデザイナーの渋井史生さん、そして本書を共に制作してくれた太田出版の新木良紀さん、『痴女の誕生』以来、コンビを組んでくださっている穂原俊二さん。

みなさんの協力でこの本は完成しました。ありがとうございます。

安田理央

エロ本年表

1946年 ~ 2019年

1946年

◎『りべらる』（太虚堂書房）創刊。（→P.18）

◎『猟奇』（茜書房）創刊。（→P.20）

1947年

◎『奇譚クラブ』（曙書房）創刊。

◎『猟奇』第二号が戦後初の摘発。他にも『でかめろん』（東京ロマンス社）『人間復興』（リファイン社）『オール猟奇』（石神書店）などカストリ雑誌が次々と摘発される。

1948年

◎『四畳半襖の下張』（作者不明　ロゴス社）が摘発される。

◎カストリ新聞乱立。

◎桃園書房設立。

1949年

◎『夫婦生活』（夫婦生活社）創刊。カストリ雑誌ブームから夫婦雑誌ブームへ。

1950年

◎『チャタレイ夫人の恋人』（D・H・ローレンス　訳：伊藤整　小山書店）が摘発される。

◎『人間探究』（第一出版）創刊。

◎岡山県で初の青少年保護育成条例が制定される。

1951年

◎『あまとりあ』（あまとりあ社）創刊。（→P.22）

1952年

◎警視庁が猥褻図書取締強化措置要領を通達。

◎『奇譚クラブ』がＳＭ路線に。

◎大洋図書設立（当時は小出書房。１９６５年に現在の社名に）。

◎三世社設立（後の東京三世社）。

1953年

◎久保書店設立。

1954年

◎『週刊新潮』（新潮社）創刊。週刊誌ブームに。

◎『漫画読本』（文藝春秋新社）創刊。

◎一水社設立。

1955年

◎猥褻図書の一斉取締り。『夫婦生活』『あまとりあ』『りべらる』など多くの雑誌が廃刊に追い込まれる。

1956年

◎『裏窓』(久保書店)創刊。

◎『100万人のよる』(季節風書店)創刊。(→P.24)

1957年

◎「チャタレイ夫人の恋人」裁判、有罪判決。

1958年

◎『漫画画報』(富士出版社)創刊。(→P.28)

1959年

◎『世界裸か画報』(季節風書店)創刊。(→P.30)

◎『週刊実話特報』(双葉社)創刊。実話誌ブームに。

1960年

◎『風俗奇譚』(文献資料刊行会)創刊。SM記事が中心だが、同性愛や女装についての記事も多かった。

◎謝国権『性生活の知恵』(池田書店)がベストセラーに。

1961年

◎『悪徳の栄え』(マルキ・ド・サド　訳:澁澤龍彦　現代思潮社)が摘発される。

1962年

◎ピンク映画第1号と言われる「肉体の市場」(大蔵映画)公開。
◎団鬼六「花と蛇」が『奇譚クラブ』で連載開始。
・キューバ危機

1963年

◎出版倫理協議会が発足。

1964年

◎「東京都青少年の健全な育成に関する条例」が施行される。
◎エロ系出版社による「雑誌倫理研究会」発足。
◎『平凡パンチ』(平凡出版)創刊。(→P.32)
・東京オリンピック

1965年

◎『サスペンス・マガジン』(久保書店)創刊。(→P.36)『裏窓』からのリニューアル。
◎性の医学情報をカード式にまとめた『医学カード』(三星社書房)がヒット。
◎「11PM」(日本テレビ系)放送開始。

1966年

◎『週刊プレイボーイ』（集英社）創刊。（→P.38）

1967年

◎辰巳出版設立。

◎KKベストセラーズ設立。

◎光彩書房設立。

1968年

◎『Pocketパンチ Oh!』創刊（平凡出版）創刊。（→P.40）

◎三世社が東京三世社に社名変更。

1969年

◎性研究誌『えろちか』（三崎書房）創刊。

・アポロ11号が人類初の月面有人着陸

1970年

◎『SMセレクト』（東京三世社）創刊。（→P.50）SM雑誌ブームに。

1971年

◎『薔薇族』（第二書房）創刊。（→P.52）初の同性愛商業誌。
◎スワッピング誌『全国交際新聞』（後に『ホームトーク』に改題。ホームダイヤモンド）創刊。
◎後にセックス記事で知られる女性誌『微笑』（祥伝社）創刊。
◎ビニール本の元祖と言われる『下着と少女』（松尾書房）発売。25万部のベストセラーに。
◎司書房設立。
◎KKベストセラーズの関連会社としてワニマガジン社設立。
◎日活ロマンポルノ開始。
第1作は「団地妻　昼下りの情事」（白川和子主演）と『色暦大奥秘話」（小川節子主演）。
・成田新空港反対闘争激化

1972年

◎『SMキング』（鬼プロダクション）創刊。（→P.54）
◎サン出版設立。
◎竹書房設立。
◎『面白半分』（面白半分）7月号に「四畳半襖の下張」が掲載され、摘発される。
◎成人ビデオ自主規制倫理懇談会（後の日本ビデオ倫理協会）発足。
・沖縄返還

1973年

◎『平凡パンチ』3月12日号に麻田奈美の林檎ヌードが掲載され大反響を巻き起こす。

◎初の官能劇画誌『漫画エロトピア』(ベストセラーズKK)創刊。

1974年

◎『GORO』(小学館)創刊。(→P.56)翌年から篠山紀信が「激写」の連載を開始。

◎『ミスターダンディ』(サンデー社)創刊。

1975年

◎ヘアを露出した男性ヌード写真を掲載した『女性自身』(光文社)が摘発される。

◎『日本版PLAYBOY』(集英社)創刊。(→P.60)

◎『ニューセルフ』(グリーン企画/日正堂)創刊。(→P.62)

◎セルフ出版設立。

◎大亜出版設立。

・沖縄海洋博開催

1976年

◎同題名の映画に関する本『愛のコリーダ』(三一書房)が摘発。

◎『映画の友』(近代映画社)創刊。(→P.64)

◎三和出版設立。

◎大洋図書の関連会社としてミリオン出版設立。
◎桜桃書房設立。
◎自販機本、ビニ本で知られるエルシー企画設立。
◎自販機本ブーム。全国雑誌自動販売協議会が結成される。

1977年

◎『ウイークエンド・スーパー』（セルフ出版／日正堂）創刊。（→P.66）
◎『ズームアップ』（セルフ出版／日正堂）創刊。（→P.70）
◎『バチェラー』（大亜出版）創刊。（→P.72）
◎『ターゲット』（辰巳出版）創刊。洋ポルノ誌ブーム。
◎サン出版の関連会社として考友社出版設立。
◎ユニ報創設立。
◎白夜書房設立。

1979年

◎『Jam』（ジャム出版／エルシー企画）創刊。（→P.74）
◎『S&Mスナイパー』（ミリオン出版）創刊。（→P.76）
◎スワッピング雑誌『スウィンガー』（おおとり出版）創刊。
◎篠山紀信撮影による『激写 135人の女ともだち』（小学館）が大ヒット。
◎三流エロ劇画ブーム。

1980年

◎『ヘイ！バディー』（白夜書房）創刊。（→P.86）
◎『HEAVEN』（HEAVEN EXPRESS／アリス出版）創刊。
『Jam』からの発展的リニューアル。
◎『オレンジ・ピープル』（フライング'80）創刊。（→P.88）
◎『ミューザー』（おおとり出版／永田社）創刊。（→P.90）
◎女装専門誌『くいーん』（アント商事）創刊。
◎岡まゆみ『慢熟』発売。ビニール本ブームが過熱。
◎エルシー企画、アリス出版と合併。その後、分裂して群雄社出版設立。
◎ノーパン喫茶ブーム。
・イラン・イラク戦争（〜1988年）

1981年

◎『ビリー』（白夜書房）創刊。（→P.92）
◎『性生活報告』（サン出版）創刊。（→P.94）
◎『写真時代』（白夜書房）創刊。（→P.96）
◎『セクシーアクション』（サン出版）創刊。
◎『アクション・カメラ術』（馬場憲治　KKベストセラーズ）発売。
◎『フォーカス』（新潮社）創刊。
◎AV第1号とされる「ビニ本の女／秘奥覗き」と

「OLワレメ白書／熟した秘園」（日本ビデオ映像）発売。
◎裏本『ぼたん』『金閣寺』『法隆寺』発売。裏本ブームに。
◎宇宙企画の山崎紀雄社長が英知出版を買い取る。
◎心交社設立。
・パリ人肉事件

1982年

◎『アクションカメラ』（ベストセラーズKK）創刊。（→P.98）
◎『オレンジ通信』（東京三世社）創刊。（→P.100）
◎『スコラ』（スコラ／講談社）創刊。（→P.104）
◎初のAV専門誌『ビデオプレス』（大亜出版）創刊。（→P.106）
◎『写真時代ジュニア』（白夜書房）創刊。（→P.108）
◎『サムソン』（海鳴館）創刊。デブ専、フケ専に強いゲイ雑誌。
◎裏ビデオの大ヒット作「洗濯屋ケンちゃん」発売。
◎『隣りのお姉さん100人』（二見書房）発売。
・ホテルニュージャパン火災

1983年

◎『SEXY LOOK』（サン出版）（→P.110）、『セクシーフォーカス』（東京三世社）、『スクランブルPHOTO』（新英出版）など『フォーカス』の類似誌が創刊。
◎『日本版ペントハウス』（講談社）創刊。（→P.112）

◎『元気マガジン』（セルフ出版／日正堂）創刊。（→P.114）
◎『ザ・シュガー』（考友社出版）創刊。（→P.116）
◎『ビデオ・ザ・ワールド』（白夜書房）創刊（→P.118）
◎『特選小説』（綜合図書）創刊。
・大韓航空機撃墜事件

1984年

◎『ビデパル』（フロム出版／東京三世社）創刊。（→P.120）
◎『アップル通信』（三和出版）創刊。（→P.122）
◎『ビデオボーイ』（英知出版）創刊。（→P.124）
◎『ザ・ベストマガジン』（KKベストセラーズ）創刊。（→P.126）
◎『スクリュー』（群雄社出版）創刊。（→P.128）
◎『ペッピン』（英知出版）創刊。（→P.130）
◎『投稿写真』（考友社出版）創刊。（→P.132）
◎『スーパー写真塾』（白夜書房）創刊。（→P.134）
◎『ボディプレス』（白夜書房）創刊。（→P.136）
◎『ビリー』がリニューアルした『ビリー・ボーイ』（白夜書房）創刊。
◎『ロリコンHOUSE』（三和出版）創刊。
◎初のM男性向け専門誌『花奴隷』（三和出版）創刊。
◎「ギャルズライフ」（主婦の友社）などの少女向け雑誌の過激なセックス記事が国会で問題になる。
・グリコ・森永事件

１９８５年

◎『ザ・写真』（東京三世社）創刊。（→P.138）
◎『熱烈投稿』（少年出版社）創刊。（→P.140）
◎『マスカットノート』（大洋書房）創刊。（→P.142）
◎『デラべっぴん』（英知出版）創刊。（→P.144）
◎『ロリコンランド８』（白夜書房）発禁。『ヘイ！バディー』休刊。
◎フランス書院文庫発刊開始。
◎白夜書房の関連会社として少年出版社設立。
◎エロ系出版社による出版問題懇話会（現 出版倫理懇話会）発足。
◎新風営法施行。
◎テレホンクラブ誕生。
・ロス疑惑

１９８６年

◎『マニア倶楽部』（三和出版）創刊。（→P.148）
◎『すっぴん』（英知出版）創刊。（→P.150）
◎『ウレッコ』（ミリオン出版／太洋図書）創刊。（→P.152）
◎風俗情報誌『シティプレス』（東京三世社）創刊。
◎『ベストビデオ』（三和出版）創刊。
◎黒木香、小林ひとみＡＶデビュー。

・チェルノブイリ原発事故

1987年

◎『投稿ニャンニャン写真』（サン出版）創刊。

・国内で初のAIDS患者死亡

1988年

◎『平凡パンチ』休刊。

◎『写真時代』摘発、休刊。

◎ロリコン誌『アリスクラブ』創刊。

◎にっかつロマンポルノ終了。

・リクルート事件

1989年

◎『投稿ニャン2倶楽部』（白夜書房）創刊。（→P.154）

◎『夜遊び探検隊』（メディアックス／英知出版）創刊。（→P.156）後に『夜遊び隊』に改題。

◎「アップル写真館」（大洋図書）創刊。

◎松坂季実子AVデビュー。巨乳ブーム到来。

◎ダイヤルQ2スタート。

・昭和天皇崩御、平成に

・ベルリンの壁崩壊

・宮崎勤事件（1988年～）

1990年

◎『ビデオメイトDX』（少年出版社）創刊。（→P.168）
◎『フラッシュ・エキサイティング』（光文社）創刊。（→P.170）
◎英知出版の関連会社としてメディアックス設立。
◎大亜出版、ダイアプレスに社名変更。
◎有害コミック騒動。

・イラク、クェートに侵攻

1991年

◎『GOKUH』（英知出版）創刊。（→P.172）
◎初のアダルトPCゲーム誌『パソコンパラダイス』（メディアックス）創刊。
◎篠山紀信撮影による樋口可南子写真集『water fruit』、宮沢りえ写真集『Santa Fe』（共に朝日出版社）発売により事実上のヘア解禁。

・湾岸戦争勃発

1992年

◎『ザ・ベストマガジンスペシャル』（KKベストセラーズ）創刊。（→P.174）
◎『マガジン・ウォー』（マガジン・エンタテインメント／マガジン・マガジン）創刊。（→P.176）
◎『クリーム』（ミリオン出版）創刊。（→P.178）

◎『BIG4』（竹書房）創刊。（→P.180）
◎初の熟女専門誌『熟女クラブ』（三和出版）創刊。（→P.182）
◎初のニューハーフ専門誌『シーメール白書』（光彩書房）創刊。
◎風俗求人誌『てぃんくる』（しょういん）創刊。
◎『GORO』休刊。
◎『宝島』が週刊誌で初のヘアヌードを掲載。以降、エロ本路線に移行。
・バブル崩壊

1993年

◎『お尻倶楽部』（三和出版）創刊。（→P.184）
◎『Kirei（綺麗）』（笠倉出版社）創刊。（→P.186）
◎『THE tenmei』（竹書房）創刊。（→P.188）
◎『TOPAZ』（英知出版）創刊。（→P.192）
◎セルビデオチェーン「ビデオ安売王」がフランチャイズ展開。
◎ゲイ雑誌『バディ』（テラ出版）創刊。
◎コギャルがマスコミで話題となる。
◎JICC出版局、宝島社に社名変更。
◎国産アダルトCD-ROM第1号『ハイパーAV』（ステップス）発売。
・細川連立内閣発足

1994年

◎『Ｓｅｘｙ Ｄｏｌｌｓ』（宝島社）創刊。（→P.194）
◎『桃クリーム』（ミリオン出版）創刊。（→P.196）
◎『ナイトウォーカー』（サン出版）創刊。（→P.198）
◎風俗情報誌『ヤンナイ』（大橋書店）創刊。
◎Ｂ級ニュース雑誌『ＧＯＮ！』（ミリオン出版）創刊。後にエロ雑誌へ路線変更。
◎『コミック快楽天』（ワニマガジン社）創刊。
◎『ベッピン』摘発により休刊。
◎英和出版社設立。
◎大橋書店設立。
・大江健三郎、ノーベル文学賞受賞

1995年

◎『ペントハウスジャパン』（ぶんか社）創刊。（→P.200）
◎『ベッピン』が改題した『ビージーン（ビージーンズ）』（英知出版）創刊。（→P.202）
◎『Ｄｒ．ピカソ』（英知出版）創刊。（→P.204）
◎『フィンガープレス』（笠倉出版社）創刊。（→P.206）
◎裏モノ雑誌『危ない１号』（データハウス）創刊。
◎『マスカットノート』、『ミルキー通信』へと改題。
◎ギャル雑誌『ｅｇｇ』（ミリオン出版）創刊。当初は男性向け雑誌だった。

◎『きクぜ！2』が猥褻図画販売の疑いで摘発され、加納典明も逮捕。『ＴＨＥ ｔｅｎｍｅｉ』休刊。
◎白夜書房の関連会社である少年出版社がコアマガジンに社名変更。『ビデオ・ザ・ワールド』『ニャン2倶楽部』などを白夜書房から引き継ぐ。
◎晋遊舎設立。
◎日本初のアダルトサイト「Tokyo Topless」開設。
・阪神・淡路大震災
・地下鉄サリン事件

1996年

◎『ペントハウススペシャル』（ぶんか社）創刊。（→P.208）
◎『ララダス』（メディアックス）創刊。（→P.210）
◎『お宝ガールズ』（コアマガジン）創刊。（→P.212）
◎グラビア&エロ漫画誌『Ｃｈｕッ』（ワニマガジン社）創刊。
◎『日本ミニスカ倶楽部』（コアマガジン）創刊。もともとは『ビート』『熱烈投稿』のワンコーナーだった。
◎英知出版の兄弟会社としてバウハウス設立。『Ｄｒ．ピカソ』『ＧＯＫＵＨ』などが移籍。
◎アイドル雑誌だった『ザ・シュガー』がナンパ雑誌『ストリート・シュガー』にリニューアル。
◎ブルセラ・援交ブームがピークに。
◎アダルトＤＶＤ第1作「桃艶かぐや姫危機一髪 小室友里」（芳友メディアプロデュース）発売。
・ペルー日本大使公邸占拠事件

1997年

◎『チョベリグ!!』(東京三世社)創刊。(→P.214)
◎『BUBKA』(コアマガジン)創刊。『GON!』の類似誌だったが、後にアイドル雑誌に路線変更。
◎ウェット&メッシー専門誌『WAM』(光彩書房)創刊されるも1号で休刊。
◎メディア倫理協会発足。
・神戸連続児童殺傷事件

1998年

◎『クラブ・アフター』(ジェイ・ディ・ピー/高須企画)創刊。(→P.216)
◎『おとこGON!』(ミリオン出版)創刊。(→P.218)
◎大洋図書の関連会社としてワイレア出版が設立。
ミリオン出版より『S&Mスナイパー』『クリーム』などを引き継ぐ。
・長野オリンピック

1999年

◎『ヴァッカ!』(バウハウス)創刊。(→P.220)
◎『ガツン!』(KKベストセラーズ)創刊。(→P.222)
◎『スコラ』休刊。
◎『投稿写真』が『トップスピード』へリニューアル。
◎マイウェイ出版設立。

◎児童ポルノ禁止法施行。
・地域振興券交付

2000年

◎『超熱ラプソディー』(ユニ報創)創刊。(→P.238)
◎『千人斬り』(東京三世社)創刊。(→P.240)
◎『DMM』(ジーオーティー)創刊。(→P.242)創刊3号目から価格を290円に値下げ。
◎『ファイヤー』(洋泉社)創刊。(→P.244)
◎『YO!』(大洋図書)創刊。(→P.246)
◎『アイドロイド』(コアマガジン)創刊。(→P.248)
◎『すっぴん』が『Suppin EVOLUTION』にリニューアル。
◎『漫画エロトピア』休刊。
◎アダルトDVDリリース本格化。
◎出会い系サイト全盛。
・佐賀バスジャック事件

2001年

◎『平口広美のフーゾク魂』(イースト・プレス)創刊。(→P.250)
◎『シャッフル!』(晋遊舎)創刊。(→P.252)
◎『スマートガールズ』(宝島社)創刊。(→P.254)
◎『ベストビデオスーパードキュメント』(三和出版)創刊。

◎『DVDデラックス』（MCプレス）創刊。
◎『スナイパーEVE』（ワイレア出版）創刊。
◎AVで企画単体女優ブーム。
◎無修正動画サイト「カリビアンコム」開設。
・アメリカ同時多発テロ

2002年

◎藤原紀香、深田恭子ら人気タレント14人が『ブブカスペシャル7』に写真を無断使用されたとして発行元のコアマガジンを訴える。
◎コミック『蜜室』（ビューティ・ヘア著　松文館）が摘発。
◎無修正DVD第1号「D-Mode PASSION」発売。
◎『ファイヤー』が『週刊特報』にリニューアル。
・日朝首脳会談

2003年

◎『出るまで待てない!!』（ソフト・オン・デマンド）創刊。（→P.266）
◎『アクションカメラ』休刊。
・米軍がイラクに侵攻

2004年

◎『デラべっぴん』『薔薇族』休刊。

◎着エロブーム。
◎都内風俗店一斉摘発。
・自衛隊イラク派遣

2005年

◎『うぶモード』(コアマガジン)創刊。
◎大橋書店倒産。
◎『EX大衆』(双葉社)創刊。
・JR福知山線脱線事故

2006年

◎『サルシキ』(ワニマガジン社)創刊。(→P.256)
◎『一冊まるごとプレステージ』(ダイアプレス)創刊。(→P.258)
◎DVD付で390円というAV雑誌『NAO DVD』(三和出版)が創刊。
◎『DMM』が定価290円のままでDVDを付録に付ける。
◎『ビージーン』『ビデオボーイ』など英知出版のアダルト雑誌が、ジーオーティーに移籍。
◎『ペントジャパンスペシャル』が熟女誌に路線変更。
◎『小悪魔ageha』(インフォレスト)創刊。
◎ビデ倫がヘア、アナル解禁。
◎裏本が消滅する。
・第1回ワールド・ベースボール・クラシックで日本が優勝

2007年

◎『Chuッスペシャル』(ワニマガジン社)創刊。
◎『アップル通信』休刊。
◎『ウレッコ』休刊。
◎ビデ倫、猥褻図画頒布幇助の容疑で家宅捜査。
◎英知出版、桃園書房、司書房倒産。
・食品偽装問題

2008年

◎MCプレス、解散にともない『DVDデラックス』『DVDヤッタネ!』など全雑誌を休刊に。
◎『DVDヨロシク!』『DVDドリーム』(デジスタ/三和出版)創刊。(→P.260)
◎『ザ・ベストマガジンスペシャル』がパンティ付録を付けて大ヒット。
◎『S&Mスナイパー』『日本版PLAYBOY』『フラッシュ・エキサイティング』『Dr.ピカソ』休刊。
◎ビデ倫事実上消滅。
・リーマンショック
・iPhone日本発売

2009年

◎『オトコノコ倶楽部』(三和出版)創刊。(→P.264)
◎『DMM DVD』(ジーオーティー)が『TENGU』にリニューアル。

◎『オレンジ通信』休刊。
・民主党政権樹立

2010年

◎『ビデオメイトDX』休刊。
◎旧ビデ倫とCSA(コンテンツ・ソフト協同組合)が統合し映像倫に。
◎東京三世社廃業。
◎ビデオ出版がインテルフィンに社名変更。元は1945年から続く鱒書房。
・尖閣諸島中国漁船衝突事件

2011年

◎『ソフト・オン・デマンドDVD』(ソフト・オン・デマンド)創刊。(→P.266)
◎『オトコノコ時代』(マイウェイ出版)創刊。
◎『ザ・ベストマガジン』『マガジン・ウォー』休刊。
◎『ビージーン』、790円から290円へ大幅値下げ。しかもDVD付録付で。
・東日本大震災

2012年

◎『Chuッ』『てぃんくる』『お宝ガールズ』『TENGU』休刊。
・自民党圧勝で安倍政権発足

2013年

◎『ベストDVDスーパーライブ』(ブレインハウス／メディアソフト)創刊。(→P.268)

◎『ニャン2倶楽部』『コミックメガストア』が摘発、休刊に。
コアマガジン取締役など逮捕。しかし『ニャン2倶楽部』は『DVDニャン2倶楽部』として復活。

◎『ビデオ・ザ・ワールド』『ビデオボーイ』『NAO DVD』休刊。

◎サン出版がマガジン・マガジンに統合される。

・2020年に東京五輪開催決定

2014年

◎『お尻倶楽部』『ビージーン』『ペントジャパンスペシャル』『Chuッ スペシャル』休刊。

◎『egg』『小悪魔ageha』休刊。

◎ワニマガジン社、実写エロ本から撤退。

・御嶽山噴火

2015年

◎コアマガジン、素人投稿写真雑誌から撤退。

◎『クリーム』、ワイレア出版からメディアックスへ移籍。

◎児童ポルノ禁止法に基づき、児童ポルノの単純所持が摘発対象となる。

・マイナンバー制度スタート

2016年

◎『新生ニャン2倶楽部』(マイウェイ出版)創刊。(→P.270)
◎『スーパー写真塾』休刊。
◎『ザ・ベストマガジンスペシャル』休刊。
◎AV出演強要問題。

2017年

◎『バチェラー』創刊40周年を迎える。
◎『うぶモード』『ストリート・シュガー』休刊。
・アメリカ、トランプ大統領就任

2018年

◎『DMM』が『FANZA』に改題。(→P.272)
◎ミリオン出版が大洋図書に吸収消滅。
◎KKベストセラーズ、エロ本から撤退。
・西日本豪雨、関西大型台風

2019年

◎セブン-イレブン、ファミリーマート、ローソンの大手コンビニ3社が成人向け雑誌の取り扱い中止の方針を発表。

◎『DVDヨロシク！』『DVDドリーム』休刊。
◎『ベストDVDスーパーライブ』『ソフト・オン・デマンドDVD』休刊。
AV情報誌は『FANZA』のみとなる。
◎『バディ』休刊。日本のゲイ雑誌は『サムソン』のみとなる。
• 天皇退位。改元

参考文献一覧

書籍

◎阿久真子『裸の巨人 宇宙企画とデラべっぴんを創った男 山崎紀雄』（双葉社）２０１７年
◎有野陽一『エロの「デザインの現場」』（アスペクト）２０１４年
◎飯沢耕太郎『「写真時代」の時代！』（白水社）２００２年
◎池田俊秀『エロ本水滸伝』（人間社）２０１７年
◎川本耕次『ポルノ雑誌の昭和史』（ちくま新書）２０１１年
◎北原童夢・早乙女宏美『「奇譚クラブ」の人々』（河出文庫）２００３年
◎桑原茂一『これ、なんですか？ スネークマンショー』（新潮社）２００３年
◎斉藤四郎『エロ本編集者入門』（宝島社）１９９９年
◎末井昭『素敵なダイナマイトスキャンダル　新装版』（復刊ドットコム）２０１３年
◎鈴木耕『私説 集英社放浪記』（河出書房新社）２０１８年
◎仙田弘『総天然色の夢』（本の雑誌社）２０００年
◎西潟浩平『カストリ雑誌 創刊号表紙コレクション』（カストリ出版）２０１８年
◎濡木痴夢男『「奇譚クラブ」とその周辺』（河出書房新社）２００６年
◎長谷川卓也『猥褻出版の歴史』（三一書房）１９７８年
◎長谷川卓也『最近の猥褻出版』（三一書房）１９７９年
◎馬場憲治『アクション・カメラ術』（ＫＫベストセラーズ）１９８１年
◎松沢呉一『エロスの原風景』（ポット出版）２００９年
◎本橋信宏・東良美季『エロ本黄金時代』（河出書房新社）２０１５年
◎山岡明『カストリ雑誌にみる戦後史』（オリオン出版社）１９７０年
◎『あかまつ別冊 戦後セクシー雑誌大全』（まんだらけ出版）２００１年
◎『エロ本のほん』（ワニマガジン社）１９９７年
◎『戦後30年 カストリ復刻版』（日本出版社）１９７５年
◎『隣りのお姉さん１００人』（二見書房）１９８２年

◎『NEW NUDE3』(毎日新聞社)1986年
◎『花は紅 団鬼六の世界』(幻冬舎)1999年
◎『有害図書の世界』(メディアワークス)1998年
◎別冊宝島『性メディアの50年』(宝島社)1995年
◎別冊宝島『ライターの事情』(JICC出版局)1991年

雑誌

◎『噂の真相』(噂の真相)
◎『サイゾー』(サイゾー)
◎『週刊現代』(講談社)
◎『週刊サンケイ』(サンケイ出版)
◎『週刊SPA!』(扶桑社)
◎『週刊ポスト』(小学館)
◎『宝島』(宝島社)
◎『創』(創出版)
◎『日刊ゲンダイ』(日刊現代)

サイト

◎SMペディア(https://smpedia.com/)
◎ウィキペディア(https://ja.wikipedia.org)
◎国立国会図書館サーチ(https://iss.ndl.go.jp/)
◎BOOKSルーエ
雑誌の創刊・休刊情報(http://www.books-ruhe.co.jp/recommends/index/magazine/index.htm)

対談◎

都築響一×安田理央

「雑誌の魅力は『出合い頭の事故』だ」

都築　安田さんは何年くらいエロ本を読み続けてきたんですか？

安田　もう40年くらいになりますね（笑）。

都築　すごい。性欲の勃興期から減退期までということは、人生そのものですね（笑）。

安田　今回、石野（卓球）君に書いてもらった帯の推薦文が「学校やTVが教えてくれない大切なことは大体エロ本から教わった。」なんですけど、正にその通りで、色々なことを教わったんです。『ウイークエンド・スーパー』で赤瀬川原平さんを知って、講師をやってる美学校に通ったりしてましたから。80年代くらいって、エロ本がサブカルチャーを紹介する媒体でもありましたね。

都築　あの頃はエロ本だけじゃなく、僕らがやっていた『POPEYE』や『BRUTUS』なんかも、メチャクチャやってましたからね。アイビーっぽいのもあれば、パンクもやるし。本来の読者層が求めてるものとは違うページをあえて作ったりしてましたね。僕が最初に担当したのはディスコのページでしたよ。そういうのは編集会議じゃなくて、「この企画はお前がやってくれ、あとは適当に」みたいに（笑）。だからエロ本の作り方とあんまり大差なかったのかも。

安田　昔、英知出版でよく仕事してたんですけど、あそこは雑誌がいっぱいあるから、編集部を回って、それぞれの編集者とバカ話してると「それ面白いからやろう、4Pで」って、どんどん仕事もらえるんですよね。それが途中で、エロ本でも企画書出して下さいって言われるようになっちゃった。

都築　よく言うんですけど、雑誌で企画書を出せという時と、IDカードつけないと編集部に入れなくなる時が出版社の終わりですね。

安田　今はもう、そうじゃない出版社なんてないんじゃないかなぁ。この本はエロ本が死んでいくって話みたいなところがあるんですけど、今、雑誌とか出版自体がそういう流れにありますよね。

都築　そうなんですよ。僕は安田さんに（主催しているメールマガジン『ROADSIDERS' weekly』で）連載してもらっていた時に、これはエロだけじゃないな、雑誌というか出版自体が違うビジネスになっていった歴史だなと思ったんですよね。

安田　今は、まずニーズを考えたビジネスになってますよね。AVなんかでもそうですけど、最近の監督やプロデューサーって、売れる売れないの話ばかりするんですよね。官能作家でも若い人はみんな、まず読者に喜んでもらえないと意味がない、なんて言う。自分がこれが好きだからやる、という感じじゃないんです。

都築　売れるかどうかわかるってことは、前例があるわけですよね。これをやれば売れる、この子を出せば売れるっていうデータがあるからわかるわけでしょう？　そうすると今までにないものって、絶対に出来ないってことですよね。

安田　今はAVでもエロ本でも、エロ以外の余計な要素は入れられなくなってるんですよ。まぁ、実用性ということで考えたら、その方が正しいんですけどね。

都築　そういえば『ROADSIDERS' weekly』でも、抜けないAVを紹介する連載をやっているんですけど、最近の作品は出てこないんです。最近のものは、全部抜ける、みたいな。

安田　今はAV自体が売れなくて、1作コケると会社が傾いちゃうくらい切羽詰まってきてるから冒険できないんです。レンタル時代は、店が仕入れてくれる枠が決まってたから、変な内容でもそこそこ売れたんですよね。これはエロ本も同じですね。どうしても景気に左右されちゃうところがあります。売れないと、余計な要素を入れるからだって話になっちゃう。

都築　最近、初期の五木寛之の作品を読み直してたんですけど、当時ものすごく影響力があった「青年は荒野をめざす」とか、『平凡パンチ』の連載だったんですよね。そういう連載もあって、ヌードもあってって、そういう雑誌だったんだなって改めて思いました。今、そういう雑誌ないですもんね。

安田　色んなものをひとつにパッケージするから面白いって発想がないですね。

都築　それはなんでなんだろう。例えば、僕はその頃の編集者の世代ですけど、やっぱり色々なことに興味があったわけです。女の子にも車にも興味あるけど、文学も音楽も興味がある、みたいな。だからそれがそのまま誌面に反映されただけだと思うんですよ。色々なテーマをカバーしないと雑誌が成り立たないっていうコンセプトがあったからじゃなくて、単に編集者が色々興味があったから、自然にそれが反映されていたという感じがするんです。だからそれがないってことは、今の雑誌を作る人が色々なことに興味がないってことなんですかね。

安田　僕らはよく「出合い頭の事故」って言ってるんですけど、何かを目的で雑誌を買ったら、全然違うものに出合って、それで目覚めちゃったみたいな（笑）。そこが本来の雑誌の面白さだと思うんですけど、それは無くなって来てますね。エロ本でも、今はもう「人妻なんとか」とか「お姉さんなんとか」とか、ワンテーマに絞ったムックしか残ってない。

都築　それはもう文化全般でしょうね。例えば

Amazonで本を買うと、「これが好きな人はこれも」って出てくるでしょう。あれはすごく便利なんだけど、本屋だと欲しい本の横に全然違うものがあったりする。例えば僕の本を買いに行ったとしたら、隣に都筑《つづき》道夫さんの本があったりするじゃないですか。そういう「出合い頭の事故」をネットに作るのはすごく難しい。そこが実店舗の良さだということに本屋さんも気づき始めてると思うんですけど、雑誌の人たちも雑誌ならではのアドバンテージに気づいて欲しいんですね。

安田　もうひとつの雑誌の面白さって、変わっていくことなんですよね。今回は創刊号をテーマにしているんですけど、売れないとどんどん内容も変わっていく。エロ本は特にそれが顕著でプライドとかないから、180度変わったりする。最近のパターンだと、売れなくて手をつくしたあげくに、熟女雑誌になって終わるっていうのが定番です（笑）。

都築　みんなが思ってる以上に雑誌は箱で、中身がこんな風に変わっていくんだって過程が見られるのが面白いですよね。

安田　雑誌は生き物なんですよ。最近は出版社を変えてまで生き延びようとしているのも多くて、意外にしぶとい（笑）。

都築　雑誌作りは適当でいいんだってことでもあるんですよね。どんどん変えていっていいんだと。やり続けるって意志さえあればいい。だって、自分の興味も移っていくんだから。とにかく面白がることだけを忘れなければ大丈夫だっていう気がします。

安田　面白がるとか、興味のままに作るとか、本当に一番大事な気がします。今のエロ本は作ってて面白くないんだろうなって思うんですよ。エロ本ってこんなに面白いんだよってことを若い人にも伝えたいですね。

都築　この本を読めば、意志を継いでくれる人たちも出てくるかもしれない。

安田　そうなったら嬉しいですね。

都築響一　つづき・きょういち

1956年東京都生まれ。1976年から1986年まで『POPEYE』『BRUTUS』誌で現代美術・建築・デザイン・都市生活などの記事を担当する。1997年、『ROADSIDE JAPAN珍日本紀行』（アスペクト）で第23回木村伊兵衛写真賞を受賞。2012年より個人で有料メールマガジン『ROADSIDERS' weekly』を毎週水曜日に配信中（http://www.roadsiders.com/）。

ブックデザイン　渋井史生（PANKEY）

編集　穂原俊二
新木良紀（太田出版）

安田理央　やすだ・りお

１９６７年埼玉県生まれ。ライター、アダルトメディア研究家。美学校考現学研究室（講師：赤瀬川原平）卒。主にアダルトテーマ全般を中心に執筆。特にエロとデジタルメディアとの関わりや、アダルトメディアの歴史をライフワークとしている。ＡＶ監督やカメラマン、またトークイベントの司会や漫画原作者としても活動。主な著書として『痴女の誕生　アダルトメディアは女性をどう描いてきたのか』『巨乳の誕生　大きなおっぱいはどう呼ばれてきたのか』（共に太田出版）、『ＡＶ女優、のち』（角川新書）、『日本縦断フーゾクの旅』（二見書房）、雨宮まみとの共著『エロの敵』（翔泳社）などがある。

◎安田理央Blog「ダリブロ」http://rioysd.hateblo.jp

日本エロ本全史

2019年7月14日　初版発行
2021年9月5日　第4刷発行

著者　安田理央

発行人　岡聡

発行所　株式会社太田出版
〒160-8571
東京都新宿区愛住町22 第三山田ビル4階
電話　03-3359-6262　FAX　03-3359-0040
振替　00120-6-162166
ホームページ　http://www.ohtabooks.com

印刷・製本　中央精版印刷株式会社

ISBN 978-4-7783-1674-7 C0095